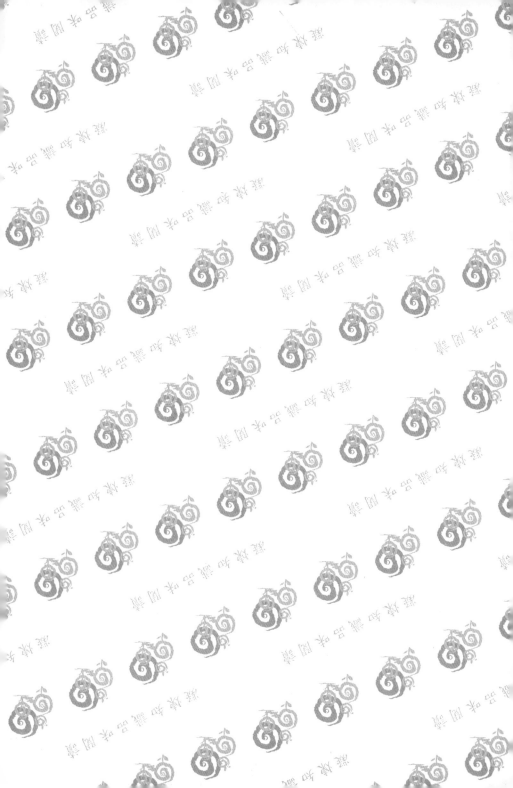

凝煉知識品味閱讀

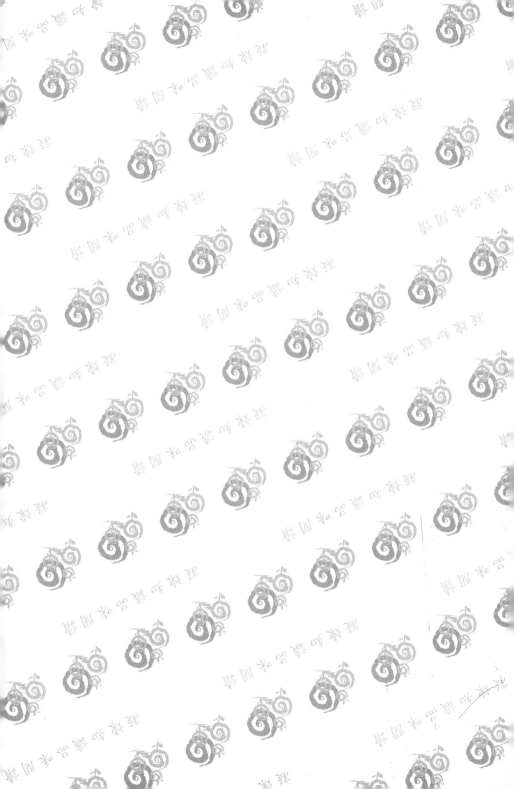

詹棟樑 著
國立臺灣師範大學教育學博士
西德敏斯特大學博士後研究
國立臺灣師範大學教授

教育倫理學導論

五南圖書出版公司 印行

自序

當接到五南圖書出版公司負責人楊榮川先生電話約稿時，並沒有馬上答應，作者告訴他給作者一天的考慮。在一天的長考中，除了思索如何寫好書稿及如何在期限內完稿外，大部分時間是過去求學過程中那些「可感懷」與「應忘懷」的事浮上心頭，激盪不已！「可感懷」的是受到老師的幫助；「應忘懷」的是受到老師的侮辱。那些事歷歷如繪，怎麼樣也無法從心頭揮去！

爲了讓那些「應忘懷」不愉快的事不再重演，對正確師道的建立有所幫助，才答應了本書的撰寫工作。況且教書多年，始終不敢或忘的是老師的栽培與幫助，以及自己所堅持的兩個信念：教育是一種幫助；教育是一種鼓勵。這種感恩與信念，透過本書的論點把它們表達出來，希望讀者在閱讀本書後有助益。

教育倫理學是探討教師的職業道德的學問，教師站在自己的工作崗位上，必須有職業道德，就是專業道德，或稱爲「職業倫理」。而教師的職業倫理最重要的是「負責」與「守分」，以此對待學生，學生才能努力向學。因爲一個人可因教師的鼓勵而有成就，也可因教師的杯葛而墮落！

基於以上論點，教育倫理學理論是讓教師體驗到職業倫理建立的重要性，以及應遵守的教育信條，在教學時能中規中矩。尤其教育是一種良心的事業，爲盡全責，必須以職業道德爲出發點。

教育倫理學是教育領域中一門新的學問，它在外國也是一門新學問，正在起步階段，其重要性越來越受到重視。就一般情形而言，國內的學術資訊通常是比較遲緩，不會立即察覺出來外國學術研究發展的取向，所以也不會去重視它，更不會去了解它！

教育倫理學是科際整合的一門學科，是由教育學與倫理學兩門學科所整合而成。教育學理論於十八世紀時建立；倫理學理論卻遠在希臘時代建立。兩者理論的建立可以說相當的早，但是經過整合成一門新學科卻是最近幾年的事。因此，歐洲國家，尤其是德國與瑞士的教育家們正在努力發展這門新學術，使它在將來能成爲更普遍化，更多人研究與了解的一門學科。

一門新學科的建立並不是一件容易的事情，必須靠學者們的努力與智慧，才能使它逐漸地成爲有理論、有系統、有方法的完整學科。教育倫理學目前已具備以上條件，所以它是一門完整的學科。此外，教育倫理學更重視實踐，强調價值，因此它又成爲一門有實踐價值的學科。這是此門學術獲得重視的重要原因。

教育倫理學理論著重在教師問題的探討，過去比較忽視這方面的探討，認爲教師是完美的象徵，所以不必去研究教師的問題。尤其是一般人相信：可以有問題學生，不能有問題老師。其實老師也是人，凡人都會有問題，只不過是教師必須具備成熟的思想與行爲，能幫助學生及爲學生解決問題。這是教師道德實踐必須具備的基本條件。

國內的教育問題越來越多，校園問題越來越嚴重，許多從事教育工作的人都憂心忡忡，不知如何是好？有些教師乾脆採取放任的方式，讓學生「自生自滅」，放棄他的教育責任；有些教師採取體罰的方式，讓學生有「暫時性的疼痛」，發揮了他的教育權威。以上的兩難使著教師管教學生的平衡點不知置於槓桿的何處？

在以上的情形下，實在需要有一本專門談教師專業道德的書籍，來提供比較正確的觀念，以做爲教育施爲的參考。本書就是基於以上的前提之下而撰寫的。

本書共分十章，第一章爲緒論，探討有關倫理學的意義，教育學與倫理學的關係，教育倫理學的建立，教育倫理學的重要性等；第二章探討教育中的倫理問題；第三章探討教育倫理學的概念；第四章探討教育倫理學的理論；第五章探討教育倫理學理論的建構；第六章探討教師的專業道德；第七章探討教師道德與教育規範；第八章探討師生關係的建立；第九章探討師生關係的落實；第十章為結論，提出了教育倫理學的綜觀，也論及教育倫理學的應用。

本書以上的內容，以外國的理論為主，間或加入我國的師道理論，因為教育倫理學是在外國建立起來，所以必須以外國理論為主。但也不應忽略我國的理論，我國的師道倫理行之久遠，有很高的價值。雖然現代的新式教育有些排除過去師道倫理的傾向，但是它能在歷史文化中存留下來，必有其價值在。

在研究外國的教育理論時，發現德國的教育雜誌近些年來登載了很多的教育倫理學論文，也有頗多的教育倫理學專書廣告。很快就體認出這是教育學術研究的新方向，否則德國也不會出專集來探討這方面的理論。

蒐集新的研究論文是作者的最大嗜好之一，於是就開始蒐集有關教育倫理學的德文資料，希望對本書的撰寫有幫助。蒐集來的豐富資料，部分的重點資料已應用在本書的內容之中。

在德國之所以重視教育倫理學的研究，是因為他們認為教師所負的責任重大，影響深遠，有研究的必要，繼而在很多的大學中開設此門課程，從事學術性的探討。同時，也在喚醒德國教育界對這方面的重視。

在我國有「良師興國」的理念，有「良師益友」的提倡，也有「萬世師表」的讚美，可見人們對教師的崇敬。尤其是國人把教師看成既是「經師」也是「人師」之知德雙全的人。這種把教師的標準提升爲最完美的層次，實是給予教師最高的尊榮。當教師獲得尊榮之時，也就是教育責任賦予之時。

我國相繼制定了「師資培育法」與「教師法」，對師範教育有很大的變革，並且將教師認定爲專業人員。就一般情形而言，既然是專業人員，就應有專業精神、專業能力與專業道德。這一些條件就是在教育倫理學中所一直强調與倡導的項目。爲了落實以上的條件，如果能從教育倫理學中取得理論基礎，將會更有幫助。

從以上兩法的制定，可以體認到探討教育倫理學的迫切性，因爲國人再也不能忽視法律的規定，應該積極地建立學校倫理，把法律視爲是教育施爲的準則。這也是撰寫本書時附帶的一些期望。

本書所採用的論文與著作大部分是德文資料，要深入地去了解並不是一件容易的事情。而且從蒐集資料到研讀與撰寫，全靠獨力去完成。又就作者個性而言，不願草率從事，倉促將書呈現在讀者的面前，所以盡力而爲。然而作者能力實在有限，錯誤恐不能免，還希望專家學者不吝賜正與指教。

一門學術的建立是要靠大家的共同努力，貢獻出寶貴的智慧，即能撰寫有關的著作出版，爲發展教育倫理學這門學術而奮鬥。

很感謝楊榮川先生對這門學術的重視而約稿，讓作者的淺見及不成熟的論點能呈現出來。同時也要藉此機會感謝家人，尤其是年事已高的雙親，他們在鄉下從困頓的生活中，提供了作者接受高等教育的機會；妻與子對作者在每個星期六下午及星期天把時間用在寫稿上沒有怨言。尤其是作者在受到侮辱與委屈時，能傾聽細訴，並陪同渡過情緒低潮的時光。因此，誠摯地將本書獻給家人，感謝他們的照顧與所共享的和樂，那是沒有屈辱、沒有爭吵，擁有的是關心與扶持的美好世界！

詹棟樑

識於國立臺灣師範大學

目　次

第一章 緒　論

教育倫理學是最近幾年才興起的一門學問，所以它發展的時間並不長，但理論卻已建立。在歐洲研究教育的人已經了解到這門學問的價值，紛紛對它進行研究，提出更深入的理論。就是在大學方面的學術殿堂，德國與瑞士也開有這門課，師生共同探討，其受重視的程度可見其一斑。

教育倫理學是科際整合的一門學科，它是由教育學與倫理學兩門學科所整合而成，從字義去判斷，大致也可以了解其整合的情形。這種科際整合是第二次世界大戰後常有的事情，可以爲某些傳統的學科尋求突破。

第一節　倫理學的意義

在了解教育倫理學之前，應該了解，什麼叫教育，也要了解，什麼叫倫理。教育的意義爲：教，上所施，下所效也；育，養子使作善也。因此，教育在我國的意義包含了教導與養育兩方面。在西洋人的意義，是從拉丁文而來，拉丁文的教育是educare，具有「引出」的意義，也就是將人的稟賦能力從內在引導出來的意思。倫理的意義爲：倫，輩也，許愼之說文解字謂：「倫，輩也。」但楊倞註荀子富國論謂：「倫，類也。」許愼在其書中，强調：羣，輩也。理者道也，道理也，即法則。倫意涵人羣相待相倚的生活關係。倫理是人羣相處時所應該講求的道理或法則，尤其在今天社會生活有迫切性需要的時候，倫理的講求，更是不可或缺！

一、倫理學的意義

倫理意義的探討，可以從中外的觀點入手。

(一)我國的倫理意義

我國的倫理意義大致可以分爲下列三種：

1. **集合關係的意義**　倫，從人，侖聲。人是過團體的生活的，即集個人以爲羣，猶如集竹簡以成册，三人相合衆矣，衆人相聚則羣矣。人在社會中過團體生活，是由小至大的，由個人而家庭，由家庭而社會，由社會而國家民族，由國家民族而世界人類。今天社會學上所謂之「社羣」，就具有以上的形態。這種由集合關係所講求的倫理，在維持人與人之間相處的法則，使之井然有序。

2.**相對關係的意義**　倫者，輪也，古代之車，一車兩輪，有偶的涵義，也就是對稱。更是「獨者無偶，偶則相親」，因此，禮記大同篇上所說的：鰥、寡、孤、獨，皆是無偶也。而平常人們所說的父子、母子、兄弟、夫婦、朋友、師生等，皆爲相偶也。這種相偶，也就是相對的意思，在人與人之間的相處，如何去對待對方，則必須依倫理而行，則是家庭中的成員，最爲相親，然後再推展至周圍有關的人員，依次擴及社會上的人員。

3.**隸屬關係的意義**　倫者，綸也，即經綸天下之大經也，古代簡册有繩線聯貫之，謂之經，可以引申爲聯屬之大經。人生活在社會中，必有所隸屬或聯屬，否則無法與團體發生關係，因爲每一個人都是團體的一員，必須與團體發生關係，這種關係是隸屬的關係，它可能是平行的關係，也可能是上下的關係，不管是什麼樣的關係，都有倫理的關係存在，這種關係才能維持下去，否則這種關係一破裂，倫理關係也就跟著消失（註一）。

我國是極講求倫理的國家，從以上論點可以知道我國古人對於倫理主張之用心。我國古人對於倫理意義的解釋是從「羣」開始，所以倫理也就是羣道也。人生而需有羣，有羣斯有倫，而人與人相待相倚之間，必須有倫理爲基礎。

家庭是社會的基本單位，人在家庭中生活，爲倫理之所由生。荀子認爲人之相處，最重要的是講求「人倫」，他說：「人倫並處，同求而異道，同欲而異知，生（性）也。欲惡同物，欲多而物寡，寡則必爭矣。離居不相待則窮，羣而無分則爭，救患除禍，則莫若明分使羣矣。」（國富篇）又說：「人何以能羣？曰分；分何以能行？曰義。故義以分則和，和則一，一則多力，多力則彊，彊則勝物；故宮室可得而居也，得之分義也。……羣道當，則萬物皆得其宜，羣生皆得其命。」（王制篇）其中荀子所說的「分」，即「本分」，「義」，即「義務」，都是道德法則。如此可以認定：倫理也就是羣道，也就是人羣生活關係中，規範人的行爲的道德法則。

孟子則是重視「人倫」，他說：「聖人，人倫之至也。」（離婁上）又說：「察於人倫，由仁義行，非行仁義。」（離婁下）他所說的「人倫」，是重視人與人相處的順序，甚至是事序，也是人所特有的生活上行爲表現的特質，這一方面是其他動物所欠缺者。

㈡外國的倫理意義

外國的倫理意義，一般認爲是從希臘的亞里斯多德（Aristotle）的「倫理學」（Ethics）一書中開始界定。

外國的倫理意義亦大致可以分爲下列三種：

1. **至善的研究**　亞里斯多德認爲：人的行爲有其目標，這種目標爲道德的動因，且爲一切其他目標的根源，人們追求這種目標，乃是爲了這種目標的本身，那就是善，也就是「絕對的善」，然則人們是否可以說，對善的認識大有裨益人的生活行爲？假如其答案是肯定的話，那麼人們對善的眞諦，至少需盡力獲得粗淺的觀念，並需研究能夠達到善的學問。倫理學之目的，唯在求人之善，尤其是團體之善，具有更崇高、更神聖之意義（註二）。

2. **風俗習慣的實踐**　在西洋文化的發展過程中，希臘文的「倫理」（Ethika）與拉丁文的「道德」（Moralis）並稱爲「倫理道德」。拉丁文的 Moralis 是由 Mores 一字演變而來，而該字是風俗習慣的意思。因此，倫理就成爲與風俗習慣有密切的關係。而風俗習慣是在於實踐的，能實踐才能達到倫理的目標。另外，早期希臘語所稱的「習俗」，也用來區別此團體和彼團體風俗的不同，後來又轉變爲性向和品格方面的意義。

3. **倫理即道德**　倫理與道德沒有什麼分別，甚至並列爲「倫理道德」，具有實踐的價值，用以指示人們修己處世的正規。因此，在意義上，人們就是以倫理道德去規範人的行爲，或者以其爲行爲的準則。

二、亞里斯多德對於倫理學的貢獻

在西洋的哲學家中，亞里斯多德對倫理學理論的建立是最有貢獻的人。在羅馬梵蒂崗天主教教廷的博物館中，有一幅被稱爲「雅典學苑」（The School of Athens）的大壁畫，那是文藝復興時代著名的畫家拉斐爾（Raphael Sanzi 1483–1520）最有名的作品之一。在這幅大壁畫中畫著希臘神話中的神像與哲人的畫像，其中包括：神祇有阿波羅（Apollo）（太陽神）、亞典娜（Athena）（智慧女神）等；哲人包括：蘇格拉底（Socrates）（哲學家）、畢達哥拉斯（Pythagoras）（數學家兼哲學家）、齊諾（Zeno）〔斯刀亞學派（Stoic School）的創始人〕、伊壁鳩魯（Epicurus）（快樂主義學派的創始人）、托勒密（Ptolemy）（天文學家）、歐幾里得（Euclid）（幾何學家）等，圖案的中央則是柏拉圖與亞里斯多德的畫像。柏拉圖的畫像是冷峻莊嚴，神態卓絕，雙目炯炯有光，左手拿著他探討宇宙論的對話錄「梯瑪亞斯」（Timaeus），右手上舉，用食指指向那超越自然的典範世界；亞里斯多德則溫文儒雅，左手拿著他探討善惡問題的「倫理學」（Ethics），右手則平直前伸，指向那眞實的人間大地。這些都清楚地表達了柏拉圖和亞里斯多德在西方古代學術史上的地位，他們是古希臘學術思想集大成的兩位中心人物，也象徵著西方後來學術發展的兩大方向和主流（註三）。

亞里斯多德的倫理學一共有三種，其中最重要的是「宜高邁倫理學」（Nicomachean Ethics）〔其他兩種爲「優德勉倫理學」（Eudemian Ethics）及「倫理學大綱」（Magna Moralia），其篇幅和內容不完整〕。在「宜高邁倫理學」中，每一頁都有珍貴的學說，對於一些重要的問題，其所說的道理，到現在都還不能有所增添。許多見解所顯示的：他對於人性有深刻確切的了解。

㈠倫理學所探討的主要內容

亞里斯多德的倫理學共分十卷，其探討的主要內容爲：

第一卷　探討研究倫理學的目的，這些目的包括幸福、至善、道德，其主題是討論人生的終極鵠的、意義及人生幸福的眞諦。在這卷中，特別强調倫理學與政治學之間不可分的關係。

第二卷　探討道德的性質，即中庸之道。提出人格陶冶的重要性，以中庸思想貫穿整個倫理學，是討論人生道德行爲的中心思想。

第三卷　探討自由行爲與强迫行爲，以及探討勇德與節德的性質。也就是討論了人生行爲的道德責任，以及勇敢和克己守禮等兩種美德。

第四卷　探討人對財物應有的態度，以及探討人在交際言談上應有的態度。那些態度包括：大方、浪費、吝嗇、慷慨、大志、野心、溫良、殷勤、誠實、禮貌、機智、知恥等等。

第五卷　探討正義、名分、公平等。尤其用很多篇幅去探討何謂「正義」、何謂「不義」、分配正義（一小部分與全體可以分開）、法定正義、政治正義等。名分是與義連接的，例如一個正義的人做正義的事情，其名分是「義人」或「合乎正義的人」，反之，則成爲「不義的人」或「壞人」。「公平」是一種「公道」，與正義發生關聯。公平雖然是一種比較高超的東西，如果它本身是公道的，便與正義沒有什麼區別。

第六卷　探討行爲的指導原則，也就是智德的功用，認爲智德與實踐並重，强調人應有智慧才能愼思明辨、領悟、果斷，最後與幸福產生關係。因此，智德（或知識）成爲行爲的指導。

第七卷 探討貞潔與壯烈之德，並探討了歡樂與縱慾的問題，尤其人們內心常有快樂及痛苦的鬥爭，以及苦樂與道德發生關係，是爲探討的重點，人如何去改變自己，使快樂成爲至善是重要課題。

第八卷 探討友誼（友愛），提出友愛爲倫理學研究的重要題材，認爲所謂「友愛」，就是敬愛他人，並成爲維繫人與人之間及人與社會團體之間的力量。並從友愛進一步發展成友誼，提出了一個重要的概念：友誼雖是一種恆久的傾向，但必須藉友誼活動而實現。

第九卷 探討友愛的保障與效果，也是第八卷內容進一步的探討，探討到友愛的保障與維繫、對各級親友應如何履行友愛的責任、友誼的斷絕等，提出了「善意爲友愛的初步」、「和諧爲友誼的標記」等概念。而且體認到人在順境或逆境中都需要朋友，也就是說，人在逆境中需要有益的朋友；在順境之中人需要有面子的朋友；有財富的人需要有品德的朋友。

第十卷 探討快樂與幸福，認爲快樂的探討爲倫理學的重要課題，並認爲快樂並非完全不善，而且快樂並不是一種程序，也不是一種程序的解說，更是不可分析的！最後又探討幸福問題，回歸到人生的重要層面上，建立了幸福與道德的關係，因此强調幸福是基於道德活動，也是明智的道德實踐。最後他指出：空言不足以成德，需賴教育與法律的促成。

從以上亞里斯多德倫理學的內容去了解：可以發現其內容既博大又精深，涵蓋了人生重要的倫理問題，而且對某些問題又有深入的見解。亞里斯多德的「倫理學」，是一部經典的著作，有不可磨滅的價值，到現在還是一直爲學術界所重視。

(二)對倫理學的重要貢獻

亞里斯多德的「倫理學」是一本內容豐富，析理精湛的著作，書中處處表現出他的博學多識，和那特有的科學家的治學態度與哲學家的處世智慧。由於有以上的情形，使著西方倫理學的發展，在遇到瓶頸之後，又回頭過來繼續亞里斯多德倫理學的研究。

亞里斯多德對倫理學的重要貢獻在於提出了：

1. **提出了目的論的觀點**　他相信宇宙中一切自然事物的成長和發展，最後一定有目的，這便是「目的論」（Teleology）的觀點。他認爲：倫理學爲政治學的一部分，以研究「至善」爲目的。他的這個觀點，成爲日後倫理學研究所遵循的圭臬。同時，他也提出了人生的目的，認爲人生的目的便是實踐道德，完成道德的人生，那就是幸福，即幸福的人生。

2. **界定了羣性關係的維持**　他認爲倫理是在社會中發生的，每一個人都是社會的一分子，人與人之間有密切的關係，誰也不能離羣而索居，也就是必須過團體生活，而團體生活必須有應履行的責任與義務，而這些責任與義務是在道德（倫理）中規範。而且人生的很多道德，也都不能在孤獨的自我身上完成。他很重視友愛與友誼，有兩卷的篇幅在討論這個問題，其原因在此。人的行爲所施予者必有對象，例如孝行，必有父母；講信義，必有朋友；慈愛，必有子女。一切作爲必須合乎倫理的原則，於是倫理成爲羣性關係的維持之道。

3. **闡明了中庸之道** 他認爲道德之性質爲中庸之道。德性可以分爲兩方面：一方面爲理智的德性，也就是智德；一方面爲倫理的德性，也就是倫理之德。在這些德性之中，智德的責任在於教導理智德性的產生與發展，但需要時間與經驗。道德的善或倫理之德，是從習慣而產生的。基於以上的論點加以推演，可以得到：「怎樣的行動，便產生怎樣的氣質」的概念。於是倫理道德在其性質上，過與不及都能被破壞，這種情形就如人的身體健康方面也是一樣的，人的體力使用過度有礙健康，不用也同樣有礙健康。於是只有採用中庸之道，才是最佳之策。他因而闡明了：道德行爲需合乎中道的道理。也就是中道不僅是一種美德，而且美德也都是中道。

亞里斯多德的倫理學立論持平，很符合我國儒家的思想，所以其價值歷久不衰，也就是說，有不可磨滅的價值！因此，亞里斯多德倫理學的貢獻在於它的論點可以做爲人的行爲的指導，並爲人的行事處世建立了規範。

亞里斯多德的倫理思想與我國中庸裡的「時中」理念一致，他認爲一種合乎中道的道德行爲，一定要考慮到是否是適當的時刻，適當的情境，適當的對象，適當的動機，適當的方式，適當的目的等因素（註四）。我國四書中的中庸，到了宋朝的程伊川（頤）解釋「中庸」的意義，認爲「不偏之謂中，不易之謂庸，中者天下之正道，庸者天下之定理。」原先孔子曾說：「君子中庸，小人反中庸。君子之中庸也，君子而時中；小人之反中庸也，小人而無忌憚也。」如果將亞里斯多德的倫理思想與我國儒家的中庸理論相比，可以發現兩者是十分接近的。因此，我國的儒家思想對中國文化有貢獻，同樣地，亞里斯多德對西方文化也是有貢獻。

三、倫理學的綜合意義

在了解中外有關倫理學的定義之後，似應給倫理學下一個綜合性的定義：

㈠廣義的定義

倫理學是做人的學問（註五）。

㈡狹義的定義

倫理學是研究實踐道德價值之學，所以示人以準繩與最高理想目的者也。倫理學爲規範科學，爲實踐道德之研究（註六）。

第二節　教育學與倫理學的關係

教育學與倫理學有密切的關係，因爲教育包括有五育，即德智體羣美，其中列第一位的德，即道德，就是倫理；在倫理中也包括教育的成分，即以道德教育他人。從以上的論點便可以知道二者關係的密切了。

荀子說：「以善先人者，謂之教。」學記也說：「教者，所以長善而救其失者也。」這與亞里斯多德倫理學開頭第一卷第一章所說的「各種科學技藝均以達到某種善爲目的」的理念相呼應。以上論點說明了：以德性的培養與品格的完成爲教育的首要任務。

道德問題與教育問題有以上的密切關係。以此，從哲學觀點出發之探討道德問題的道德哲學，與教育理論之實施，有密切的關係，自不待言。

在科際整合的條件下，兩門或兩門以上的學科必須能發生關係，才能整合成一門新學科。教育學與倫理學的關係如下：

一、基本關係

教育學與倫理學之間存在著基本關係，這種基本關係早在亞里斯多德時就已經體會出來。他認爲：希臘文的 ethos 這個字，就是從「習慣」一詞而來的。意思就是研究「習慣」的一門學問。這顯然地指出：倫理道德並不是由於自然在人們心裡栽種下來的，因爲凡自然創造之物，都不能用習慣來教導改變他發展的方向，例如一塊石頭，它自然的傾向是往下沈，雖然也可以屢次地把石頭不斷地投向空中，但是它不能學會往空中去的能力，而且沒有辦法使火向下，因爲火焰是向上的。實際上，不能教導它們另外一個樣子的行動或存在。可是吾人產生道德並非自然而來，也不能違反自然。確實說，自然在人心理預備了接受道德的基礎，但是道德完全的形式是習慣的產物（註七）。

從以上的論點可以了解到：自然就是天生如此而無法學習的，而倫理道德非天生的，應是可以學習的。這樣一來就肯定了一項事實，那就是教育與倫理有密切的關係。

教育學研究學習的問題，或知識的問題；倫理學研究道德的問題，或品格的問題。亞里斯多德更明確的表示：根據心靈的區分：對德行加以分類：有些稱爲「理知的」（教育的），如智慧、知識、謹愼等是；另一些稱爲「道德的」（倫理的），如寬大、節制等是。當人們說到一個人的性格時，人們不說他聰明或者有才智，而應說他有品格、有節制。稱讚一個智者也是根據他的性情或行爲習慣，那些值得稱讚的性情或心理狀態，那就是人們所說的「德行」（註八）。

從以上基本關係的論點，可以了解到蘇格拉底所說的「知德合一」的道理。也就是知識（教育而獲得的）與道德（倫理的）的合一。

眞正而明確地指出教育學與倫理學有密切關係的，是德國著名的教育家赫爾巴特（Johann Friedrich Herbart），他說：「教育學透過教育者之目的概念而與倫理學相結合，透過手段與障礙之探討而指向心理學。」（註九）他又在「教育學講義綱要」（Umriss der pädagogischer Vorlesungen）一書再度表明：「科學的教育學係依存於倫理學與心理學兩者之上，前者表明陶冶之目的，而後者則指示其方法、手段與障礙。」（註一〇）

二、依存關係

教育學與倫理學有相互依存的關係，尤其是在建立教育哲學時，或道德哲學時，更可以明顯見其依存關係。例如英國的教育家皮德思（Richard S. Peters）的名著「倫理學與教育」（Ethics and Education）一書，第二部（全書共分成三部）便是探討教育的倫理基礎，主張教育學應與倫理學相互配合，在其教育觀念中，含有亞里斯多德與康德之教育與倫理應配合的色彩（註一一）。

皮德思所主張的教育學與倫理學的依存關係，是偏重在道德教育方面。他在探討道德教育時，是持較爲審愼的態度，他認爲道德判斷常常有主觀的感情或直覺的成分，較缺少普效性。但道德問題可作理智的探討，找出大家較能共同接受的根據，這就是道德的「互爲主觀性」（moral intersubjectivity）。也就是他所說的「我們必須涉及種種道德的關聯。」（註一二）

前述之「互爲主觀性」，又稱爲「互爲主體性」，含有互相依存的關係在。

三、激盪關係

教育學與倫理學除了有互相依存的關係外，尚有激盪的關係，例如教育學有倫理學的激盪，更會重視教育目的，每一種教育都是有目的，有了教育目的後，教育的期待更容易實現；倫理學有了教育學的激盪，道德教育更容易完成，使學生更能有良好的道德行爲。

一門新學科的建立，在整合時的激盪，有助於產生新概念，如果沒有相互的激盪，所產生的理論將是平庸無奇。目前德國正盛行的「規範教育學」（Normative Pädagogik）理論，就是教育學與倫理學互相激盪所產生的一門新教育思潮。

教育學與倫理學互相激盪的結果，將會產生一些新的認識，例如康德認爲道德對人而言，最重要的貴於實踐，道德實踐除了「行動」（Tun）以外，另一重要因素就是義務意識。道德價值中有一特殊的義務力量，它作爲無條件地置於主觀之上，產生「當爲」（Sollen），由個人來體驗。

我國教育家王文俊認爲：「康德的不朽功績，就是發現了道德的當爲。當然，以前的人並非沒有看見這種道德善的義務力量，而是沒有一個人能像康德那樣明顯地把握住它而加以發揚，沒有人像他那樣把人們道德法則的崇高要素引到人們的眼前。」（註一三）

康德的倫理學可以說是義務或當爲的倫理學。這種倫理學的概念影響到教育的概念，例如在教育的施爲中，教師有義務輔導學生向善，或阻止學生誤入歧途，這便是一種當爲，更積極地幫助學生發展，也是一種當爲。

從以上三種關係，可以了解到：教育學與倫理學有密切的關係，由於兩者的密切關係，所以經過科際整合後，而成爲一門新的學科——教育倫理學。

第三節　教育倫理學的建立

教育學與倫理學建立密切的關係以後，教育倫理學的建立就比較容易。歐洲的德國與瑞士都在努力建立教育倫理學這門學術，然而一門學術的建立，有其必要的條件才能使其更完美。

一、教育倫理學建立的先前條件

(一)倫理的基本主義的重視

「倫理的基本主義」（ethischer Fundamentalismus）的觀點涉及人的生死問題，例如人有生存權，這種生存權應予保護，避免受傷害而死亡。因此，人最重要的就是生命的保持，就倫理的觀點而言，就是生命的不受傷害（註一四）。

教育也是要重視倫理的基本主義的，因爲人最重要的是在世存有，存在的人才能施予教育，所以教育的對象應該是活生生的人。因此，教育倫理學的建立，就是要從保護生命的觀點爲出發點，如果一個人的生命都不能被保護，那還談什麼倫理呢？生的人才能講求倫理，死的人就無法講求倫理了。又如果生的人相殘，那有倫理可言？

教育倫理學的建立，在於教師有義務去保護學生，學生也不能傷害教師，不宜發生有學生傷害教師致死的不幸事情。於是在正常教學的運作之下，師生維持應有的規範，是教育倫理學所强調的。

假如從另一個觀點去看，教育倫理學也是以倫理學爲基礎，倫理的基本主義，成爲教育倫理學的重要條件，即首先奠立基礎，然後再向上發展。此方面雖不涉及生命的保護問題，但卻是建立教育倫理學的充要條件。

㈡價值基本主義的重視

「價值基本主義」（Wertefundamentalismus）是認定一門學科有其基本價值，而教育倫理學就是具有價值的一門學科。倫理學本來就是一門價值學科，教育學也强調教育的價值，在價值的前提之下，教育倫理學的建立應是極爲可能的事！

教育倫理學可以說是因爲價值而使教育與倫理結合，在爲達到教育目的的前提下，建立了具有規範性的一門學科。

㈢規範理念的重視

「規範理念」（normative Idee）是認定一種行爲必須合乎規範。人應該要考慮到的是：不只要認識自己的行爲，還要控制自己的行爲，而且要將知識轉入行爲當中，就如將理性轉入於道德實踐（康德的論點）的情形一樣。人在日常生活中，與各種道德發生關係，產生道德關聯。由於關聯能發生影響，因此這種道德是有責任的。

有了規範，即是表示有一種眞正的方法來解釋道德行爲的觀點。例如在規範中的「應然」（sein soll），在解釋時，是把它視爲「理當如此」。行爲表現是「應然」，也就是行爲表現應該具有義務性，必須依據道德如此做。

教育過程中，應有道德存在，也有規範存在，有了規範存在，一切才能按部就班進行，而且有了規範，教師才有義務與責任，才會努力去實現。

二、教育倫理學的建立

教育倫理學在先前條件具備以後，開始建立，然而羅馬不是一天造成的，教育倫理學也不是一天建立的，它是經過一段時間的發展才形成的。

教育工作是人類崇高的工作之一，雖然這種工作的社會地位逐漸在降低，但是這種工作使人類的文化世代相承，並發揚光大，則又有不可磨滅的貢獻。教育家夸美紐斯（Amos Comenius）曾經說過：「太陽底下再也沒有比教師這個職務更高尚了。」（註一五）夸美紐斯認爲教育目的在開展人的智性、德性及聖性，尤其教師在從事教學工作時，是人類靈魂的工程師。可見教師在十七世紀時（夸美紐斯生於一五九二年，死於一六七〇年）地位的崇高。

古往今來的教育家或一般的學者總是在肯定教師崇高社會地位的同時，也在關注教師的職業道德問題，希望教師具備崇高、完美的道德品質。於是教師的職業道德就在這關注的期待下，其重要性被肯定了，以研究教師的職業道德爲中心的教育倫理學就產生了。

㈠社會主義國家教育倫理學的建立

在一般人的觀念中，大都認爲社會主義國家集權（也有可能由集權而產生極權），命令式的政治色彩極爲濃厚，教師教學只在執行教育政策，鮮少有教師的自由意願摻雜其中，因此教師的職業道德不必講求。其實這有點兒先入爲主的觀念。

在一九七〇年代以後，蘇聯及東歐一些社會主義的國家，結合其國內教育工作人員對教師道德進行長時期的研究，創立了以教師道德爲主要研究對象的教育倫理學（或稱爲「教師職業倫理學」），這種注重教師道德的研究，在社會主義國家中，已成爲一個引人注目的新趨勢。

㈡民主國家教育倫理學的建立

民主國家是最注重教育的，以教育做爲其國家發展的重要工具之一，而教師的職業尊重選擇者的意願，只是在其從事教育工作之前必經過專業訓練，這種訓練包括專業精神的養成。

這種專業訓練的養成，盛行於就業時需要職業證照的國家，例如西歐的德國與瑞士就極重視職業證照。因此教育倫理學就在這兩個國家建立起來。

1. **德國**　最重視教育倫理學的國家，實際與理論並重，對教育倫理學的研究起帶頭作用。其情形爲：

(1)大學開設教育倫理學者有：哥廷根大學（Universität Göttingen）開有自然與倫理、柏林自由大學（Berlin Freie Universität）開有教育的規範與目標、科隆大學（Universität zu Köln）開有教育與倫理學、慕尼黑大學（Universität München）開有新的倫理學觀念與教育學的關係。此外尚開有與教育倫理學相關的課程（註一六）。

(2)教育倫理學的著作有：主要有加姆（Hans-Jochen Gamm）的教育倫理學（Pädagogische Ethik），其內容以教育的關係分析爲主，邁爾—德拉威（Käte Meyer-Drawe）、波伊克爾特（Helmut Peukert）、魯赫洛夫（Jörg Ruhloff）三人所編之教育學與倫理學（Pädagogik und Ethik）等。有關教育倫理學的論文甚多。

2. **瑞士**　教育學的發展受德國的影響很深，有些大學聘請德國教授任教，因此教育倫理學也跟德國一樣地重視。其情形爲：

(1)大學開設教育倫理學者有：主要爲伯恩大學（Universität Bern）。其他大學開設有與教育倫理學相關的課程。

(2)教育倫理學的著作有：主要有邊寧（Alfons Benning）的教育倫理學（Ethik der Erziehung），其內容以探討教育倫理學的基礎及强化其理論，鄂爾克爾斯（Jürgen Oelkers）的教育倫理學（Pädagogische Ethik），其內容探討教育倫理學的問題、反論、展望。有關教育倫理學的論文甚多。

從以上德國與瑞士兩國對教育倫理學開課與著作出版的情形，可以了解到：此門學科已成爲大學講壇做爲學術探討的學科，及有甚多的著作與論文出版，證明其理論已被建立。

教育倫理學具有系統、方法與理論，有建立成一門學科的條件，所以它在西歐與東歐已經被認定爲一門獨立的學科而進行研究。而且這門學科也有長足的進步，像德國的「教育雜誌」（Zeitschrift für Pädagogik），就曾於一九九六年一月與二月的雙月刊出專刊，來深入地探討教育倫理學的理論。

第四節　教育倫理學的重要性

教育倫理學是探討教師的專業道德，也探討師生關係，在於使教師能依循道德的原則去完成教育的任務。教育倫理學的研究，一般是把重點放在教師方面，如果是探討師生關係時，則同時注重教師與學生的立場。

教師的行業在我國是受人尊敬的行業，在社會上被認爲是淸高與崇高的人士，因爲他是啟發人類的心靈的人，是社會的導師。他把他的知識與能力傳授給學生，並以愛心去對待學生，希望學生能長大成人，貢獻出自己的力量。因此，教師成爲學生發展的幫助者，即在幫助學生能有良好的發展。於是教育在德國文化學派的觀念中，就是發展的幫助。

教育倫理學的重要性有：

一、成爲教育學領域中的一門有價值學科

教育倫理學是教育學與倫理學所整合而成的一門新學科，而倫理學在於論定人羣生活關係的行爲價值，道德法則，窮究理想上至善之鵠的，並顯示可以達到至善的方法。於是倫理學藉價值而以「當爲」（實踐的）爲內容，尤其是以形成或塑造價值充實的人格爲取向。這是養成道德行爲所必備的要素。也就是說，道德價值的實現，與人格有密切的關係。這種關係建立後就形成了道德人格。

教育本身也有價值，又加上倫理的價值，成爲具有雙重價值，於是教育倫理學可肯定地被認爲是有價值的學科。在教育學領域中，具有高度價值的學科，是可以倡導作深入研究的。從價值的觀點而言，教育倫理學的重要性爲：

㈠教師道德價值的安排

教師應具備完整的道德，從完整的道德中導引出來道德價值與規範，而把價值理念做爲倫理的基礎。教師在從事教育工作時，就應把道德價值作安排，以發揮以道德理念的功能。

㈡教師應追求的價值

教師應追求的價值，除了知識的價值外，就是倫理的價值，也就是道德的價值。這是屬於目的論（Teleologie）的範圍，因爲目的論就是探討「追求」的問題，也屬於價值論（Axiologie）的範

圍，因爲價值論就是探討「價值理論」的問題。教師追求的是「至善」的價值，而能把善應用在教育上。

㈢教師的價值取向

教師的教育施爲應是價值取向，追求有價值的，捨棄無價值的，並且是有追求的觀念，就也應有價值的取向，才能達到有價值的目的。這種情形也就是揭示了教師應有理想的理念。每一位教師應有理想，在教學時才有追求的目標。

二、成爲教師專業道德養成的南針

教育倫理學以探討教師的專業道德爲主要內容，目前教師養成的專業道德十分的重要，我國的教師法與師資培育法中，均將教師界定爲專業人員，既然爲專業人員，就應有專業道德，就如醫生爲專業人員，應具有醫德的情形一樣。

教育倫理學理論揭示了教師所應具備的倫理道德，這種倫理道德原爲教師的基本道德，教師應該遵守。於是在教師養成的過程中，或在職的教師，都應該養成專業道德，因爲教師在教育中表現的道德行爲很能影響和塑造年輕的一代的道德理念。關心教育的社會人士，總是在肯定教師崇高社會地位的同時，也能關注教師職業道德的品質。

教師的職業道德的要求，是比其他行業的職業道德要求要高，因爲教育是良心的事業，又必須有強烈的典範性，即爲人師表，成爲學生與社會的表率。從道德的觀點而言，教育倫理學的重要性爲：

㈠教師職業道德的關聯性

教師的職業道德具有關聯性，即自己與他人及事務的關聯，要求教師本人具有高尙品德，要求學生具有道德行爲，要求對教育認眞負責。尤其是教師的職業道德直接關係到教育事業的發展和人才培養的質量。

㈡教師職業道德反映新時代的社會訴求

教育倫理學理論重視教師的職業道德，在理論上的觀點是要求教師多負責任，然而教師的社會地位，雖然崇高，但與過去相比，沒有像過去那樣地受尊敬。相反地，其責任卻加重，因爲過去家庭中的兒童被送去學校後，家長對於其子女的教育情形則不太過問，即把子女完全交到教師手裡；現在則家長過問學校事務或教師教學，使得教師權少事繁。這種新時代的社會訴求，不但改變了教師教學的生態，而且使教師受到家長的監督。

㈢教師職業道德以服務爲標準

教育倫理學理論主張教育服務，教師在現實生活中視教育爲一定的服務，那麼現階段的教師是否具有職業道德，也應該以是否推動教育的發展，有利於培養現代化的人才而服務爲標準。從表面上看，以上情形稍微過於廣泛，但是激發教師的道德責任感，本於至誠而爲教育工作服務，則又爲新時代的教師的重要道德特徵。

三、成爲解決校園倫理問題的理論依據

校園問題越來越多，而且越來越嚴重，嚴重到影響整個教育生態，例如有教師因體罰學生而被判刑者，也有教師被學生所殺者，使得校園倫理的保持，受到了嚴重的挑戰。

教育倫理學有助於解決校園倫理問題，因爲教育倫理學理論價值在於教育倫理的探討，而校園倫理是教育倫理的一部分，所以有助於解決校園倫理問題。其情形爲：

(一)校園倫理問題的解決需有理論依據

一種問題的解決，最好是有理論的依據，如此可以解決得完滿，因爲有理論依據可以合乎原理原則。教育是要合乎原理原則的，從教育學的建立就是合乎原理原則的觀點去看，校園倫理問題的解決，不可能是以沒有理論依據而不具有原理原則的方法，去解決校園倫理問題。

基於以上論點，校園倫理問題的解決是有理論依據的，早期可以以當然耳的方法去行事，科學興起以後，就必須依據理論了。

(二)校園倫理問題的解決有助校園和諧

教育倫理學理論是倡導教育工作的和諧的，倫理關係的建立就能產生和諧。校園倫理的講求，促使學校之間、學校內部之間——即校長與教師之間、教師與教師之間、教師與學生之間、

學生與學生之間，有著可以遵循的規範，一切按規範運作，自然而然可促進校園和諧。

㈢校園倫理問題的解決可以形成理想的學習環境

學校本來就是理想的學習場所，這種場所是經過選擇與安排的，不受外界不利因素的干擾。但自從校園內發生暴力事件，或校外暴力進入校園，致使校園受到滋擾，無法安寧，如果能將那些問題化解，則校園仍是理想的學習環境，學生可以安心學習。

註一：參閱黃建中：比較倫理學，國立編譯館主編，正中書局印行，民國六三年三月臺四版，第二四至二六頁。
註二：見高思謙：亞里斯多德之宜高邁倫理學，臺灣商務印書館發行，民國六八年四月初版，第二頁。
註三：見劉岱：談亞里斯多德「倫理學」，載於中央日報副刊，民國八四年九月十八日。
註四：見同註三。
註五：見鄔昆如：倫理學，五南圖書出版公司印行，民國八二年四月初版，緒論，第一頁。
註六：見范錡：倫理學，臺灣商務印書館印行，民國七七年七月臺九版，第三頁。
註七：見同註二之書，第二二頁。
註八：見同註二之書，第二一頁。

註　九：引自 K. Kehrbach: Johann Friedrich Herbarts Sämtliche Werke, Band 9, S.342.

註一〇：引自 Johann Friedrich Herbart: Umriss der pädagogischer Vorlessungen, 1835, S.1.

註一一：見 Richard S. Peters: Ethics and education, London: George Allen and Unwin Ltd, 1966.

註一二：見 W. K. Frankena 編撰，馬肇選譯述：教育哲學，臺灣商務印書館印行，民國六八年一月三版，第六七頁。

註一三：引自王文俊：哲學概論，正中書局印行，民國五六年十二月初版，第一四〇頁。

註一四：見 Peter Singer, Detlef B. Linke, Norbert Hoerster, Claudio Kürten: Ethischer Fundamentalismus, in: Universtas, 51. Jg. 5/1996, Nr. 599, S.433.

註一五：引自傅任敢：教育譯著選集，民國六二年，第五八四頁。

註一六：參閱馮朝霖：德國教育哲史科目教學與研究之探討，國立高雄師範大學教育研究所舉辦教育哲史教學國際學術研討會發表之論文，民國八二年四月二十至二十二日，第八頁。

第二章 教育中的倫理問題

教育中存在著許多人的問題，教育是人教人的工作，人本來就是最會製造問題的，那個地方有人，那個地方一定會有問題發生。同樣地，教育也有許多問題存在，德國文化學派的教育家認爲：教育就是不斷地提出問題與解決問題的過程。由於以上的論點，可以了解：教育中會產生問題，而倫理問題就是其中之一。

教育中的倫理問題，過去比較不重視，因爲當時還沒有教育倫理學的學門出現，也不知道教育倫理的重要性；現在則十分重視教育倫理，因爲人就是「倫理人」（ethische Menschen）〔德國教育家哈特曼（Nikolai Hartmann）的理論〕，教育也要講求規範。

倫理問題涉及價值問題，它具有道德價值，是爲人們所追求者。在教育中所追求的是一種行爲價值，教育在行爲上會產生一種道德價值，它成爲人的價值與活動的價值。因此，在教育中的倫理問題，就是要探討價值問題，例如「事實價值」與「意向價值」，前者爲知識價值；後者爲道德價值。

倫理問題也涉及意義問題，把教育看成是一種有意義的活動，追求人生各種意義，當然這些意義也會附帶有各種的價值及價值的層級。

教育目標的達成一定要講求倫理，因爲教育的進行必須講求秩序，以及一切應該維持的關係都應保持，所以教育中的倫理問題是一個重要問題。就是一般人所熟知的道德問題或善的問題，也都是屬於重要的倫理問題，在教育中也必須講求道德以及追求善，以達教育的目標。

學校是師生營共同生活的地方，朝夕相處，人既然要營共同生活，那麼就要顧及倫理。也就是：在消極方面不能妨害他人，由道德的約定俗成到法律的制定皆然，例如學校自律公約或校規的制定，就是這種作用；在積極方面應該尊重他人，即民主的實現。由於以上目標需要達成，於是學校的師生關係需要和諧。

教育中的倫理問題是一個重要的問題，現代的學校教育有關於倫理的講求，越來越忽視，以致教育問題一籮筐，難以處理，如果能秉持倫理的原則去遵行，則教育問題的化解就更容易。

第一節　教育倫理中人類學的前提

教育的對象是人，教育是人教人的工作，只有人才會講求倫理的，其他動物並不講求倫理，因此教育倫理學有一項不能忽略的因素，那就是人的因素。

從以上的論點去了解：教育倫理學理論探討，既然與人有密切的關係，那麼就應以人類學爲前提。

一、人的兩種關係

人在社會中，只要是較進步的社會，大概都會有兩種關係：

㈠存在的原始關係

所謂「存在的原始關係」（existenziales Urverhältnis）就是血統關係，如父母與子女的關係，就是這種關係。這種關係是人存在的時候就已經安排好的一種關係，是一種先前的決定，稱爲第一種關係。

㈡教育的關係

所謂「教育的關係」（erzieherisches Verhältnis）就是師生關係，這種關係是自由的、權利與義務的關係，可以存在，也可以消滅。這種關係稱爲第二種關係。

以上兩種關係，對於教育關係甚有研究的德國教育家蘭格（Martin Rang）認爲二者不同，第一種關係是無法揚棄的關係，而第二種關係是可以消滅的關係。但是第一種關係是各種關係的基礎，即可以以它做爲教育行爲的基礎（註一）。

對於以上情形，如果加以深入的了解，可以發現其具有實用的與完整的意義，那就是來自「人類學的現象」（anthropologische Phänomen）。

二、教育的關係是一種人的關係

教育學與人類學研究的對象均是人，而人是需要教育的，而且人接受教育有其必要性。希臘哲學家柏拉圖（Plato）曾經說過：只有上帝與動物不必接受教育，人是需要受教育的。在柏拉圖的觀念中是認爲：上帝是萬能的，不必再受教育；動物是過其本能生活，不需受教育。人是介於二者之間，所以需要教育。基於以上關係，可以確定爲：教育的關係是一種人的關係。

把教育關係看成是人的關係，其關係是以愛串聯起來，無論是父母對子女，或教師對學生，都是如此。因此，教育關係是有價値的，把它看成雙方都是有益的，而不是單方面的付出。因此，人們很少揚棄這種關係，這就是說明了父母與子女之間的關係，及教師與學生之間的關係，是有著期待與期望存在著。

以上所說的「以愛串聯起來」，是讓父母與子女、教師與學生有著密切的關係，起碼是兩兩賦予下一代力量，在長時間的共同生活中表現出來，並共同爲教育而努力。最重要的是：有了倫理才會有愛，有愛可以被感覺出來，可以讓學生感到溫暖，這便是一種完滿。換句話說，就是學生接受了力量。這種由教師所賦予的力量，在開始時是一種信任，然後慢慢地化成一種力量，成爲維繫教育進行的一種有力工具。

三、教育學與倫理學之人類學的關係

教育學與倫理學具有人類學的關係，這是一種無可避免的人類學基本關係。因爲在每一種情況中，對於人應該有的把握是：他的本質、他的存在、他的應然（生活上的）。因此，教育所採取的，一方面是賦予人與世界的圖像；一方面是建立「哲學—批判的人類學」（philosophisch–kritischer Anthropologie）（註二）。

從以上的論點去看，可以了解到：德國著名的倫理學家哈特曼認爲：倫理爲人的理想。於是人的存在必須透過道德價值來豐富其生活，並發揮道德價值的作用。也就是說：人存在於世界上，他是成爲由倫理所指導的人，他具有高級意義。有了高級的意義，他的生活才會完滿（註三）。

我國思想家梁漱溟認爲：人類文化都是起於宗教，並且以宗教爲中心，人羣秩序亦導源於宗教，甚至人類的思想知識學術，亦無不導源於宗教。宗教者，出世之謂也，人類文化萌芽，宗教也萌芽，宗教萌芽，出世傾向也萌芽。我國自孔子以來，就走上以道德代替宗教之路，因爲道德存於個人之自覺自律，宗教寄於教徒之恪守教誡（註四）。我國社會向來強調長幼有序，此爲倫理秩序的一種原則。因此，梁漱溟主張「安排倫理以組織社會」的理論。

我國是倫理本位的社會，一切講求倫理，教育自也不例外。因此，教育學與倫理學有密切的關係。

教育學與倫理學之人類學的關係有：

(一)教育學與人類學的關係

教育學的理論在謀求了解人的意義與價值，也就是了解人的意義是什麼？人的理想是什麼？人的價值是什麼？這些問題一直是教育學所要追求的答案。人類學的理論在探索人的發生的問題（即發生學（genetics）上的問題），這種基於發生學的觀點，對於人所認定的意義，與教育學對於人所認定的意義相同。

人類學的理論也在肯定人的價值，有時也用哲學或神學的理論來協助人類學對於人的價值的肯定。至於心理學與生理學二者，在早期的人類學研究中，也曾被認爲是研究基礎的一部分。

從以上的論點去了解，從人的意義與人的價值方面去考察，教育學與人類學所欲肯定者相同。基於以上的關係，現在已經建立了教育人類學。

㈡倫理學與人類學的關係

倫理學的理論，跟教育學的理論一樣，涉及意義與價值的問題。因此，除了探討人的意義與價值外，還探討「羣道」，即合羣之道。人的相處是營共同生活的，講求合羣之道，使一個團體能遵循具有規範的運作原則。

人類學的理論，最近的理論主張是：邁出個人生命的侷限，進入羣體的生命之中，擴大了個體生命的範圍。也就是注重羣體綿延不斷的生命。這一點與倫理學理論相近，因此二者可以建立關係，即以羣體爲主。不過，到今天尚未建立倫理人類學，或許在不久的將來可能會建立。現在在人類學中討論倫理問題的，只有在哲學人類學中占有一部分而已。

關於以上的關係所產生的論點，德國著名的教育家布蘭克爾茲（Herwig Blankertz）認爲：倫理學與教育學發生關係，有可能建立規範教育學（Normative Pädagogik），而規範教育學除了具有神學的命題外，尚有人類學的命題，强調人在社會及經濟方面發揮能力的價值。因此形成了兩個規準：一爲宗教的規準；一爲倫理的規準。於是前者，教育在信仰方面，促使內心的虔誠；後者，教育在道德方面，陶冶良心。規範教育學理論的特色爲：把兒童的本質視爲是「惡」的，是一種「悲觀的人類學」（pessimistische Anthropologie）的看法，而把教育視爲是「善的工作」（gute Werke），那麼「教育就是使人發生善的改變」，使之能符合生的課題（註五）。

㈢教育倫理學與人類學的關係

把教育倫理學視爲「規範與原則的科學」（Norm–und Prinzipienwissenschaft），那麼它使用規範的概念常常是基於價值的要求和倫理的認證，使人具有規範的行爲（尤其是教師的行爲）。這種「當爲的要求」（Sollenanspruch）可以視爲是價值。這種價值對教師而言，是責任的付出；對學生而言，是義務的完成。這兩方面在價值的前提下，透過教學來完成。因此，規範，經過倫理學的認知，可以把它當成事先賦予的經驗（例如教師事先的專業道德訓練）來把握，再透過人類學的了解，掌握「人的本質」（Natur des Menschen），然後間接地用道德來把握（註六）。

如果從人類學的觀點去看，教師應有完美的人格，然而教師也是人，凡人都會有缺點，在現實中的教師不可能是具有完美人格的人，但是教師不能以現實性的問題替自己的「欠缺本質」（Mängelwesen）的弱點辯護，應該去克服弱點，成爲一位完美的教師。

教師從事教學的工作，不僅僅是現實的，而且還要跨越現實，創造未來的存在體。教師在意識自我現實性的同時，也應自覺意識其本性，而且要求超越現實，生活在理想的狀態中，在那兒不斷地開闢自我創造的道路。自我意識到現實性，並想超越它，不斷地努力於眞實的自我創造的人，才是「眞正的人」（wahr Mensch），這也才是教師應具備的素質。

㈣教育倫理學與人類學發生關係所產生的理想

就教育倫理學理論中的倫理而言，應該把它視爲是一種道德行爲或爲道德秩序，爲實際從事教育工作的人的日常行爲。但是這種行爲是在生活條件下，具有實用的、理性的性質。

教育倫理學與人類學發生關係所產生的理想爲：

1.教育中的倫理反應，應有倫理的尺度，這種尺度應有人類學的基本主題。

2.成長中的人在學習時，其行爲應有倫理尺度做爲指引，也就是要有倫理學與人類學的論點做爲把握。

3.在教育學的研究中應賦予何種倫理尺度，應以人類學的論點做爲考量的前提（註七）。

第二節　教育反應中的倫理尺度

教師在教育施爲中爲專業人員，在其從事教育職業中享有專業上的權利。而所謂「教育專業」，在一般公認的專業條件中，包括專門知識和技能、專業訓練和進修、自律的專業團體和明確的倫理信條、專業自主，以及專業承諾等。以此等專業條件之觀點觀之，教師是享有專業權利的。

因爲教師爲專業人員，在他執行職業中就必須有倫理的尺度，不能憑自己的好惡去對待學生，使學生受到不正當的待遇。

教育施爲必有反應，能有反應才能見微知著，也才能了解學生的想法與意見。教師在教學中應採取什麼的倫理尺度，在教育倫理學理論中是值得探討的問題。

一、教育需倫理尺度的原因

教師被認爲是專業人員，而專業人員需有專業道德，而這種專業道德，就具有倫理的尺度。教師在教學過程中要堅守倫理尺度，這是最起碼的條件。教師具有「專業自主權」，而有「專業自主權」的執業者，更需要有倫理尺度，否則他就會爲所欲爲，而不顧及專業道德了。

㈠專業自主權仍應有節制

「教師專業自主權」指的是教師能依其專業知能在執行其專業任務或作專業決定時，不受外來干預。具體言之，教師在處理班級事務、教學歷程、激勵學生動機、學習結果評鑑與學生管理方面，教師均充分擁有法理性的權威，其他人無論是同事、行政人員都不能妨礙這種專業權威，此即教師的專業自主（註八）。其中尤以教學過程之自主權最爲重要，其內涵包括：教師的講授自由權、教師的授課內容編輯權、教科書使用裁量權、參考書使用權、教學設備選定權、教育評量權等六項（註九）。

由於教師是專業人員，有頗大之專業自主權，因此，在運用這種自主權時，在不受外來干預時仍應有所節制。

㈡作決定時的考量

教師在教學過程中，要作決定時應多予以考量，其原因爲：一爲教師有頗大的專業自主權，應自我節制；一爲教師對學生的影響甚大，要避免對學生造成不良影響。因此，教師在教學時最起碼，在消極方面，不要對學生造成不良影響；在積極方面，應對學生身心發展有益。

㈢有尺度才有準則

教師在教學時應有倫理尺度，也就是心中有一把尺，所謂「心中有一把尺」，就是有個準則。教師從事教學工作是良心的工作，要把教學工作做好，必須良心行事。

教師在教學時，就應建立「內在的法則性」（innere Gesetzlichkeit），也就是以這種規範理念做準則去教導學生，我國的諺語所說的「我心如秤」，就是最好的寫照！

從以上三個論點去了解，可以知道：教師雖然是專業人員，有專業自主權，但是他仍需有倫理的尺度，以做爲施教的標準。因此，教師的教學應是「中規中矩」，尤其是「不踰矩」。也就是在教學過程中，應始終堅守著教學的原理原則。

二、教師的倫理尺度

教師應具有職業道德，在進行教學時才能把握倫理尺度，達到成功的教學。

教師的倫理尺度重要的理念有：

㈠教育分寸的堅守

「教育分寸」的問題是值得廣泛探討的問題，例如蘇俄就曾爲這個問題展開討論。在我國就有「分寸拿捏」的說法。也是說如何去把握應守的分寸。對於「教育分寸」這個問題，大多人認爲：它是發揮教育道德職能的形式，也是教師道德的創造。

有了教育分寸，則對於教育目的的達到恰如其分，也就是不過分，包含一個合理而有價值的尺度。

㈡教師職業道德的講求

教師應有職業道德在美國二、三十年代就已經採實證的方式進行研究，用比較系統的方法分析教師的品質與人格。到了四十年代則分門別類地對當一名教師應具備的品質進行研究。以上的研究引起了美國教育界的重視和社會的關注。因此，美國全國教育協會（The National Education Association, NEA）於一九四八年提出了教師應當具備的職業道德共有十三項：

1. 教師要自重重人。
2. 教師要富於社會意識。
3. 教師要能理智地處理一切事務。
4. 教師要善於與人合作。
5. 教師要能在專業素養中培養其一般的優良特質。

6.教師要繼續不斷地求知。
7.教師要熟悉傳播知識的技術。
8.教師要愛護兒童及與兒童友善相處。
9.教師要能了解兒童。
10.教師要能了解社會並參與社會活動。
11.教師要成爲學校社會中的良好分子。
12.教師對本身及兒童的成就要能具有正確的評鑑能力。
13.教師要有專業的信心。

以上爲美國教師職業道德的講求，其對於後來美國教育界的影響頗大。目前世界上教育進步的國家，在教師職業專業化以後，皆附帶培養教師的專業道德，因爲既然教師有教育自主權，那就應有專業道德做後盾。

三、教師建立倫理尺度應有的修養

教師對於倫理尺度的掌握，除了養成過程中的培養以外，還要靠修養，有下列五方面的修養：

㈠基本修養

建立正確的教育觀念，認識教師工作的意義與價值。

㈡道德修養

要有自省功夫，有愛心與耐心，能澹泊名利、安貧樂道，與校方精誠合作，與同事和諧相處。

㈢學術修養

基本知識、語文知識、一般常識等，都要具有相當基礎。而專科知識，即所任教的科目與教學方法，亦均有相當的研究，並隨時吸收新知。

㈣身心修養

身心修養可以分爲下列三方面：

1. **生理方面**　生活有規律、節慾、注意營養衛生、戒除不良嗜好、養成運動習慣。
2. **心理方面**　自我了解、情緒平衡、環境調適、工作與休息互相調劑。
3. **休閒方面**　有正當娛樂、避免無謂的社交活動、利用假日多做戶外運動、課餘多參加康樂健身活動。

㈤專業精神的培養

專業精神的培養分爲下列四方面：

1.建立思想上正確的觀念。
2.培養信心。
3.培養愛心。
4.培養耐心（註一〇）。

四、教師建立倫理尺度的問題

教師建立倫理尺度的問題，在於「我心中有一把尺」，但規準在那裡?這應該從師資養成時就要注意到這個問題。就一般情形而言，倫理尺度的建立要靠經驗。因此，經驗顯得非常重要，而經驗有「自我經驗」（Selbsterfahrung）與「客觀經驗」（Objekterfahrung）：

㈠自我經驗

巴西教育家弗雷勒（Paulo Freire）認爲自我經驗這個問題值得重視，因爲人們在生活中很多事情要自己做決定，或由於刺激要自己做決定。反覆做這樣的決定便獲得「自我經驗」，於是教師在學習當中（職前與在職），就是在獲得「自我經驗」，以建立其倫理尺度（規準）（註一一）。

㈡客觀經驗

奧國教育家海特格（Marian Heitger）認爲客觀經驗就是一種規範，因爲規範具有客觀性。尤其是教育行爲所具備的條件是存有的「教育規範」（pädagogische Norm）。這種「教育規範」可以解決合法性之決定時所產生的問題（例如社會常規、教育適用性等問題）。因此，規範可以做爲教育的目的（註一二）。於是教師在養成的過程中，從客觀的經驗中所了解的規範，以建立倫理尺度。

五、教師對於倫理尺度的掌握

教師在實施教學時，從人類學的基本論題去看，他的行爲具有倫理的義務，也就是協助兒童去發展。

教師應如何去發揮人性的功能，並掌握倫理的尺度，是應該學習的，這樣才能容易地掌握倫理的尺度，以便在教學中專業自主的使用。要達到以上目標，教師必須能駕馭自己的行爲，使自己的教育行爲隨心所欲而不踰矩。教師對於「教育引導」（pädagogische Führeung），應有其「策略行爲」（strategisches Handeln）和「教育的基本規準」（pädagogischer Grundpostulat），對於成長的一代或學習者，才能予以引導，對於其自己要走的道路，能夠思考和做決定。教育就是教師教導學生有成熟的判斷與決定的能力（註一三）。

教師要掌握倫理尺度必須具有掌握的能力，而這種能力，除了來自經驗以外，還有來自培養。中外有關於師資的養成，常常需要一段比較長的時間，在這段時間中，師範院校常會給予學生專業訓練，雖然並不一定有教育倫理學課程，但可以在相關課程中施予訓練。再就是教學實習，也是訓練的好時機。

教師掌握倫理尺度才能建立良好的師生關係，把師生關係看成是一種引導的、行動的、保持的關係，也是一條促進學生的發展之路，是爲人們所期待和期望之路（註一四）。如果教師能在師生關係中掌握倫理尺度，則這位教師是成功的教師。

第三節　倫理教育的前提與課題

教育要問一問在師資培養過程中，如何促進那些準教師學習倫理問題。因爲教師在教學時的「倫理反應」（ethische Reflexion），成爲現今教育學中所常討論的問題。

教師養成是需要倫理教育的，如果不施予倫理教育，那麼在以後他從事教育工作時，就不容易掌握倫理尺度。因爲教育是傳承的工作，有了良好的師資培育方式，才會有良好的師資出現。

一、倫理教育的前提

倫理教育的前提在於培養「倫理成熟的人格」（ethische reife Persönlichkeit）的教師。一般人都認爲從事教育工作的教師，應該有成熟的人格，這是必然的條件。

關於以上的論點，德國人格教育學者林德（Ernst Linde）在其「人格教育學」（Persönlichkeitspädagogik）一書中，認爲教育之主要途徑，並不是在於教學與訓育等手段上，而實在於教師之人格上。也就是在於師生間人格的交感。他強調：人格的教育，是視教師之人格為教育之主要手段，即以養成學生之人格為教育之主要目的。對於以上的論點，他做了如下的說明：

(一)教師人格在訓育上的重要性

教師的人格在教育上佔重要的地位，殆無庸細說，而尤其是在訓育上最為顯著。自古以來教育就是極為重視模範，假如模範不足，則訓誡與責罰等方式，實在沒有什麼價值。

(二)教師人格在教學上的重要性

教師在教學時，不外是以教材為主，或以方法為主。近些年來，在教學上因過於重視方法的結果，遂產生出形式主義的弊端，於是只在提出理想的方法，或者重視教法，而忽視了教師人格，於是教學的結果流於末枝，而失卻本來的活潑性。這實在是一個大錯誤！教師的人格在教學上的重要性，影響深遠。再就操守貞固上言，教學必須有統一，然後能活用分化的教材，構成學生人格的核心，所以教師要志操貞固，品性健實（註一五）。

從以上林德的人格教育的論點，可以了解到：教師應有健全人格的重要性，其要點擺在師生間的人格交感上，其意義與德國文化學派的教育家斯普朗格（Eduard Spranger）所說的「模範教育」（Beispielerziehung）意義相同。

林德的人格教育觀念，與我國自古以來所認為的教師應有「高風亮節」、「光風霽月」之懷的說法相同。

教師應有完美的人格，殆無疑義，因爲教師平時與學生生活在一起，其人格對學生一定有影響。因此，教師的人格希望對學生有好的影響，不希望對學生有壞的影響。

從以上論點去推演，尚可以推演出倫理成熟人格的需要性：

㈠教師應爲學生以倫理建立生活秩序

學生的學習是一種行爲，就倫理的觀點而言，在生活世界中，教師與學生的接觸，就一般情形而言，教師是幫學生在生活中以倫理去建立「生活秩序」（Lebensordnung）（註一六）。

教師對於實際的倫理問題的把握與要求，應有認知，假如不去了解，則對於秩序問題，將難以提出倫理的尺度。無論教師或學生，對於「生活秩序」的認識，不應有所不同，應認爲需要共同維持，並帶有倫理的性質。

㈡教師應遵從有價值的規範

教師應該遵從有價值的規範，以做施教的準則。教師在施教時，雖然在某些方面具有權威，但這並不表示他可以不遵守有價值的規範。

較年長的兒童被期待也能建立倫理的要求，也就是建立他所能接受的行爲的尺度，包括有關的自由與自我決定等。美國心理學家郭爾堡（Lawrence Kohlberg）從道德認知的觀點去研究道德認知的發展，認爲兒童有不同的發展階段，也有不同的道德判斷（註一七）。

兒童都需要有倫理的要求——每一階段有其倫理的行爲表現方式，更何況是教師呢！教師了解兒童的發展階段，有助於其採取教育的倫理尺度去協助其發展。

教師在養成過程中，要了解兒童的發展階段，也要體認自己所應有的倫理尺度。這兩方面是並行的，因爲教育的工作是在了解自己，也在了解別人。

(三)教師的行爲應合乎良心的要求

教師應有倫理基礎的行爲，他的行爲也應合乎良心的要求，這樣才能教導學生去判斷。於是教師在養成的過程中，就要學習如何去做判斷，以及碰到內外在衝突時如何去處理與化解，例如某些行爲由社會所支持，但不合理，對於這樣的行爲不能一笑置之，如果這樣，長此以往，很容易形成「自我價值感」（Selbstwertgefühl），並僵化人的意志。爲了儘可能地養成倫理的觀點，必須喚醒人的良心（註一八）。

教師必須有良心的要求，才會有倫理行爲，也就是良心的要求與倫理連接。良心對教師來講是一種權威，爲社會所期待，並指導建立規範。因此，「良心」對教師而言，是他做應該所做的事，就是沒有規範也應該做。

(四)教師對於學生的行爲應有好的影響

倫理所要求的行爲也就是良心的要求，而良心所要求的是善，這種要求對學生的行爲應有影響，學生對它應產生認同的力量，惟有這樣才能成爲團體生活的風格、社會期待。也就是對學生行爲有良好的影響。

教師是一個成熟的人，其倫理要求是會發生影響的，也可以幫助學生固守行爲的良善。教師在養成過程中，其倫理道德的訓練必須把它看成是對行爲理性的觀察與判斷。在倫理教育中有一個問題經常被提出來，那就是「它能帶給我什麼？」（Was bringt mir das？）這成爲倫理教育中的基本命題，於是：

1. 人的慾望或需要應有所限制。
2. 人的自由也一樣應有所限制。

基於以上論點，可以知道：道德並非倫理教育的最後目的，但是它可以透過目的來達成。還有與倫理行爲有牴觸者應不予保留。

二、倫理教育的課題

教師應具有「職業倫理」（Berufsethos），也就是職業道德，爲了達到職業的目的，應以道德爲手段。在職業的手段與目的之間，形成一種職業倫理。職業倫理是複雜的問題，但是一個從事教育工作的人，應該具有職業倫理，這是極爲重要的課題。

基於以上論點，可以了解：倫理教育的課題就是在培養職業倫理。

倫理教育的課題如下：

㈠建立可遵循之强有力規則的觀念

所謂「强有力的規則」（Faustregeln），原是使用於社會工作上的，因爲惟有將正確的規則使用於工作上，才有正確的表現。如果將這種觀念轉用教育方面，也表明了從事教育工作的教師，也要建立「强有力的規則」的觀念，當他從事教育工作後，才能重視教學的規則。

教師有了正確的規則的應用，教學工作能依序進行，工作才能勝任愉快，以及獲得實用的知識，於是那些「嘗試錯誤性質的知識」（die Art von Wissen Versuch und Irrtum）就不足取了！因爲倫理教育不容教師到了任教時還在嘗試錯誤，而且教育的工作不容許失敗！

在教師養成的過程中，大學教師對被養成者的施教，應採取什麼樣的陶冶方式，雖有不同的觀點，但是建立規範卻是不可或缺！無論是規範或規則，對於青少年的教育而言，是「具有教育意義的作用」（erzieherisch bedeutsame Wirklichkeit），更何況對教師呢！有了規範，人與人之間才能有明白的立場，有遵守的原則。

規範不但有基本的價值，即客觀的價值，而且還有相同的價值，即主觀的價值。有了規範以後才有社會秩序或學校秩序，社會秩序與學校秩序是一種力量，具有穩定與保護社會的功能與學校的功能，尤其在工業社會中，這兩種功能更加需要，因爲工業社會是已開發的社會，而且也是動態的社會，在這樣的社會中就需要維護的力量——規範與秩序（註一九）。而且有了維護的力量才能有效地促進社會和諧與進步。

「規範」具有「標準」或「法規」的概念，對於行爲來說，具有動態的概念。因此「規範即是行爲的規章」（Norm als Verhaltensvorschrift），而且「規範即是對行爲的要求」（Norm als Forderung an das Verhalten）（註二〇）。

㈡了解自己的職責之所在

教育必須被認爲是一種專業，也就是說，教職是一種需要有教師嚴謹地與不斷地研究以獲得專門知識與特別技能，而提供的公共服務；教職並要求教師其所教導的學生，負起個人與協同體的責任感（註二一）。

基於以上的論點，教師的倫理教育，就要讓教師了解自己的職責之所在，這樣教師才能盡其應盡的職責。教師應盡的職責大致有：

1. 爲公衆提供重要之服務。
2. 爲自己建立系統而明確的知識體系。
3. 接受長期的專門訓練。
4. 發揮適度的自主權。
5. 遵守倫理信條。
6. 組成自治團體。
7. 選擇組成分子（註二二）。

從以上論點可以了解：教師應該了解自己的職責之所在，能掌握自己的職責，如果有僭越或捨棄自己的職責，都不是好現象。

㈢教師應遵守明確的倫理信條

教師應遵守教育倫理信條，這是最實際的課題，也就是應該去履行的義務。如果缺乏教育倫理信條，讓教師無所遵循，將是不妥的一件事情。

我國於民國六十六年，全國教育學術團體聯合年會時，通過中國教育學會所擬「教育人員信條」，希望全體教育工作人員都能共同遵守。

美國教育學者李伯曼（M. Liberman）也在一九五六年其所出版的「教育專業」（Education as a profession）一書中提出：教育從業人員遵守明確的倫理信條（註二三），也是強調教育倫理信條的重要性。

從以上情形便可以得知：中外都是重視教育從業人員信條的訂定。有了明確的倫理信條，才有遵守的依據。

從事教育工作的人，對於學生、學校、家庭、社會、國家、民族以及世界與人類，都有責任，所以應該訂定教育倫理信條，以資遵守。

第四節　教育中倫理問題的探討

教育中的倫理問題在現代已形成爲一個重大問題，因爲現代社會生活越來越複雜，複雜的社會生活，也使著倫理問題複雜化。同樣的情形，現代的教育也是越來越複雜，複雜的學校教育，也使著教育倫理複雜化。於是現代教育中的倫理問題成爲不易掌握的問題。

過去教育中，教師成爲主導者，或者是一種權威，所謂「師嚴然後道尊，道尊然後民知敬學」。或者說，教師的地位崇高到「天地君親師」的高峯，然而現在把它看成是一種神話，教師的地位逐漸在走低之中。當一種「權威倫理」被打破之後，到目前爲止，尚未建立一種「大衆倫理」，於是教育倫理就成爲大衆所關心的教育問題了。

教育中所要探討的倫理問題有：

一、教師的教育權問題

教師有專業自主權，因爲教師爲教育上之專業人員，其在從事教育職業上享有其專業上的權利，包括處理班級事務、教學、激勵學生動機、學習結果評鑑等，擁有法律所賦予的權利，他人不得干涉。尤其是教師之教學及對學生之輔導依法令及學校章則享有專業自立（我國民國八十四年七月十三日公布之教師法第十六條）。法律雖有這樣的規定，但實質上，我國教師的教育權（教育專業自主權）是在萎縮當中，教師動輒得咎，經常無法獲得應有的尊重，有時還遭指責。因此，教師的教育權其權限到底如何，現在的教師恐怕也不清楚。

教師如果只知道自己有專業自主權，而不知權限到底如何，則這種權利就無法發揮。同時，教師又要顧及倫理問題，將會考慮更多。基於以上情形，教師應該眞正有權及豐富的經驗去從事他所應該做的事情。

教師在教學時，必須考慮到眞正的生活情境，但是今天的生活情境是充滿著問題與困難，阻礙了教學的進行。

基於以上論點，今日教師教育權亟欲處理的問題是：

(一)幫助兒童在社會中獲得經驗

教師依其專業自主權要爲大多數的兒童考慮，幫助兒童在現代的社會中獲得更多的經驗。這些所欲獲得的經驗是有價值的經驗。兒童正欲累積經驗的時候，有需要教師的幫助。

(二)決定與辯論

教師依其專業自主權採取下列措施：

1. 教師對於那些所應該做的，能夠有決定的自由。
2. 教師採用辯論的方式或教導的方式，去彌補生活情境中經驗的空隙（如不協調）（註二四）。

二、教師的教育義務問題

教師有權利，相對地，也有義務。但要盡多少義務，除法律有規定外，其他為不確定的因素。這些不確定的因素成為教師對其他教育義務是否還需要盡的問題。

㈠教師的法定義務

教師有法定義務，我國教師法第十七條明定：教師除應遵守法令，履行聘約外，並應盡下列義務：

1. 遵守聘約規定，維護校譽。
2. 積極維護學生受教之權益。
3. 依有關法令及學校安排之課程，實施教學活動。
4. 輔導或管教學生，導引其適性發展，並培養其健全人格。
5. 從事與教學有關之研究與進修。
6. 嚴守職分，本於良知，發揚師道及專業精神。
7. 依有關法令參與學校學術、行政工作及社會教育活動。
8. 非依法律規定，不得洩漏學生個人及其家庭資料。

9.其他法律所規定的應盡之義務。

以上爲明定之義務，規定至爲清楚。

㈡教師的非法定義務

1.學生學業成績不良，教師應該有義務不收費替其補習（放學後留在學校補習）。

2.教師應該有義務在課外時間作學生家庭訪問。

3.教師應該有義務參與學生的教育活動。

以上法沒有明文規定，但是教師都在盡義務。他有沒有義務這樣做，則是一個值得深思的倫理問題。

三、教師的教育期待問題

教師對學生有教育期待，當教師的教育期待過分殷切時，往往會無衡量、不加批判地接受學生的各種條件，以致造成對學生的行爲表現做不同的解釋，最後造成了倫理基礎的喪失。

教師對學生「恨鐵不成鋼」，很容易造成對學生沒有透徹的了解，甚至有時會容忍學生的錯誤，於是對學生的教育產生了偏差。

以上情形所顯出的教育倫理問題爲：

(一)教師的教育期待如何正確地應用

教師對學生的教育期待如何掌握得恰到好處，是一個值得重視的問題。教師對學生的教育期待應該讓學生感覺到：教師是在愛護他，在嚴格中透露一些慈祥。

(二)教師愛護學生如何提出原則

教師對學生應愛護，但在學生犯錯時，其容忍應有限度，也應該明瞭學生造成錯誤行爲的原因。因此，如何讓學生在教育愛的羽翼下發展，應有基本的原則。

四、教師對本身的期望問題

在今天技術與經濟發展的時代，由於消費的增加，導致使人們的新期望不斷地增加，最實際的莫過於需賺更多的錢，才能滿足那些新期望。然而教師的職業無法賺太多的錢，於是有些教師就產生了內心的不平衡問題：究竟是要堅守清高的教書行業呢？還是去找高薪的行業而放棄教職呢？

由於有以上的情形，要求教師仍然要無條件地貫徹倫理的要求，事實上也不容易做到，於是這有可能降低教師在服務上的倫理品質。教師對學生會有很多的期望，同樣地，有些期望也會反射在自己的身上。因此，教師有時要依據道德法則壓低自己的期望，而遷就現實。

五、教師的教育責任問題

教師有教育責任，殆無問題，但是越來越多的學生來自「壞的社會」（schlechte Gesellschaft），他們因社會不良影響，有不良的行爲。當他們進入學校——一個「依法行事的團體」（gerechte Gemeinschaft），要用倫理規則去教育他們，則顯得格格不入（註二五）。

像以上情形，學生在「壞的社會」中養成不良行爲，該社會應負起責任才對，但最後培養學生的倫理行爲的教育責任卻落在教師身上，使得教師必須擴大其教育責任，承擔由校外帶進學校的學生不良行爲的矯正。

教師的教育責任是應以學校以內爲主，還是擴及校外，是一個值得探討的教育倫理問題。

註一：見Martin Rang: Das Verhältnis der Pädagogik zur Soziologie und Psychologie, in: Zeitschrift für Pädagogik, 3. Jg. 1957, S.35f.

註二：見Ludwig Kersteins: Ethische Probleme in der Pädagogik, Deutsches Institut für Bildung und Wissen 1989, S.1.

註三：見 Nikolai Hartmann: Ethik, Berlin 1926, S.72.

註四：見梁漱溟：東西文化及其哲學，里仁書局印行，民國七二年七月三十日出版，第一三三頁。

註　五：見 Herwig Blankertz: Theorie und Modelle der Didaktik, Juventa Verlag München, 11. Aufl. 1980, S.18–22.

註　六：見 Herwig Blankertz: Die Geschichte der Pädagogik, Von der Aufklärung bis zur Gegenwart, Büchse der Pandona Verlag Wetzlan 1982, S.283.

註　七：見同註二之書，第一七頁。

註　八：見王川玉：教師的權利與義務，載於中華民國師範教育學會主編：教師權力與責任，師大書苑發行，民國八四年十二月出版，第九一頁。

註　九：見同註八。

註一〇：見郭秋勳：教學與教師專業化，載於王文科等編：教育概論，五南圖書出版公司出版，民國八四年九月初版，第二六頁。

註一一：見 Paulo Freire: Die Pädagogik der Unterdrückten, Stuttgart 1971.

註一二：見 Marian Heitger: Kritische Anmerkung zur Weltentwicklung der Pädagogik des Curriculum, in: Dietrich Benner (Hrsg.): Aspekte und Probleme einer pädagogischen Handlungswissenschaft, Festschrift für Josef Derbolav zum 65. Geburtstag, Aloys Henn Verlag Kastellaun 1977, S.65–66.

註一三：見同註一二之書，第六五頁。

註一四：見同註二之書，第二〇至二一頁。

註一五：見雷通羣：西洋教育史，臺灣商務印書館發行，民國六九年臺一版，第四〇〇至四〇一頁。

註一六：見 Karl Erlinghagen: Vom Bildungsideal zur Lebensordnung, Verlag Herder Freiburg, Wien 1960.

註一七：見 Georg Lind, Jürgen Raschert (Hrsg.): Moralische Urteilsfähigkeit, Verlag Beltz Weinheim, Basel 1987, S.26f.

註一八：見同註二之書，第三四頁。

註一九：見 Lutz Rössner: Theorie der Sozialarbeit, Ein Entwurf, Ernst Reinhardt Verlag München, Basel 1973, S.81.

註二〇：見同註一九之書，第六一頁。

註二一：見伍振鷟譯：聯合國教科文組織關於教師地位建議案（UNESCO: Recommendation concerning the status of teachers），中國教育學會出版，第四頁。

註二二：見林清江：教育社會學，國立編譯館主編，民國六一年，第三六七頁。

註二三：見 M. Liberman: Education as a profession, N. J.: Prentice–Hall, 1956, pp.2–5.

註二四：見同註二之書，第三五頁。

註二五：見同註一七之書，第七九頁。

第三章 教育倫理學的概念

教育倫理學這個學門建立不久，因此其概念一般人不甚了解，就是學教育的人也並不一定了解。在以上情況下，了解教育倫理學有其必要性。

最早提出「教育倫理學」（Erziehungsethik）一詞的是德國教育家斯普朗格（Eduard Spranger 1882–1963），他於一九五一年時提出，此時他已是晚年。該篇論文是以圖表式的方式標出重點，從圖表去探討，可以發現他對教育倫理學概念的建立，是一種嘗試的性質，因在口氣上不很肯定，而且使用問號。依照他寫論文的習慣，常會以長文對一件事情作探討，然後再用圖表表示，而獨對「教育倫理學」一文，只有圖表而沒有長文，可以研判出：他只是在初步的構想，準備在日後寫長文作深入探討，可惜年事日高，願望沒有達成。

第一節　教育倫理學概念的來源

斯普朗格認爲：「教育倫理學」一詞的使用並不普遍，從字義可了解其大概。教育倫理學概念的來源常從倫理學的觀點去了解。

一、從宗教與社會而來

斯普朗格是虔誠的宗教信仰者，常把教義引入教育中來，而與教育結合。他認爲教育倫理學概念可以分爲兩方面：

㈠宗教思想方面的來源

有關於「倫理」一詞，常出現在聖經上，人們對這個名詞常見到，而且都能熟記。將它借用在教育上，而成爲教育倫理學，其內容含有宗教的色彩。

㈡世俗思想方面的來源

有關於「倫理」一詞，常出現在社會上，例如社會倫理，人們對這個名詞常被認爲是用以實踐的，而且都能遵守。社會倫理使用的範圍相當的廣，並不僅限於兒童教育、家庭教育、學校教育，而且甚至包括社會教育、民族教育等（註一）。

從以上的論點可以了解：在教育倫理學的概念中，是包含了宗教倫理與社會倫理的。此外，斯普朗格認爲國民道德也非常重要。因爲國民道德具有傳統的教育力量，其道德理念認爲可用來陶冶每一個國民，可以做爲生活的指導及强化人格，使國民道德成爲陶冶人格的工具。經過國民道德陶冶的國民，有可能具有完美的人格。

二、從文化而來

德國醫生，諾貝爾獎的獲得者史懷哲（Albert Schweitzer）認爲文化與倫理有密切的關係，而且倫理是從文化而來。因爲文化需「理性的控制」（Herrschaft der Vernunft），有了「理性的控制」，人們才能去對各種文化問題深思。人類有了「理性的控制」的力量，才能有偉大的成就，那就是倫理的進步和文化的發展。因此，文化的道德把握就顯得很重要，人類在藝術、建築、行政、經濟、工業、行爲（道德、倫理等行爲）方面有偉大的成就，除了與精神力量有關外，也與文化發展有關（註二）。

史懷哲重視文化與倫理的關係，認爲文化的發展決定了倫理的意義，因此倫理是從文化而來的。此外，精神與倫理也有密切的關係。

倫理從文化而來的情形有兩方面：

㈠希臘文化方面的來源

教育倫理學中有關倫理的概念，最早是從希臘文化而來，因爲在亞里斯多德（Aristotle）時，他就建立了「倫理精神」（Ethisch-Geistigen）的概念，其名著「宜高邁倫理學」的理論，就是持這種觀點。後來的「斯刀亞學派」（Stoische Schule）所建立的「斯刀亞哲學」（Stoische Philosophie），也含有倫理精神。稍晚還曾經發生「倫理運動」（ethische Bewegung），發揮倫理精神，成爲教育上的偉大工作。

㈡中國文化方面的來源

倫理概念的重視，中國文化與猶太文化特別强調，建立了「精神倫理」（Geistig-Ethischen）的概念，使這精神中含有倫理的成分。這種現象始於十九世紀，並促使了「文化運動」（Kulturbewegung）的展開，帶有重振倫理文化的性質。這種中國與猶太人的悠久歷史文化，加入了新的因素，使倫理的力量促進了精神的更新（註三）。

從以上的論點，可以了解到：史懷哲重視「倫理精神」與「精神倫理」兩方面。前者發展較早，成爲希臘時代的思想中心，西方文化的倫理思想的代表；後者發展較晚，成爲近代中國與以色列的思想中心，印度的思想也含有這種色彩。

史懷哲認爲：西方的文化中物質的進步是佔了大部分，因此，倫理運動放慢腳步，其發展漸緩，但是人們的生活透過倫理文化的運動，其所創造的情境，卻在擴大。

在史懷哲的觀點裡，文化課題的倫理把握非常重要，尤其是倫理的理想與倫理的實際的交互作用，使著理想與實際產生了關係，爲人類的社會進步與力量的伸展做了必要的取向。

文化涵泳著倫理，縱然東西文化有所不同，但倫理的核心大致相同。因爲倫理者，羣道也，人生而羣，有羣斯有倫，而人與人相待相倚之間，必有其道以爲之基，那就是文化爲媒介。因此，文化悠久之民族或國家，其倫理思想必萌芽甚早。

三、從人性而來

倫理也是從人性而來，倫理，如果不把其範圍看得那樣廣的話，可以看成是人性的一部分。因爲只有人才講求倫理，其他動物並不講求倫理，同時其他動物也沒有倫理。每一個人的本質，是一項存在，它是基於幸福。因此，每一個人都在追求幸福，實現其倫理理想。假如人性停止表現，還有倫理存在的話，那麼那種倫理便是假倫理。

史懷哲認爲：「倫理不只是倫理，它是有價值的實際倫理」（Ethik, die nicht mehr Ethik ist, als wirkliche Ethik gilt）（註四），因此，倫理在行爲方面，是具有責任與義務的，尤其是有超個人的責任。

倫理從人性而來，其情形有兩方面：

(一)人性自覺方面的來源

人性可以發揮作用，然後形成力量，去承擔責任，當人所能承擔多少責任的評定時，可以用理性和目標來衡量。人們可以感覺出自己所要承擔的責任，以及超個人的責任，倫理就從這種人性的自覺而來。德國倫理學家羅波爾（G. Ropohl）認爲從責任的情況去分析，可以發現：

1. 個人是責任的承擔者，如需判斷時，則以良心爲主，對待他人則以正義爲原則。
2. 與他人合作，承擔道德責任則以道德法則爲範圍。
3. 生活在社會中，所承擔的社會責任，則以社會價值與法律的把握爲主要原則（註五）。

以上三種責任是從個人的內在性（也是人性）的良心開始，到社會價值，成爲責任承擔之有系統的關聯。

(二)社會道德方面的來源

倫理是羣道，因此許多倫理是從社會道德而來，社會應具有道德，是古老的理念，誰也不敢否認社會應需要具備社會道德的這種概念。因此，社會具備倫理思想爲最基本的原則，而這種思想可以一代傳一代，如果有需要行爲表現的話，通常倫理很快就可以再生，而成就規範，讓人們的行爲有所依循。

對於以上的論點，史懷哲認爲：教育倫理學家應該受到尊重，因他可以注意到倫理方面的思考，以了解倫理的核心。社會中的很多事情是有變化的，不變的只有倫理的核心。因此，善與惡是紙錢，倫理的價值才是黃金（註六）。

人性在社會中發生作用，並呈現其價值，這是教育功能所要發揮的原則。人們在社會中傳播或傳遞倫理思想，於是倫理再度成爲所要思考的東西，也是所要接受的東西。

教育倫理學概念的來源可以說相當的廣泛，有歷史的發展、文化的傳承、社會道德、宗教思想、人性的表現等等，將倫理建構成爲一種「羣道」的綜合體。

人無法離羣而索居，教育又是在生活中進行，因此教育應該講求倫理，也就是說，教育的施爲必須講求在生活中的倫理關係，才能使教育順利地進行。同時，現在教育問題很多，如果對教育問題的解決，如行爲上的，能以倫理的方法爲之，則更能圓融地解決。因此，從事教育工作的人必須具備教育倫理學的概念。

第二節　教育倫理學概念的形成

學校教育是要講求倫理的，沒有倫理就會秩序大亂，無法正常地運作。而且教師的職業是神聖的，它除了是一種專業以外，也是一種神聖的職業，所謂「神聖的職業」必然是有很高的職業聲望並獲得尊敬者。一種神聖的職業更需要職業道德。

教育倫理學是比較新的學問，其概念的建立有待努力，尤其是要有正確的概念，是做爲一位教師的必備條件。教師有正確的概念，才能指導學生的行爲有正確的發展。而教師要有正確的指導觀念，對於教育倫理學的概念應有正確的認識。因此，教師認識已經形成的教育倫理學概念，有其必要性。

一、教育倫理學概念形成的前提

「教育倫理學」這個名詞並不是普遍地被使用，許多人也不知道「教育倫理學」代表什麼意義。就一般情形而言，教育倫理學在概念上應是探討「教師倫理」（Ethos des Erziehers）（註七）。

從以上的觀點，可以了解：教育倫理就是教師倫理，教育倫理學就是教師倫理的理論探討，也就是教師道德的理論探討。

教育倫理學概念形成的前提有：

㈠師生關係需要新倫理來維持

過去的教育比較不需要具備明確的教育倫理學的概念，因爲過去是權威式的教育，教師在教學上具有很大的權威，他可以將權威發揮在教學上，學生不得不服從，尤其是可用體罰的方式讓學生服從。因此，過去的教育倫理學的概念上，是一種權威的表現。

現在的教育比以前複雜多了，無論學校生態，或學生思想，都在改變，教師的權威在瓦解之中。現代的教師再也無法像以前一樣，有無上的權威，只要對學生說一聲，學生沒有不聽的。在以上的情況下，師生關係的維繫只有靠教育倫理的概念了。

以上的概念也就是說，現代師生關係已從傳統的「上下主僕」關係，轉變爲「平行師友」關係，也就是教師與學生越來越像朋友，在教學的過程中，除了知識的傳授外，還有師生情誼的交融。

㈡需有行規的體驗

在傳統的師生關係已經質變的今天，重建師生倫理關係有其必要性。也就是說，不能不重建新的師生倫理，來維持教學的運作。

每一種行業都有行規，尤其是現代各種行業存在於社會上，競爭非常劇烈，如果沒有行規，一定亂成一團，只有行規的約束，才能維持有效的運作。教師的行業自亦不例外，亦應有行規，例如「教師專業信條」就是行規的一種。

有了行規才比較容易規範教師的行爲，這種行規被肯定爲有存在的必要性，於是就要從兩方面去著手訂定：

1.**積極方面**　教師專業信條應具有鼓勵性，鼓勵教師去發揮專業精神，對於本業能放入心力，忠於自己的工作。同時，教師也是需要鼓勵的，透過鼓勵的方式，去促使教師完成教育這項神聖的工作。

2.**消極方面**　教師專業信條有時也會放入一些禁止的條文，不希望教師去牴觸那些規定，以避免有不道德的行爲發生。或許這些條文可以備而不用，如一旦有那些行爲發生時，可用予規正。

不過，對於「教師專業信條」的訂定，應是積極性的多於消極性的，因爲教師需要鼓勵。學生需要教師的鼓勵，同樣地，教師也需要學校或教育主管當局的鼓勵。教師獲得鼓勵才能更敬業。

如果能訂定「行規」，使之成爲教師的新倫理，則對於教育倫理概念的建立更有幫助。但是這種「行規」——教育專業信條的訂定，應該要周全完備，能爲教師所信守。惟有如此，它才能在規範教師的行爲以外，還能鼓勵教師發揮敬業的精神。

㈢需有準則的信守

在新的師生倫理關係未完全建立以前，有必要訂定教育準則之類的條文，先對教師的教育行爲予以規範，這成爲教育倫理概念確立的先鋒。

每一個人心中應有行事的準則，教師自亦不例外，尤其是在關係複雜的社會中，更應有「準則」，以做爲教師信守的依據。這種「準則」的擬定，可以訂定「新教師公約」，由教師訂定後，共同遵守。既然是一種公約，就有共同遵守的義務。

從以上論點可以了解到：教師爲了規範自己的行爲，可以自行訂定「公約」或「準則」、「守則」等。雖然有時這可能是一種形式，但有助於隨時提醒自己，行爲應該守分，而使自己的行爲不踰矩，將「公約」、「守則」、「準則」等銘記於心，如此對教育倫理學概念的建立更有幫助。

二、教育倫理學概念形成的過程

教育倫理學概念的形成不是一蹴可幾的，是經過一段時間才形成的。在教育倫理學概念形成的過程中，許多概念慢慢地轉變，過去所認爲天經地義的概念，到了現代則受到考驗，例如過去「師嚴然後道尊」的說法，現在則受考驗，現在的師生關係則講求溝通，或者師生互動，並不是教師秉持道貌岸然就能讓學生折服。

教育倫理學概念形成的過程中所應採取的重點爲：

(一)教師對於教育倫理概念的養成

教師對於教育倫理概念的養成，應該做到：

1. **對教育理論有深入的認識**　教育倫理學的概念蘊涵教育學的理論與倫理學的理論，教師至少對教育倫理要有深入的認識，因爲教育倫理學理論與教育學理論之間有密切的關係。教師可以教育學理論中的體驗而養成教育倫理學的概念。

2. **教師應該了解自己的角色**　教師在教育的行業中，對於自己的角色扮演應該很清楚，也就是能「放下身段」，全心全力於教學的工作，能把自己的工作做好，才是實現了角色所附帶的理想。

㈡師生心態的調整

在教育倫理學的概念中，並沒有忽略學生的地位，因爲學生與教師共同組成「學習圈」，如果這個「學習圈」有缺口，則是師生關係不完整的象徵。要達到完整的師生關係，在教育就是幫助的原則下，必須調整師生的心態，而調整師生心態的項目有：

1. **權力關係的共同體認** 現在的教育，特別是權利關係已發生轉變，過去教師與學生兩者之間是屬於「特別權力關係」，即家長將子女交給教師管，教師代替父母執行管教，也就是父母對子女的管教權交給教師，因此學生必須無條件地服從教師。同時，教師對學生的管教是沒有限制的，甚至有些教師憑其喜好來管學生，沒有客觀的標準。但是今天則是「學生權」至上的觀念高張，學生一下子覺得他必須被人尊重，否則對制度產生反抗。這樣就容易產生校園問題，於是在心態上應該調整爲：

⑴教師必須尊重學生的人權，管教方面應有節制。

⑵學生必須尊敬教師的職權，行爲方面應能合情。

2. **教育情誼的共同珍惜** 權力關係的共同體認，才能達到合理，但是合情也很重要，那是教育情誼的建立。教育關係是偶然的關係，既然是偶然的關係，就應該珍惜。現在由於社會的變遷，產生了人與人之間的疏離，這種風氣影響到學校教育，以致產生了師生之間感情的淡薄。這種心態應該調整，調整爲：

(1)教師對學生具有熱情關係，教師給予學生幫助，以符合社會的要求（註八）。

(2)學生對教師要做到「不疑」，學生對教師的教導要有信心，眞誠接受指導（註九）。

三、教育倫理學概念的形成

教育倫理學的概念經過認識、發展過程等的建構，最後將形成正確的概念。德國教育家費雪（Wolfgang Fischer）認爲：教育倫理學理論，所要建立的概念，是與道德或德性有關，其內涵並非烏托邦的。對於教育問題的解決，乃是理性的答案，那就是強調道德的思考與道德品格的養成。就是在西元二一〇〇年以後，康德（Immanuel Kant）所建立的道德哲學中的古倫理，仍可以用來解決相同的教育問題。於是「倫理教學」（ethische Didaktik）與「德性思考性質」（sittliche Denkungsart）就顯得特別重要（註一〇）。

教育倫理學在發展以後所形成的概念爲：

(一)價值的概念

教育倫理學具有價值概念，也是探討價值理論的學門之一。德國教育家杜普—霍華德（Heinrich Döpp-Vorwald）認爲：「所有教育的意識都是價值意識」，而「教育的概念本身就是一個價值概念。」（註一一）在他的觀念中認爲：教育是含有價值的成分，教育概念也含有價值的特性，因爲「教育概念就是價值概念」（Erziehungsbegriff ist ein Wertbegriff）。教育家或教師應對於教育價值的高低作判斷，尤其是教師對於教育責任的承擔指出了可能性有多少？教育具有價值，這是不容否認的事實。因爲教育在幫助人發展，使人具有完美的人格，這便是教育價值在教育施爲效果的呈現，也是教育價值的呈現。

教育倫理學是一門價值學科，具有價值概念，它的論點除了可用於教師教學時所應採取的方式之外，還可以用來對學生的行爲作判斷。於是形成了：

1.有價值概念的存在，就可以了解好壞、善惡等之程度上的差別。因此，價值是有高低層次的不同。所以教師應具有判斷力，可以判斷學生的行爲是否合乎規範，也要有是非心，能夠辨別是非，而不能鄉愿。

2.有價值概念的存在，才能爲生活作教育的指導，因爲教育是爲了道德的保持，在亞里斯多德（Aristotle）的觀念裡，認爲人有道德才能過幸福的生活。因此，倫理有高度的價值，並且人應有倫理實踐的興趣（註一二）。

從以上的論點可以了解到：教育倫理學是一門價值學科，其價值可用以判斷或實踐。

德國於一九九五年十一月十日在布蘭登堡（Brandenburg）召開了「生活形成—倫理—宗教」（Lebensgestaltung–Ethik–Religion，簡稱 LER），促使政治、學校、宗教、倫理之間產生密切的關係，建立一種引導的價值模式，使：

1.固定的生活引導（konkrete Lebensführung）。

2.倫理的決定（ethische Entscheidung）。

3.宗教的世俗意義（religiöse Weltdeutung）。

能夠應用在學校中（註一三）。

㈡同化的概念

教育倫理學是一門實踐的學科，因爲倫理是用來實踐的，就如道德是用來實踐的情形一樣。假如倫理不能實踐，就無法顯現其價值與功能。

杜普—霍華德認爲教師在從事教育工作時，其行爲具有同化的作用，就如在一個生活團體中，其團體具有同化其分子的作用的情形一樣。教師的行爲或生活團體之眞正的教育，具有同化的作用，也就是具有潛移默化的作用。這種情形就如在森林中的樹木或在村莊裡的植物被同化的情形一樣（註一四）。

瑞士兒童心理學家皮亞傑（Jean Piaget）是非常重視「同化」（Assimilation）觀點的一位學者。他認爲：「同化」與「調適」（Akkommodation）二者是並行的。他所認爲的「同化」，就是環境的改變所造成的影響，也就是外在環境的情況與個人主體發生統整，這種同化保證在生命生物的過程與認識的過程之間有緊密的關聯。同化是需要一種條件，那就是「同化的計畫」（Assimilations-plan），安排每一種經驗的接受，正是每一個人所需要的（註一五）。

皮亞傑認爲同化是由環境所造成，但有時個人的風格也會同化其他人，例如教師的風格就很容易影響學生。當然教師在期盼學生能受其影響。

有同化的作用就應做到：

1. 教師要以身作則，發揮其影響力，去影響學生的行爲，使學生的行爲能做善的改變。雖然在今天教師的行爲沒有像過去有那麼大的影響力，但是還是能發揮影響的。這也就是同化的能力。

2. 教師安排一個理想的學習環境，讓學生在環境中安心地學習。在這環境中，學生能受到良好環境的同化，這是環境論者一貫的主張。

㈢目的的概念

教育倫理學也是一門目的學科，因爲它的實踐是要完成某些教育的目的的。在教育施爲方面，一定是有目的，而教育倫理學理論的實踐，一定具有道德的目的。也就是教師以其行爲爲基礎，去養成學生也有合乎要求之正正當當的行爲。

教育的概念，在本質上包含了「目的論的價值關係」（teleologische Wertbeziehung），也就是把目的認爲是有價值的。因爲目的是經過選擇的，含有理想的成分在，所以它與價值發生關聯。

由於以上的論點，對於任何一種教育的了解，都應有將教育視爲「價值課題」（werthafte Aufgabe）的認知。同時所有的教育思維也只有在對「價值課題」性質的認知做爲基礎，才有可能。因此，可以說教育是對一個積極性價值的作用，也是一個「價值發生」（Wertgeschehen）的過程，所以教育也是在實際的價值行動中，走向它的目的（註一六）。

教育施爲懸有目的，成爲追求的目標，從目的論的觀點去看，教育是在追求目的。

英國教育家皮德思（Richard S. Peters）從倫理與教育的關係，提出了教育目的的觀點。他在「倫理與教育」（Ethics and education）一書中表示：他曾在別的地方討論到教育的含糊性，由於精選了規範的特性以構成「教育」的概念，當做一種外在目的。教育上表現出不可反對的道德態度，有意的實現可欲的心理狀態，很容易將教育看成中立的歷程，成爲外在之有價值事物的工具。他認爲：外在教育目的的理論，是不適當的（註一七）。

基於以上之論點，皮德思所認爲的教育目的的特色爲：

1.教育目的不宜以外在性來訂定，如果以外在性去訂定，很容易變成工具，而不是成爲目的。

2.分析的教育哲學家們視教育目的即教育本身內蘊的規範。這種規範就是教育的內在原理及標準。他曾說：「教育不可能超越其本身的目的，它的價值源自教育的內在原理及標準。」（註一八）他所稱的教育內在原理及標準，就是教育的內在目的。

3.教育目的不是由他人有意設計的，乃是涵蘊在教育概念之內。這種內在目的的達成，端賴教師的教學方法及教學時的「意向」（intention）。

對於以上的論點，皮德思是根據杜威（John Dewey）的學說「教育除了本身的目的外，沒有其他的目的」而來。其實教育除了本身的目的外，尚有其他外在目的，而且常常是外在目的大於或多於內在目的。此外，從教育倫理學概念去認知：外在目的只要是正確，並沒有什麼不適當。

四、教育倫理學價值實現的概念

教育倫理學的理論在强調價值實現，或在能應用在教學上，這樣才能顯出其價值。用最簡單的話說：教育倫理學是探討教師的職業道德的理論，而教師的職業道德必須用在教學上才有價值。

從目的論方面去看，教育目的與價值實現有不可分的關係。也就是說，教育的施爲在實現某些價值，包括個人的價值與社會的價值；內在的價值與外在的價值；現在的價值與未來的價值等。因此，教育學是「實際的科學」（Wirklichkeitwissenschaft），也就是可以實際應用在教育上的，不像有少數科學只有理論而沒有應用。教育學是實際科學，那麼教育倫理學更是實際的科學了。

在教育的價值實現之前，教師常會一番思維，這種思維是屬於概念方面的，即如何獲得教育倫理的概念，及如何應用教育倫理的概念。德國教育倫理學家邊寧（Alfons Benning）認爲「教育的致思」（pädagogische Besinnung）始終是「倫理的致思」（ethische Besinnung），所以在概念上，教育倫理學是一種倫理學術（科學）（註一九）。

教育行爲是依「教育目的」的指標而行的行爲，並且教育學的課題在於揭示教育施爲的目的。因此，教育目的的設置、教育實踐的條件、教育形態的結構等，均與教育倫理學有關。教育倫理學做爲個別學科的倫理學，其主要作用在於反省教育行爲中的指導性與建構性的「倫理的瞄準點」（ethischer Richtpunkte）（註二〇）。

第三節　教育倫理學概念的認識

要了解教育倫理學就要認識教育倫理學的概念，教師在從事教育的工作，有許多的原理原則要把握，而在把握時常要根據教育倫理學的概念。

基於以上論點，教師在教學時，應該尋求對教育倫理學概念的認識，以對教育規範能應用自如，且可避免教育倫理原則的誤用。

邊寧認爲：教育倫理學的重要概念是來自教育情境中的教育責任，其所帶來的觀點，可以做爲教育行爲的引導，它具有結構化的價值與基本的價值，它的意義可以被用來做爲實際的教育行爲反應的必然要求，以及認識後使用的價值（註二一）。

對教育倫理學概念所要認識的要項有：

一、性質

教育倫理學在性質方面與道德、規範、義務、目的、價值等有關。使教師在施教時能了解並符合這些性質，作有效的把握。尤其是它的性質被認爲是：教育以道德爲根本；道德以教育爲實施的概念，兩者相互爲用最受重視。

從以上的論點，可由下列由學者所提出的觀點做爲說明，以更了解教育倫理學的性質：

㈠強調道德的正用以爲貴

英國教育家韋爾登（T. Weltont）與布蘭福（F. G. Blandford）二人在其所著的「道德訓練的原則與方法」（Principles and methods of moral discipline）一書中認爲：教育和道德必須配合起來，而「知能自身，不足爲貴，惟有知能而能用之於正當之途，始足爲貴。僅有知能而無道德，將如虎之添翼，害人更不可限計了。」（註二二）

㈡強調義務與善的功用

法國社會學家涂爾幹（Emile Durkheim）對於教育倫理學的建立有貢獻。他所著的「道德教育論」（l'éducation morale）一書中，其所討論者，屬於道德理想或道德目的與教育的關係。他認爲：所謂「道德」（morale），就其爲社會制度而論，乃是許多規律。這些規律當人們遵照著行事的時候，對人們表現了兩種特性：

1.道德對人們有强制性，使人們感覺有必須遵行的「義務」（devoir）。

2.當人們依規律而行事時，也感覺到他的「可欲性」（désirabilité），這種「可欲性」如合乎人們的理想，正是「善」（bien）（註二三）。

以上所提出之有關教育倫理學的性質，可以明瞭其梗概。由德國赴瑞士任教的教育家鄂爾克爾斯（Jürgen Oelkers）認爲：教育倫理學在性質上，是教育學與倫理學發生關係，具有教育的哲學理論與倫理學佔有地位，對於教育的發展如有基本的錯誤，可以客觀的方法去矯正。它可以說是「道德溝通的媒介」（Medium moralischer Kommunikation），但其中心概念必須以教育來把握（註二四）。他在其所著「教育倫理學」（Pädagogische Ethik）一書中，對於教育倫理學性質的闡釋更爲清楚。

二、任務

教育倫理學的建立，在於完成下列的任務：

(一)探討

每門學科的建立，總有探討的內容，這一些所要探討的內容是有價值的，起碼對某些問題的了解與解決有幫助。德國教育家魏默爾（Klaus-Michael Wimmer）認爲：如果教育倫理學的問題沒有解決，那麼倫理反應出來的意義，就是社會可能有危機，因爲沒有完整的規範以做爲可資應用的規則（註二五）。

欲認識教育倫理學的概念，探討是有效的方法。此外，德國法蘭克福學派（Frankfurter Schule）的代表人物哈伯馬斯（Jürgen Habermas）所提倡的「討論」，也是有效的方法，因爲「討論」有助於溝通行爲的達成，自然包括倫理的溝通在內。

其次是探討人的本性中之被賦予的教育價值。倫理被認爲有很高的價值，教師的倫理概念應用於其職業道德中，應是倫理價值的發揮。

教師應探討教育倫理學，才能深深體認其行爲的意義與價值，心中有繩墨，行爲有規範。

(二)解釋

對於教育倫理學中的原理原則，應該有正確的概念加以解釋，教師對於教育倫理學的原理原則的解釋或許會有不同，如果有正確的解釋，或取得大多數人的認同，將可達到正確的地步。

教育過程被價值及「目的表象」（Zielvorstellungen）所影響，也就是說：

1. 教育永遠是在追求價值，教育的步伐跟著價值走。
2. 教育永遠是朝向目的邁進，對於目的的認知，在於以其做爲指導性。

對教師教育行爲的解釋，可以從「教育價值的現象學」（Phänomenologie pädagogischer Werte）入手。因爲現象學是研究「意向」（Intention）的理論，其方法則爲描述的方法。教師的意向則是實施教學理念上最重要的因素，他要採取什麼樣的方式去教學，以把握價值，達到什麼目的，全憑其意向做決定。不過，他所憑的意向應可做合理的解釋。

㈢驗證

一種行爲是否合乎所預期的結果，要採用驗證的方法，在科學中，驗證是常被採用的方法，也就是只要方法對，其結果大致相同，它是用來做爲檢測之用的。這種驗證顯示其客觀性，因爲只要方法相同，任何人去測試，其結果也大致相同，表示客觀有效。

在教育倫理學中，驗證常用來澄清價值，也就是一種行爲是否有價值及價值的高低，要經過驗證才知道。

㈣釐清

在教育倫理學中，除了探討教師的專業道德爲主要內容外，尚會探討與此內容有關的一些問題，例如所隱含的世界觀、政治的、宗教的、社會的、「先科學的」（vorwissenschaftlichen）等的價值安排，予以釐清。

在教育倫理學中，有些概念也是要加以釐清，例如教師的專業道德是要採傳統的師道呢？抑或採現在的師生觀呢？其利弊如何？應該加以釐清。尤其是價值方面，更應該釐清，有了釐清的概念，才能知道價值層次的高低。

教育倫理學的概念應該清晰，如果一位教師在專業道德概念含混，就是造成其行爲無法依循教育規範的現象，對學生造成不利的影響。

要釐清教育倫理學概念，採用分析的方法，是有效的方法。因此，教師常常要對教育問題加以分析，以增加對教育問題更深一層的認識。同時，採用分析的方式，有助保持清晰的頭腦。

㈤研究

對教育問題的認識與了解，應該進行研究。教師的專業道德與專業知識有關，而要獲得專門知識，研究是很好的方式。就一般情形而言，教師的研究非常重要，因爲教育的新知不斷地湧現，教師如果不去研究，就很容易落伍。

教師對於所遇到的實際情況，決定價值的安排，就是訂定價值序列或價值層次，這種安排除了認知以外，還要靠研究。

㈥明示

對於教育中的價值安排，有時是只有單一的意義，有時是多重的意義；對於價值安排，有時是同意，有時是不同意，之所以會造成以上的現象，是「價值混淆」（Wertkomplexen）的緣故。像這種情形應將其應採的概念明白地顯示出來。

教師對於教育倫理學概念的認知，有兩種方式：

1.**思考**　即用腦筋想一想，某種行爲是否合情合理，平時多思考，除了發現問題外，也有助於建立行爲的準則。

2.**明示**　即告訴答案，某些行爲是否合情合理，乾脆明示出來，除了不必用太多時間去思考外，也找到了標準答案。

「明示」用於價值的安排，有助於了解這種安排所具的意義。一些學校公布要教師在課堂上採行的措施，那就要明示，使教師了解其背景、前因後果、目的、方法等，才能發揮教育倫理的功能。

(七)衡量

教師要根據教育倫理學理論中之不同的條件和可能性，去衡量教育價值實現的可行性，並確定教育行爲著手實行的程序。

教師對於教育價值應該加以衡量，當然是要採取價值高的去做。而且教師對於有關倫理問題的處理，有時也衡量當時的情況，做有利的抉擇。

從以上論點可以得知：教育倫理學的研究，應該把概念弄清楚，有清楚的概念，對於一門學術的研究，越能進入情況，作深邃的了解，然後能將理論運用自如。假如無法做到以上的境地，起碼對教育倫理學而言，也能了解什麼叫做教育倫理學。

第四節　教育倫理學概念的兩難

教育倫理學的概念有兩難的情況，也就是「困境」（Dilemma），因爲教育倫理學與倫理學有關，而倫理又是道德，在道德方面，兩難的事情特別多。這是在道德教育時所最常面臨的問題。

教師的專業道德與醫生的專業道德性質相近。而醫生常對嚴重的病人隱瞞病情，稱之爲「善意的欺騙」，那麼教師是否也可以對他的學生作「善意的欺騙」呢？又教師在知識上有不了解的地方，是直接了當地告訴學生，他不會，做到「知之爲知之，不知爲不知」的誠實表現，抑或告訴學生：可能是個「模稜兩可」的答案。以上那些概念上兩難的情況，經常困擾著教師。

一、產生爭辯的地方

教育倫理學在概念上也有值得爭辯的地方，這是研究教育倫理學時所要釐清的。其爭辯是由於：

(一)角度的不同

教育倫理學概念由於角度的不同，而引起爭辯，例如從比較的觀點去看，對於概念的解釋、了解、分類等有不同；就歷史的根本而言，從不同的文化、教育傳統、教育方法等也有不同的把握（註二六）。

(二)習俗的不同

教育倫理學被認爲是教育人類學的延伸，而在人類學中，各民族中許多習俗顯很奇特，在此一民族認爲是正當的，在另一民族認爲是不當的。例如在非洲有些土著將老人送至樹林中讓其餓死，爲了節省糧食而認爲是正當，然此舉在我國一定被認爲是大逆不道、不孝。在倫理上，習俗的不同，概念上有不同的認定。而不同的習俗又影響到教育不同的措施。

㈢效果的不同

教育倫理學理論的實踐，有不同的效果，教師在處理學生問題時，是否盡力，將產生不同的效果，在教學方面亦同。由於效果的不同而追溯到教育行爲的發生，持不同觀點者爲體罰，這是爭執許多的老問題，有許多著名的學者贊成體罰，如在教育上講求教育目的以倫理學爲指導的德國教育家赫爾巴特（Johann Friedrich Herbart），就是主張體罰的；而義大利教育家唐波斯柯（Don Giovanni Bosco）就是反對體罰的。他們認爲體罰會產生不同的效果，形成身心上的反應。而我國目前有關體罰則以「暫時性的疼痛」爲主。也就是讓犯錯學生受點皮肉之痛，爲了維持良好的師生關係，執行處罰者，由訓導人員爲之。

二、教育倫理學重要的兩難概念

有關教育倫理學比較重要的兩難概念有：

㈠是先天的抑或是後天的

人的倫理概念，有人主張是先天的，有人主張是後天的，這涉及到人性問題。倫理學中的有關善惡問題，就涉及到人性問題。

在我國，如孟子，就認爲人有仁義禮智四端，是先天所具有，不假外爍；荀子就認爲人性惡，其善人僞也（人爲），因此，人必須化性起僞，以禮樂化之。

在外國也有與我國類似的主張。例如德國哲學家康德（Immanuel Kant）對於道德的觀念較偏重於先天的（a priori），而且是內在的。康德認爲：道德價值的探討，不取決於個人所見的行動，而應取決於個人見不到的「內在原則」（inneres Prinzip）。凡道德行爲都有內在原則，此種「內在原則」必然指向於「無上命令」（kategorische Imperative），而這種「無上命令」適用於任何情況。這種「無上命令」的意義就是：行爲只能依照一項格律而行，那項格律被視爲普遍法則，於是每一個人道德行爲背後的內在原則，是發展普遍法則的基礎，如果人人服膺於普遍法則的無上命令，便是「絕對自我」（absolutes Ich）的實現（註二七）。但是有些學者認爲倫理的形成是後天的，例如美國教育家何尼（Herman Harrell Horne）就認爲道德是藉助社會傳統而培養的。他說：「社會習俗乃是過去的智慧，而有功用於現在者。」（註二八）此外，德國教育家波格勒（Franz Pöggeler）也特別重視「社會倫理」（Sozialethik），認爲社會倫理是多數人所認同的倫理，具有基本價值（註二九）。

在教育倫理學的概念中，贊成倫理具先天性者，認爲倫理與良心有關；贊成倫理是後天性者，認爲倫理與後天行爲有關。

(二)是形而上抑或形而下的

平常有一句俗話「倫理學沒有形上學成分」（Ethik ohne Metaphsik），因爲倫理學是探討實踐的學科，其理論成分少，而且它也重視目的，著重生活安排。如果用「後現代」（Postmoderne）的觀點去看，它是「原理的遠離」（Abschied vom Prinzipiellen），於是在倫理學中的形上學問題被揚棄了（註三〇）。

波格勒認爲教育倫理要增强在課程和團體教學的應用，使教師在學習團體中有揮灑的空間。教師把倫理的應用視爲是「社會的生根」（soziale Verwurzelung）；學生則把學校視爲可以信任與體驗的「社會的故鄉」（soziale Heimat）（註三一）。

倫理學被認爲是形而下的意義，是因爲倫理學在於實踐，它是合於「目的論」（Teleologie）的性質。目的論是著重在實踐方面，這種實踐在於完成某些要求的目的。

然而也有些倫理學家認爲倫理學也有形上學的地位，例如哲學倫理學（Philosophische Ethik），就是一種理論倫理學，它是以探討倫理思想爲主。例如英國哲學家休姆（David Hume）就是這種概念的代表，他在其所著「道德原理探微」（An enquiry concerning the principles of morals）一書中，則設法回答倫理學之形上學意義的「善」、「對」、「正義」諸德行的問題（註三二）。

(三)是理性的抑或感性的

倫理學有的學者認爲是「理性的」（vernunftig），對於規則、規範等的訂定，具有理性的成分，例如康德認為道德是「實踐理性」（praktische Vernunft）。還有的學者認為道德是用來判斷的，而判斷時需要知識，需要有「科學的訓練」（wissenschaftliche Disziplinen）。這種情形就含有理性的成分。況且就普通理性的論點而言，理性成為人的一般本質。因此，倫理學應有理性的要素在（註三三）。

因為人有理智，對於價值問題要求體驗內容之概念性的解釋與說明，所以使得道德的反省不得不容納這個要求。尤其是在辨別「眞」與「僞」時，更需要理性（註三四）。

由於以上論點，早期的英國劍橋大學的新柏拉圖主義者古德華茲（Ralph Cudworth 1617–1688）及莫爾（Henry More 1614–1687）認為道德系統和數學系統一般，可以運算，而且是自明的眞理，不能證明，同時也不需要證明，它直接由吾人心靈所獲得，其先天性正如同數理原則的先天性一樣。他們是以觀念界的數理法則來形容倫理法則在人們心目中的角色。此外，像孔伯蘭（Richard Cumberland 1631–1718）也認為：單由自然律，就可以導引出各種倫理規範（註三五）。

以上為把道德看成是理性的，認為道德是必然的，要辨眞僞、善惡、是非等，就需要理性。

把道德視為是感性的，為早期的快樂主義（Hedonismus）、幸福主義（Eudämonismus）、功利主義（Utilitarsmus）等學派的學者，因為他們把道德的善的意義，放在感官感覺價值之個別等級來決定，於是就有快樂、幸福和利益等意義的出現。

英國哲學家邊沁（Jeremy Bentham）最先有系統地介紹功利主義，他首先肯定人人追求幸福為事實，認爲幸福就是善，這樣一來，大多數人的幸福也就成爲功利主義追求的目標。趨善避惡的倫理規範，是爲大多數人謀福利，而這種做法，到後來，所追求的大多數人的最大幸福，也就成爲功利主義者所認爲的實踐倫理的目標。

邊沁在其所著「道德原理與立法導論」（Introduction to the principles of moral and legislation）一書中指出：所有行爲都取向於求快樂、怕痛苦。如此，就應把「應做的」（ought to do）與「將做的」（shall do）統合起來，成爲「去做所應該做的」。這就顯示了非常自然的想法，即順應自然，而順應自然就是善。而這種順應自然追求快樂，怕痛苦的本性，就涉及到心理問題，以爲自己覺得快樂，別人也會覺得快樂，這是將心比心（註三六）。

此外，像德國的觀念主義者，認爲康德的自律道德太嚴肅，也太苛了一點，於是把感情放入倫理中，像歌德（Johann Wolfgang Goethe）的著作「威廉師傅的旅遊年」（Wilhelm Meisters Wanderjahre）及「威廉師傅的教學年」（Wilhelm Meister Lehrjahre）主張和諧的教育，加入了感情的因素。賀德林（Friedrich Hölderlin）提倡「故鄉愛」（Heimatsliebe），把愛的因素注入於倫理道德之中，以做爲補充康德沒有愛亦沒有情趣的道德學說。

㈣是主觀的抑或客觀的

倫理的概念有的學者認爲是主觀的，例如前述之英國哲學家休姆就認爲善惡沒有客觀的標準，倫理也沒有客觀的標準。至於如何去定善惡，那就只好由個人的主觀去認定，人們感到喜歡的行爲就是善；人們覺得憎惡的行爲就是惡（註三七）。以上的觀念完全是一種主觀的想法。

就是德國教育家斯普朗格（Eduard Spranger）在其所著「教育倫理學」一文中也說：「我的艮心，就是我的法官」（Mein Gewissen, d. h. Ich bin Richter）（註三八）。也是含有主觀的成分，因爲教師在教育時憑其艮心而爲，並且教師跟法官一樣，以其心意做裁量。

德國著名的哲學家哈特曼（Nikolai Hartmann）在其「倫理學」（Ethik）（一九二六）大著中認爲：倫理學是有價值的理論，倫理的客觀價值和所有的精神一樣，也是一般性的。倫理學評價活動是互相關聯的，以「規範」姿態出現於評價活動之中。對於這種評價應該把「價值」置入於觀念本質的關係之中，於是就成立了一種嚴格的價值客觀主義，而把每一種價值相對主義從倫理學中放逐出去（註三九）。

哈特曼所說的「把價值相對主義從倫理學中放逐出去」，可以推理地了解到：剩下的只有嚴格的價值客觀主義。這種嚴格的價值客觀主義，具有嚴肅的理性、邏輯與數學的性質，因爲他想建立道德標準或道德原則，以界定倫理學的概念。

以上所述之四種兩難的概念，有時會困擾著教師去認識教育倫理學，因爲從事教育工作的人在概念方面應該清晰，如果在概念方面有不清晰的地方還要去釐清。這樣一來，教師就應突破兩難的困境，更進一步深入了解教育倫理學的理論。

第五節　教育倫理學概念的取向

教育倫理學概念具有兩難的情境，也就是在概念方面兩極化，造成偏鋒，學者們認爲不宜，尤其是在教育方面更不宜走偏鋒。因爲走偏鋒將造成教育上不良的影響。對教育理論如果深入研究，便會發現許多教育理論是採中和的觀點，就是教育家們也是採調和的看法。

教育倫理學的概念，雖有兩難的情形發生，但是在取向方面，常朝著如下的方向：

一、中庸觀點的取向

我國中庸一書中，提到「不偏之謂中，不易之謂庸，中者天下之正道，庸者天下之定理。」又說：「中庸其至矣乎！」因此，中庸成爲我國重要的哲學理念，處世待人的重要原則，教育何嘗不是如此。

在外國方面，最早持有中庸思想的是希臘時代的哲學家亞里斯多德，他在其所著「宜高邁倫理學」一書中便說道：「道德之性質：中庸之道。」（註四〇）又說：「道德行爲需合乎中道，過與不及對於道德行爲都有損害。」（註四一）他的倫理思想，走的是中庸的路線，調和的色彩很濃厚，因爲他認爲倫理道德的性質，過與不及都能把它們破壞。

教育倫理學在概念上也應以中庸爲取向，因爲教育倫理學理論是要應用於教育上的，所以必須以中庸爲主。尤其教育倫理學理論所探討的是教師的專業道德，如果不採取中庸的觀點，對於道德行爲就會如亞里斯多德所說的「都有損害」。

二、面對困境的取向

教育倫理學有概念上的困境，讓從事教育工作的人難以選擇，不知如何是好。這種情形常會碰到，尤其是新進教師，在觀念上不易拿捏，不知如何去面對。

人生有困境，教育自然也有困境，解決困境最好的方法是面對困境，然後超越。例如瑞士著名的教育家裴斯塔洛齊（Johann Friedrich Pestalozzi）在一七九八年的農民暴動時，瑞士政府進行暴動的鎮壓，城裡留下許多無家可歸的孤兒，他在史坦茲（Stanz）城裡設了一所孤兒院收容並教育他們，這些孩子不論在身體或道德方面，都是非常差的，而他則是受到經費與物質方面，甚至其他方面的挫折和打擊，他仍面對困境，不畏艱難，像父母般地熱愛那些孤兒，他還很堅決地表示：「當時我爲實現我一生的夢想，不惜犧牲一切，我的熱情達到那樣的程度，幾乎可以說：只要讓我開始工作，即使在阿爾卑斯山的最高峯上，沒有火，沒有水的地方，也是可以的。」（註四二）

裴斯塔洛齊在困境中，所持的教育倫理是：只有教育者像父母般地熱愛兒童，與兒童打成一片，才易於收到教育的成效。

教師在其教學的過程中，難免會陷入困境或兩難之中，於是就要如德國哲學家雅斯培（Karl Jaspers）所說的去「超越」（Transzendieren），這樣才有積極的意義（註四三）。如果只是一味地逃避，這樣就難以解決問題。德國文化學派的教育家所主張的「教育是不斷地提出問題及解決問題的過程」，恰好可以應用在此方面。

三、知德並用的取向

在教育上知德並用非常重要，因爲知識可以解決問題，道德可以服人，自古以來就有這樣的體認。

我國的思想家王陽明，主張「致良知」與「知行合一」，成爲影響深遠的學說，在明代中葉以後，幾乎取代了宋朝以朱熹爲首的理學體系。「知行合一」學說在倫理學上是把理論與實踐合一。他的學說在我國倫理發展史中佔有相當地位的原因，是他不但在理論上擴展了孟子的「四端」（仁義禮智）說，而且從內在的四端發展出「行爲」，完成道德實踐。此外，更在「行」的課題上，給予動力，引導出後來的力行哲學（註四四）。

希臘時代的蘇格拉底（Socrates）主張「知德合一」，「知識即道德」的理念顯現，於是「知識」與「道德」同爲人所追求的對象。這位街頭的教育家把他的理念傳授給世人，要世人能把握「知識」與「道德」，成爲一個具有完美人格的人。

教育學爲實踐的科學，倫理學在傳統方面也是强調實踐的，當它們經過整合以後而成爲一門新的學科時，實踐的色彩應該也是很濃厚的。但是教育倫理學在建立理論基礎時，也需要有「知」的成分，於是倫理方面的知識，也是不可或缺的要素。

如果把教育倫理學視爲是規範倫理學的一部分，那麼它就有「知」的因素，因爲在探討倫理規範時，其中道德觀念、善惡標準、行爲認知等，仍然富有思辨的性質。然而規範倫理學具備了知行的取向，因此教育倫理學也應是知行取向。

一位教師在從事教學的工作時，其教導的取向，就不得不知德並重，即有應該具備的倫理學知識，及能身體力行，確實去實踐倫理規範。因爲知而不行是光說不練；行而不知是盲目而行。

在教育倫理學中，有屬於認知的部分，亦即認爲倫理學可以成爲認知的對象，也就是承認倫理學可以做爲學問來探討；也有屬於實踐的部分，亦即認爲倫理學可以成爲實踐的準則，也就是承認倫理學可以爲教育帶來實踐後的成效。

四、重視修養的取向

教師應該重視自己的修養，因爲教師要成爲經師，也要成爲人師，而要成爲人師是要講求修養的。一個有修養的教師將是一位和藹可親的教師，比較能與學生接近，並獲得學生的愛戴。

教師的修養除了專業訓練時養成外，還要靠平常文化的陶冶。修養是以品德爲主，以達成韓愈所說的：「先生之於爲人，可謂成矣」的「聖域」（進學解）。

我國韓愈對於師道甚有研究，其所著「師說」與「進學解」二文專探討爲師之道，他認爲師是「長通於方，左右皆宜」，及「吐辭爲經，舉足爲法」（進學解）。假如教師的修養能做到如韓愈所說的那樣，那麼眞正是可謂成矣！

在國外也有許多專門探討教師修養的論文，例如美國教育家麥當勞（M. E. MacDonald）的分析，教師應該具備的重要品德有：仁慈、公正、幽默、誠懇、熱心、愉快、和藹、同情、民主等（註四五）。

教師應具有優良的品德，才足以爲學生之表率，以收潛移默化之功，而且教師本身工作繁多，責任重大，亦需有優良之品德，始能克盡厥職，所以品德修養是教師最重要的修養。因爲品德的力量是人類至高無上的力量，超乎體力、智力、羣力之上，所以說：「以德化人」，世界上最能感動別人的，就是具有品德修養的人。教師應具有之品德修養爲：仁愛、謙和、公正、民主、勤奮、樂觀等（註四六）。

有些教師可能性情比較急躁，常常在學生面前暴跳如雷，或對學生使用暴力語言。這些行爲是教師缺乏修養所致。

教師是要做模範的，我國孔子說：「其身正，不令而行；其身不正，雖令不從。」（論語憲問）

德國教育家斯普朗格提出了「模範教育」（Beispielerziehung）的理念，教師應該做為學生的模範。

五、吸收新觀念的取向

教育倫理學是比較新的學門，在觀念方面是比較新的。因此，教師應該吸收新觀念，思想才會保持新穎，而且教育學術日新月異地不斷進步，教育事業也不斷地創新，在以上情況下，欲從事教育工作的人，在就業以前，要受嚴格的專業訓練，在從業之後，也要不斷地進修，才不至於成為時代的落伍者。

教師吸收新知應包括三方面：本科知識、一般知識、專業知識。其中專業知識是以教育知識為主。一位從事教育工作的教師不能沒有教育知識，如沒有教育知識又如何能掌握教育的方向呢？

教師吸收新經驗與新觀念，閱讀是最方便而且有效的方法，因為新觀念可以從書本或雜誌中獲得。於是，有關教育倫理學新觀念的獲得，也可以從閱讀方面去進行。教育倫理學學術正在起步，以後會逐漸有新概念出現，是吸收新知的好機會。

再就是討論，這種由溝通理論極為主張的方法，逐漸被普遍採行，這也是突破教育倫理學困境的好方法。在討論時，參與者可以提出有關教育倫理、道德行為等心得，供參考與採行，也有助於建立可以共識的概念。

註一：見 Eduard Spranger: Erziehungsethik, 1951, in: Eduard Spranger: Geist der Erziehung, hrsg. von Gottfried Bäuer und Andreas Flitner, Quelle & Meyer Verlag Heidelberg 1969, S.406.

註二：見 Albert Schweitzer: Kultur und Ethik, Verlag C. H. Beck München 1960, S.36–37.

註三：見同註二之書，第三七至三八頁。

註四：引自同註二之書，第三四九頁。所引的話爲史懷哲的名言，他極重視倫理的價值。

註五：見 G. Popohl: Das Risiko in Prinzip Verantwortung, in: Ethik und Sozialwissenschaft 5 (1994), S.109–120.

註六：見同註二之書，第三五一頁。

註七：見同註一。

註八：見 Wolfgang Klafki u. a.: Erziehungswissenschaft, Bd. 3, Verlag Fischer Frankfurt am Main 1971, S.58.

註九：見 Alfred Petzelt: Die Lehrer–Schüler–Relation, in: Norbert Kluge (Hrsg.): Das Lehrer–Schüler–Verhältnis, Forschungsätze und Forschungsbefunde zu einem pädagogischen Interaktionssystem, Wissenschaftliche Buchgesellschaft Darmstadt 1978, S.16.

註一〇：見 Wolfgang Fischer: Ist Ethik lehbar? in: Zeitschrift für Pädagogik, 42. Jg. 1996, Heft 1, S.19.

註一一：引自 Heinrich Döpp–Vorwald: Erziehungswissenschaft und Philosophie der Erziehung, Aloys Henn Verlag Ratingen 1967, S.240.

註一二：見同註一〇之文，第二七頁。

註一三：見 Achim Leschinsky und Kai Schnabel: Ein Modellversuch am Kreuzweg, Möglichkeiten und Risiken eines moralisch–evaluativen Unterrichts, in: Zeitschrift für Pädagogik, 42. Jg. 1996, Heft 1, S.31.

註一四：見 Heinrich Döpp–Vorwald: Grundfragen der Erziehungswissenschaft, Aloys Henn Verlag Ratingen 1964, S.98.

註一五：見 Jean Piaget: Lebendige Entwicklung, 1972, in: Reinhard Fatk (Hrsg.): Zeitschrift für Pädagogik, Jubiläumsband: Pädagogische Impulse 1955–1980, Fünfundzwanzig Jahre, Eine Auswahl wichtiger Beiträge zur erziehungswissenschaftlichen Diskussion, Beltz Verlag Weinheim und Basel 1981, S.147–152.

註一六：見同註一一之書，第二五四頁。

註一七：有關皮德思教育的三個規準係參照歐陽教：西洋現代教育思潮批評，載於伍振鷟主編：教育哲學，師大書苑出版，民國七八年九月二版，第一九八至一九九頁；高廣孚：西洋教育思想，五南圖書出版公司印行，民國八一年六月初版，第四五三頁而撰成。或可參閱 Richard S. Peters: Ethics and Education, London: George Allen and Unwin Ltd., 1966, Part one; Cf. also his “education as initiation”, The University of London, Insitute of Education, 1963, December 9. 此處係依高廣孚：西洋教育思想，第四五二頁。

註一八：見 Richard S. Peters: Education as initiation, p.47.

註一九：見 Alfons Benning: Ethik der Erziehung, Grundlegung und Konkretisierung einer pädagogischen Ethik, Verlag Menschenkenntnis Zürich 1992, S.19.

註二〇：見同註一九之書，第二三頁。

註二一：見同註一九之書，第二九至三〇頁。

註二二：見該書第一章第一節，國內早期之譯本為余家菊譯：訓育論，中華書局印行，民國二〇年出版。此處轉引自謝扶雅：倫理學新論，臺灣商務印書館印行，民國七八年四月三版，第一七頁。

註二三：見 Emile Durkheim: L'éducation morale, p.112. 或吳俊升：社會學家涂爾幹的教育學說，載於其所著：教育與文化選集，臺灣商務印書館發行，民國六一年四月初版，第一六四頁。

註二四：見 Jürgen Oelkers: Pädagogische Ethik, Eine Einführung in Probleme, Paradoxien und Perspektiven, Juventa Verlag Weinheim und München 1992, S.12.

註二五：見 Klaus–Michael Wimmer: Von der Identität als Norm zur Ethik der Differenz, Das Verhältnis zum Anderen als zentrales Problem einer pädagogischen Ethik, in: Käte Meyer–Drawe, Helmut Peukert, Jörg Ruhloff (Hrsg.): Pädagogik und Ethik, Beiträge zu einer zweiten Reflexion, Deutscher Studien Verlag Weinheim 1992, S.154.

註二六：見 Björg B. Gundem: Historische Wurzeln und heutige Grundlagen, in: Stefan Hopmann und Kurt Riquarts (Hrsg.): Didaktik und/oder Curriculum, Grundprobleme einer international vergleichenden Didaktik, Zeitschrift für Pädagogik,

33. Beiheft, Beltz Verlag Weinheim und Basel 1995, S.37.

註二七：參閱 Van Cleve Morris, Young Pai: Philosophy and the American School, 2nd ed. Houghton Miffth Co., Boston 1976, p.234.

註二八：引自同註二七。

註二九：見 Franz Pöggeler: Sozialethik der Schule, in: Hermann Boventer (Hrsg.): Christliche Pädagogik II: Erziehungswissenschaft und Ethik, Thomas–Morus–Akademie Bensberg 1979, S.35.

註三〇：見 Jürgen–Eckardt Pleines: Das Dilemma gegenwärtiger Ethik, wie man lernt, selbst konträre Positionen der gegenwärtigen Philosophischen Ethik anhand des teleologischen Gedankens aufeinander zu beziehen, in: Käte Meyer–Drawe, Helmut Peukert, Jörg Ruhloff (Hrsg.): Pädagogik und Ethik, Beiträge zu einer zweiten Reflexien, Deutscher Studien Verlag Weinheim 1992, S.17.

註三一：見同註二九之書，第二六至二七頁。

註三二：見鄔昆如：倫理學，五南圖書出版公司印行，民國八二年四月初版，第六〇頁。

註三三：見同註三〇之書，第一四頁。

註三四：見王文俊：二十世紀之道德哲學，載於陳大齊主編：二十世紀之科學第八輯：人文科學之部：哲學，正中書局印行，民國五八年出版，第一五七頁。

註三五：見同註三二之書，第五三頁。

註三六：見同註三二之書，第六九頁。

註三七：見同註三二之書，第五九頁。

註三八：見同註一之文，第四〇九頁。

註三九：見 Nikolai Hartmann: Ethik, 1926, S.143.

註四〇：引自高思謙譯：亞里斯多德之宜高邁倫理學，臺灣商務印書館發行，民國六八年四月初版，第二二頁。

註四一：引自同註四〇之書，第二五頁。

註四二：引自裴斯塔洛齊原著，徐汝玲譯：林哈德與葛篤德，五南圖書出版公司印行，民國八〇年七月初版，徐序，第八頁。

註四三：見 Karl Jaspers: Philosophie, Berlin 1932, S.201.

註四四：見同註三二之書，第二四八頁。

註四五：見孫邦正：教育概論，臺灣商務印書館發行，民國六九年八月臺增訂十七版，第二八四頁。

註四六：見臺灣省立高雄師範學院（現國立高雄師範大學）教育系教育叢書編輯委員會主編：教育概論，炘光出版社印行，民國六四年六月初版，第二四一至二四二頁。

第四章 教育倫理學的理論

一門學術理論的建立非常重要，而且是必要的，因爲沒有理論不能成爲學術。有了理論就可以作分析，然後把握其概念，以謀求更深入的了解。

教育倫理學理論的建立是最近幾年的事，所以它是比較新的一門學科。過去比較少探討這方面的理論，而現在這門學科則在大學的講壇上公開作學術理論的探討。使著這門學術的理論逐漸受到重視。

理論的發展常會經過一段時間的醞釀，也就是歷史的發展。不過，這種歷史的發展有長短，而教育倫理學的發展是比較短的。但是學者們的努力是比較重要的，他們的努力對理論的建立非常有幫助。

第一節 教育倫理學理論的基本認識

對於教育倫理的認識有其必要性，有了理論的認識，才能了解它在研究什麼。一位從事教育工作的人，不能沒有倫理觀念，如果缺乏倫理的認識，就等於是缺乏對道德的認識。一位教師如對道德無所認識，怎麼能擔負起其教學的責任呢？

對於教育倫理學有下列幾個基本認識：

一、教育倫理學是探討道德溝通的學科

教育倫理學是探討教師專業道德的學問，然而教師的專業道德表現是針對學生的。因此，教師與學生之間會發生「道德的溝通」（moralische Kommunikation）。

教育倫理學在教育概念上承認教育與道德之間有密切的關係，這種溝通包括行爲與語言的應用。這種溝通造成倫理的普遍化與行爲的反應，透過道德的溝通使師生關係更密切，師生意見更能相互的交流。這種「道德溝通」的形式，不但是有關於教育反應的描述，而且與行爲的媒介有關。教育問題是在溝通中解決的，因此道德溝通本身就是一種教育的過程。教育行爲的確立，就是要靠行爲的溝通來達成，行爲本身就是一種事實，進而在溝通的過程中，無可避免地要使道德

命題和學習的安排互相關聯，這樣才有助於教育問題的解決（註一）。

在現代的教育倫理學的概念中，非常重視師生的互動，有了互動，才會有溝通。因此，教師專業道德的表現，必須道德與行爲的結合，才能使道德力量發揮出來。道德溝通使著師生都能在道德的原則下，秉持著教育規範在運作，達到教育和諧的推展。道德的溝通還可以促成師生共同討論道德的體認。

教師對於職業道德應該是知而行，如果也能讓學生知道教師是依其職業道德而施爲，或許會更能與教師配合，以達到道德溝通的理想。

二、教育倫理學理論係做爲教育行爲與教育目的的指引

教育應講求由教師教導學生「對」的知識與「正確」的行爲，尤其是「正確」的行爲，關係著人的品德與教育目的的指引：

㈠行爲方面

教師以其職業道德指引學生形成有品德的行爲，是一件必要的事情，因爲教育本來就是要陶治學生的品德的。學生有了良好的品德，其行爲自然能合乎倫理價值。

基於以上論點，德國教育哲學家許來斯海默（Bernhard Schleißheimer）認爲：人的行爲不但以情境條件來衡量達到目的的某些可能性，而且具有要求的倫理，使行爲形成有價值的意義結構。倫

理的建立在於了解世界完整性的意義，亦即人們生活在世界裡，其生活所表現出來的行爲與世界完整性具有無法分離的意義。因此，教師必須建立「世界觀」（Weltanschauung）（註二）。

許來斯海默的觀點：使行爲形成有價値的意義結構，即是合乎了倫理價値。這是在教育上所要強調的觀點。

㈡目的方面

教育是有目的的，教育倫理學理論的探討，涉及更多的目的，本來德國教育家赫爾巴特（Johann Friedrich Herbart）就提出教育目的是指向倫理的。這樣一來使著教育目的與倫理成了不可分的關係。

學生的行爲要合乎倫理，除了合乎目的外，還要給學生一些限制，這種限制就是讓學生的行爲朝向倫理的方向發展。德國教育家杜爾希（Josef Dolch）稱這種限制爲「教育作用的限制」（die wirksamkeitsgrenzen der Erziehung）（註三），但是倫理限制的產生是由於教育目的發生問題所致，於是產生了教育的副作用。這種副作用將會造成如布雷新加（Wolfgang Brezinka）所說的「傷害的」（schädlich）或「更糟的」（schlechter），也就是對教育發生了「不負責任的作用」（nicht verantwortbare Wirkung）（註四）。

從以上的論點可以了解到：學生的行爲可以限制，也就是學生的行爲表現應該限制在某個範圍以內；而倫理是用來實踐的，不應有限制，如果倫理被限制，那就是教育的目的出了問題。因此，站在教育倫理學理論的觀點去看：教師以倫理去規範學生的行爲，而不是限制學生之倫理的實踐。

三、教育倫理學是教育人類學的延伸

德國教育家戴波拉夫（Josef Derbolav）與布朗（Walter Braun）均認爲：教育倫理學是教育人類學的延伸（註五）。如果將以上兩人提出的觀點加以分析，可以找出教育倫理學是教育人類學的延伸的原因：

(一)兩者所强調的重點

教育人類學與教育倫理學所强調的重點爲：

1.教育人類學所强調的重點是「所是」，因爲教育人類學的理論所探討的是人的本質問題，人有那些本質，如何改變與形成，均是其所探討的重點。而人的本質是一種存在，爲「實然」（Sein），它是屬於「所是」的問題。

2.教育倫理學所强調的重點是「所應」，因爲教育倫理學的理論所探討的是人的道德問題。人的道德是用來實踐的，如何實踐道德，發揮在教育上，是其所探討的重點。而人的道德是一種必須履行的行爲，爲「應然」（Soll），它是屬於「所應」或「應是」的問題。

㈡延伸的觀念

人的存在是一種「在世存有」，也就是基本的存在。人來到這個世界上，首先就要使自己能生存下來，如果無法生存下來，就無法再進一步的發展。當人能生存下來時，他有許多應做的工作，其中倫理的講求，也是應然的工作。因此，「應然」為「實然」的延伸。

從以上的觀點可以了解：教育倫理學是教育人類學的延伸。兩種學術都是針對人來探討，也只有人才能透過教育而發生改變，使成為一個有用的人；也只有人才需盡責任與義務，做他所該做的事情，並維持倫理關係的運作。

人應該「在世存有」，把自己的生命保持下來，然後再能談及其他。因此，人從生存到生活，到責任，好像階梯一樣地往上爬，所以他一直是在延伸的，使人了解應該做的事情越來越多。

四、教育倫理學為探討教師道德的理論

教師從事教育工作應具有專業道德，是屬於專業或職業倫理的一部分。教師也應該認識自己的職能，也就是認識自己對他人、對班級、對社會的關係和應盡的責任，以及在此基礎上形成的道德觀念和判斷能力。在教育工作中，教師道德總是應用在對學生和社會的教化工作上。

教師道德是對教師行為的特定要求，並藉助道德觀念來表現認識的成效。也就是說，在師資

培育的過程中，向準教師，不僅提供師德理論、原則和規範的知識，顯示社會發展的趨勢與前景，而且幫助他們了解自己在社會中、學校中的地位和價值，以選擇正確的行爲和將來爲師之道，而能成爲良師。

教育倫理學與道德教育理論不同，教育倫理學所探討的是教師的道德與負責能力的理論，而道德教育理論是教師如何把道德教給學生而使學生能遵守道德的理論。

教育倫理學的理論重點爲：

(一)教師責任論

教師責任論就是探討教師的責任。教師的教育責任問題是過去大家所忽略的問題。其實教師是否具有負責能力及能否發揮其職能，是一件極爲重要的事情。教師的責任能力與期望是並存的。也就是說，教育責任或教育目的的實現，只能被期望，而期望的兌現與否有賴於執行教育工作者本身的負責能力。因此，教師應該具有負責的能力，才能發揮其教學的職能。

教師從事教育工作必須有責任感，同時，他的意願就是在教育工作中顯示出來。也就是說：他要擔任教育工作，必須具有教育的意願，否則他可能不是一位盡職的教師。教師從事教學的工作，有「倡導的責任」（Initiverantwortung）與「完成的責任」（Ausführungsverantwortung）。前者是引導學生開始學習的責任；後者是協助學生完成學習的責任。

人的最高本質就是良心，對於良心的調整，教師有責任爲它做一些事情，那就是必須用「引導」來使學生向良心之路發展，這也可稱爲「道德世界的關聯」（Zusammenhänge der sittlichen Welt）。這種「道德世界的關聯」雖然很重要，但是在今天，有「道德世界的關聯」卻不再有「道德世界的地圖」（die Landkarte der sittlichen Welt）做爲指針。因此，人們迷失了方向。而且有關道德問題，越來越複雜，今天的道德問題就比早期的道德問題複雜多了，於是教師在處理道德問題時就不容易拿捏得很準確。

就一般情形而言，教師主要的責任有：

1. 教導學生成爲有用的一分子。
2. 了解學生的心理，並爲學生安排學習的情境。
3. 教學能講求特殊的技術。
4. 給予學生生活上的照顧。
5. 針對學生之來自精神本質之精神能力的引導。
6. 使學生精神本質能力付諸行動。
7. 喚醒學生的良心。
8. 用指導的力量去喚醒學生的理想。

(二)教師角色論

教師角色論就是探討教師的地位，也就是指教師在教育中所佔的地位。教師在陶冶學生使其人格能有理想的發展，以及對學生的人格教育過程中，佔有顯著的地位。教師應具有完美的人格，足以影響學生的人格發展。在教師完美人格的影響下，促使學生朝向「和諧的—道德的人格」（harmonische-sittliche Persönlichkeit）爲目標，爲了達到以上理想，教師所扮演的學生道德發展引導角色就非常重要。

對於以上論點，德國教育家溫克曼（Johann Joachim Wickelmann）就認爲用陶冶可使內在形式成爲道德美的形式。站在社會意義的觀點來看，教師在生活上要顧慮到他人（在言行上要顧及社會人士與學生），因此，其人格特質應爲仁愛、社會福利的照顧（協助學生申請）、給予愛等，以所具高級自我，在人與人之間尤其要爲人人而工作，也就是高貴人性的發揮，就如裴斯塔洛齊（Johann Heinrich Pestalozzi）所說的：「將所有的獻給他人，對自己毫無保留！」（Alles für andere, nicht für sich selbst!）以上所述那種意義就是高級自我的實現，教育目的的實現（註六）！

教師在下列教育中扮演重要的角色：

1.**自由的教育**　自由有時是用比較而顯示出來的，即以能作自由決定爲前提，尤其是意志自由爲最，其主要條件爲：

(1)眞理造成自由（Wahrheit macht frei.）。

(2)法律範圍內的自由才能稱爲自由，然在自由前提下，義務與責任相等。

(3)倫理上的自由是重視人的尊嚴（Würde des Menschen）。

2. **良心的教育** 良心是人的內在意識，是高級的自我指導著次級的自我，而且教師本著良心從事教育工作，應該了解下列三個問題：

(1)人們能對良心施予教育嗎？

(2)人們如何以教育的手段來達到良心的目的？

(3)人們如何實施良心教育？

3. **愛的教育** 教育愛是人類的愛的一種，完整的教育愛必須在愛的氣氛中實現。這種愛包括三種：

(1)照顧的愛（eine sehende Liebe）。

(2)了解的愛（eine verstehende Liebe）。

(3)活動的愛（eine tätige Liebe）（教育活動中實際施予之愛）。

愛的施予必須打破「自我中心」（Egoismus），將其推廣到各個學生身上。因此，所有的教育的成就，只有浸潤在愛的溫暖裡，才是溫馨可貴。這種愛就是教育愛。

愛與人格教育關係是十分密切的，因爲人格沒有愛是毫無價值的。而且愛是一種高級生活的要素，沒有高級生活就沒有愛。這種高級生活與人的形成有關，有兩種特性：

(1)自我的發現（Selbstfindung）。

(2)成熟（Pubertät）。

㈢教師道德論

教師道德論就是探討教師的基本道德。人們希望每一位教師都具備各種道德，當然還要有特殊的教師道德，它包括：

1. 嚴肅（Pedantismus）。
2. 自我控制（Selbstbeherrschung）。
3. 公正（Gerechtigkeit）。
4. 對人的認識（Menschenkenntnis）。

從以上的論點去探討，可以獲知：教師所要具備的道德是：自己是一個正常的人，也就是他在家庭中有良好的習性；在學校中能自我控制，不驕情、不暴躁、不情緒低落。教育的風格就是忍讓，而且對每一位學生都是公平待遇（公平的意義在於喚醒學生早期時就有倫理的價值感）。此外，教師爲做到公正，必須做到：對於需要幫助的學生予以幫助，並激發學生的榮譽感。

教育倫理學的課題强調對人的認識，也就是教師不僅要努力去了解學生，還要努力去了解人，所以他必須以識人的能力去面對學生。而識人本身必須正當，才能有正確的判斷，如果一位教師是心術不正，那麼他又如何去對學生作正確的判斷呢？

五、教育倫理學在提出民主人文倫理的原則

教育倫理學理論的觀點在於促進教育溝通的進行，成爲「互動主義」（Interaktionismus）的象徵。因此，教育倫理學理論的重點著重於：教師規範指導能作系統的決定的努力上，它在教師教學時能做爲基礎和指示點，根據現代的觀念，它要成爲民主—人文倫理的原則（註七）。

現在是民主社會，也是多元化的社會，在倫理關係方面也與過去不同，就是師生關係與學校倫理也與過去有很大的不同。有人說，這是教育生態的大改變！由於教育生態的大改變，使得過去被認爲是「天經地義」的事情，現在變得是「不一定如此」！

因爲現在教育講求服務的觀念，一切以服務學生爲目的，而且社會上只認同「可以有問題學生，不能有問題教師」。這雖然是形式的反轉，但也利於對教師道德的具備有嚴格的要求。

第二節　教育倫理學的理論命題

教育倫理學理論嘗試對教育問題作更廣泛的討論及把握，所以教育倫理學必須具有理論命題，使其在教育學的完整性中佔有顯著的地位。教育學近幾年來的發展，各種條件更完備，已經具有科學的方法，使教育學發展成爲教育科學，而那些方法可以深深地把握教育學發展過程中的

轉變。

教育倫理學是教育學領域中的一部分，它的結構與基礎在在顯示出：教育學與倫理學的結構密切關係，與該學門建立在價值的基礎上。此外，教育倫理學所探討的也與教師的行爲以及教育的目的有關，使教育倫理學的理論命題更完整。

教育倫理學有如下的重要命題：

一、價值的命題

教育倫理學是以價值爲基礎，是重視價值的一門學問，因爲倫理本身就是有價值的，加上教育的推動與活動的進行，於是形成了價值表現。

㈠價值的意義

「價值」（Wert）是常用的名詞，在哲學與教育學中經常被使用，就價值而言，通常是一事或一物本身的價值或所攜帶的價值而言。這個名詞首先由德國哲學家羅策（Hermann Lotze）把它應用在哲學方面，從此以後價值問題成爲哲學思考的主要問題之一。但就實質而言，這一問題的主題是善，已經經過了很廣泛的探討。

羅策首創將價值應用到哲學裡來，並由德國哲學家謝勒（Max Scheler）作進一步發展，使成爲價值哲學，並將善與價值二者之間作明顯的區隔，其區隔爲：

1. 善屬於存有秩序。

2. 價值的終極意義不繫於善，而獨自構成一個王國。

以上的論點頗接近柏拉圖（Plato）式的價值（理想式）的價值觀念。這樣的價值觀念是超世的觀念。這也就是「價值觀念論」（Wertsidealismus）。與其相對的是「價值實在論」（Wertsrealismus）。但如果將二者合稱爲「形上價值理論」（metaphysische Theorie der Werte），那麼就不必硬性去區分何者爲「價值觀念論」？何者爲「價值實在論」？且比較能夠克服價值與存有之間的分裂。

將價值更進一步地發展，而建立價值哲學，使其成爲現代價值哲學，且又使其與倫理學結合的是德國哲學家哈特曼（Nikolai Hartmann），於是形成了價值倫理的理論。

(二)價值倫理學的形成

將價值視爲基本問題的道德理論，稱爲「價值倫理學」（Wertethik）。這種理論大致可以分爲二派：

1. **新康德主義（Neukantianismus）**　爲馬堡學派（Marburger Schule）的主張，認爲價值係道德的普遍形式因素，是一種幾乎等於「應然」（Sollen）的超驗特性，與經驗事物完全不能相提並論。這是一種「形式倫理學」（Formalische Ethik），或「倫理的形式主義」（ethischer Formalismus）。

2. **現象學（Phänomenologie）**　現象學注重意識、意向的研究，其理論主張：價值倫理的論點認爲價值是一種內容複雜、客觀，和存有分家而先驗的存在，價值使期望成爲有意義，但和「應然」及「義務」並非一體，而是成爲「應然」的基礎。於是價值倫理只是行爲的價值，必須經過選擇以後才有倫理價值（註八）。

從以上兩派的不同論點，進一步探討，可以提出教育倫理學的價值觀。

教育倫理學如果與「倫理實證論」（ethischer Positivismus）相比，可以發現：二者是相當接近的，其倫理價值至少强調道德價值的客觀性。關於這一點，教育倫理學比較接近現象學派的論點。因爲現象學派已淸楚地指出道德價值的內涵，而不像新康德學派只承認屬於形式方面的「應然」。然而現象學派仍有其缺陷，即把價值與存有分家，其原因爲現象學者的觀念尚未脫離實證主義對存有的看法，以爲存有只是純粹的經驗事實。由於這一基本缺陷，現象學派的學者無法見到價值係存有者本質的完成（註九）。

二、態度的命題

教師的教學態度影響學生的學習，教師的職業道德應涵蓋態度方面。也就是說，教師應該有積極的態度去從事教育的工作。就一般情形而言，教師的教學是主動的，如果不積極，除了學生比較直接能感覺出來以外，其他人不太容易能察覺。

教師對於倫理的認識，在教學時所持有的態度就應以倫理的原則的論點應用在教學上，採取積極、服務、關心的態度去對待學生。

尤有進者，教育問題的核心，教師經常要去了解它的意義，作價值的闡釋，對於規範的問題，要積極地處理（註一〇）。因此，教師在態度上，對於教育倫理問題的處理，是持比較入世的觀點，也就是世界觀的和人類學的基本前提。

(一)世界觀的基本前提

世界觀是屬於哲學的範圍，它是超科學的命題。因此，它一方面是在建立教育目的，確定教育本質；一方面在鞏固教育的實際性，在發展的世界中，建立制度的、倫理的教育形式（註一一）。

(二)人類學的基本前提

人類學是探討人的改變與形成的問題，人性的基本價值是由人所決定。由這個前提出發，可以了解到：人類學所研究的是人的有關問題。同時，人的文化也與人有密切的關係，尤其是人的文化的發展，在本質上是促進人的教育實際的完成（註一二）。

從以上的兩個前提去了解：教師的教育行爲，在態度上與倫理有關的是：「倫理相對主義」（ethischer Relativismus）的統一。也就是在精神科學的教育學（geisteswissenschaftliche Pädagogik）中，所主張的「哲學系統」與「歷史系統」兩方面的合一。倫理學的探討具有歷史的傳統（希臘時從亞里斯多德開始；我國從孔孟開始）的，同時也有哲學的性質（實踐哲學即道德）。

基於以上論點，教師在教育施爲中，一方面要了解倫理理論；一方面要實踐倫理實際。在態度上持中庸的原則（亞里斯多德的倫理學的重要行爲主張），這樣教師的行爲才能四平八穩，達到穩健的地步。

三、規範的命題

教育行爲必須具有規範，德國教育家波克曼（Hans Boklmann）認爲：教育行爲在人與人之間的關係中，是臣服於倫理原則之下的。而且，教育行爲在倫理的範疇之下被判斷（註一三）。

當人在教育情境裡，依據經驗法則的判斷，必然會有教育行爲的發生，而且這種教育行爲附帶有價值。在教育行爲的存續中，時時應以倫理爲主軸，否則很容易脫軌。在以上的情形下，規範的問題是被教師重視的問題，教學常常是依規範在運作。

在教育學與倫理學互爲關係時，教師對倫理問題與他的行爲產生了密切的關係，其情形爲：

㈠教師所應顧及的倫理問題

教師要顧及倫理問題，了解並實踐倫理，因爲在教育的領域中，他具有影響力，而且可以做決定。這種現象最基本的命題是在於決定，而這種決定必須有倫理的要求。

㈡教育倫理的要求要能實現

教師在教育情境中，具有倫理要求的條件，而這種要求必須能實現，並注意到倫理的範疇、倫理的本質等一些重要問題（註一四）。

從以上兩個論點可以了解到：教育行爲欲符合倫理的原則必須有規範。教育行爲有了規範以後，才能有準則。因此，從教育倫理學的觀點去看，規範的命題就顯得十分的重要，在教學的過程中是不可或缺的！

無可置疑地，教育應有規範，規範之積極的意義，在使教育能按部就班進行，順利達成目標。同時，有了教育規範，教師的教學方法亦有所本，也就是有準則；規範之消極的意義，在使教育過程能按正常軌道進行，使教育過程不會脫序，尤其是避免教育之錯誤的發展，造成傷害。同時，有了教育規範，教師的教學方法，依據規範能中規中矩。

教育問題與倫理問題能畢其功於一役地解決，這是教育倫理學中規範所要獲得的課題與命題。而人類的本質是教育可能性的基礎，也是倫理實踐體認的出發點。因此，教育倫理學的課題和命題的提出，甚至教育行爲形成的要求等，都是「責任倫理」（Ethik der Verantwortung）命題的訴求（註一五）。

倫理的實踐是教育的基本範疇，也是教育倫理學的特殊課題，教育上的很多決定，常常是以倫理規範來衡量。而且，如果從教育人類學的觀點去看，可以確認：人之所以成爲人，教育必須幫助人去認同人（註一六）。使著人與教育、人與倫理兩兩之間有結構關聯，使教育倫理學成爲既體認倫理道德，又重視教育實際的學科。此外，教育應有規範，以做爲教育施爲的導引，而規範應具有價值，可以做爲教育施爲的典範，如果規範不具價值，必不可做爲教育的引導。

四、目的的命題

每一種教育都有目的，因此，教育目的的命題必然存在。教育目的是教育的指向，於是成爲教育有目的勝於無目的的現象。主張教育是有目的的學者是比較多，因爲教育的發展是有指向的，沒有目的如何取向？

學生學習是有目的的，他的目的是能達到術德兼修，具備知識與道德的能力；教師教學也是有目的的，他的目的是培養學生，使其成爲一個有用的人。如果把教師的工作視爲是一種「工作教育」（Arbeitspädagogik），即對學生所實施的教育工作，那麼其目的的命題爲：

第一目的——對學生進行人格陶冶	自我決定（主動） 責任（倫理） 共同工作（參與）
第二目的——對學生促使行爲改變	了解的範圍（認知） 運動的範圍（活動） 責任的範圍（感動）
第三目的——對學生進行能力判別	能力（專門職能） 彈性（方法職能） 人性（社會職能） 參與（共同工作職能）

（註一七）

從以上三個命題中，所強調的責任，與教育倫理學的關係最爲密切。而責任是來自教師的責任意識，是屬於感情方面的。

在目的的命題方面，其重點爲：

(一)責任與目的的關係

教師爲了完成教學的目的，必須具有責任意識，把教學的工作視爲有責任的工作，全心全力地把精神貫注在工作上，其重點爲：

1. **堅持（Haltung）** 教師堅持其教育理念，對學生盡力教導。
2. **投入（Einstellungen）** 教師教學瞄準目標，朝向目標前進，方向已定，就不隨便更改。
3. **說服（Überzeugungen）** 教師對學生應有說服力，要求學生的行爲表現應合乎倫理道德的準則。

(二)教育目的應是正面價值取向

教育目的在做爲教育的取向，這種取向是以價值爲主，具有正面的意義，也就是說，教育活動需要正面的價值，沒有正面的價值就沒有意義。

對於以上的論點，德國教育家杜普—霍華德（Heinrich Döpp–Vorwald）認爲：教育具有正面價值取向的作用（Wirken in einer positiv-werthafte Richtung）（註一八）。的確，在教育的施爲中，教育取向達到目的，這種方式具有倫理的—實用的價值觀成分。

教育目的的正面價值取向重點為：

1. 教育目的的價值源自於教育的內在原理及標準。
2. 教育目的的訂定以能實現為主，不可陳義過高。
3. 教育目的的達成端賴教師的教學方法及教學時的意向。

英國教育家皮德思（Richard S. Peters）在其名著「倫理學與教育」（Ethics and education）一書中提出其有關教育目的的理念。他認為：要肯定「教育」理念，可以從檢視「目的」開始，「目的」的字眼是出自於「射出」或「投擲」的活動情況，一般瞄準時必須針對投擲或穿刺的目標集中注意力，所以當這個字彙被運用時，就隱含了對某種活動的全神貫注。如果把它當成針對目標而投擲或穿刺，那就是取向（註一九）。

(三)期待的實現

「目的論」（Teleologie）是探討有關於「追求」的理論。每一個人都在追求，包括教育也是一種追求，教師所追求的是「得天下英才而教育之，一樂也」；學生所追求的是「功成名就」。因此，追求無論是形式的或是實質的，都是一種追求。

關於對人生問題的看法，無論中外，一般情形是採用目的論的立場，以為人類的努力，都是向著一個目的進行。如果沒有目的，人生就沒有意義，失去價值。而且目的常與價值連結在一起，於是一個人追求目的，也就是在追求價值，即追求理想的價值。這種理想的價值常常是生動的，憑藉經驗方面的活動，去追求人生理想的目標。

教育目的的訂定所期待實現者爲：

1. 教育目的是爲了人的「精神改變」（Geistwerden），這種「精神改變」具有實際的作用，成爲所有教育意義的中心。教師的教育責任就是在促使學生的「精神改變」（註二〇）。

2. 教育行爲是基於目的的指導的行爲的論點而行事，也就是說，教育行爲賦予目的後，就有了人類學理論中所指陳的事實，那就是教育實際與教育引導配合的可能性。

3. 教育行爲應有目的的賦予，才能建立如德國教育家赫爾巴特（Johann Friedrich Herbart）所主張的規準，即教育學中應包含教育目的——倫理。由赫爾巴特的論點再向前推演，可以確定的是：人的發展需有倫理規範的要求，即使用人類學的知識去把握道德規範（註二一）。

對於以上論點，每個人都期待他所預期的能實現，這種期待對他而言，具有重要的意義。尤其是教師對於他的學生都有所期待，希望學生成爲他心目中的好學生。

教師的教育行爲依教育目的而行，因此，教師對學生應該「樂觀其成」（愉快地見到學生的成就）。於是一位教師不能悲觀，且沒有悲觀的權利，應隨時抱著期望，在責任倫理的前提下，把學生視爲有希望的一代。

教育是具有目的的導向的一種活動，充滿著價值和規範的行爲和事實，所以教育目的在教育施爲時是必須具備的。尤其是在教育倫理學中，一直在强調教育目的與倫理之間的重要關係。

德國教育家克龍（H. Kron）認爲：從許多相關資料可以發現：教育目的具體地呈現於政府或相關組織的公報、文獻之中，希望在教育時這些教育目的能具體化。而這些教育目的乃是由社會文化與規範，甚至由政治層面而形成的（註二二）。

在現代開放的社會中，教育目的的設置，必須經由「合法性的基礎」（Legitimationsbasis）的程序，以獲得其在教育上的適用性。這種做法是教育倫理學理論所認爲之合理的主張。站在教師的立場去看教育目的，則其所採取的方式爲：

1.爲學生提供一個「先前圖像」（Vorbild），以做爲典範，使學生的發展能達到所要達到的目的。

2.將政府或民間所期望的教育目的拿來，以做爲教育發展的指導目標，鼓勵學生努力去完成。

3.教育目標的呈現應該鮮明，師生均能明瞭，有助於預後的完成。

第三節　教育德性論

教育德性論所探討的就是教育道德諸問題，以提出教育道德理論，做爲教育施爲的準則。

教育活動必須保持有道德的意義，沒有一種不具道德的活動可以稱爲教育。教育本來就具有德知體羣的目的，將德置於四育（或五育）之首，就是強調了在教育中陶治一個人的德性的重要性。

雖然某些教育活動，人們可以自由地參與，但是仍然要有安排，依據道德的原則而進行。教育活動包含有道德的意義，其意義有二：在教育活動的形式方面，有道德規範做爲制約；在教育活動的內容方面，啓發人的道德本質，對於精神表現能中矩。

一、教育德性論的基本意義

教師應具有教育德性，也就是教育道德，而探討教育道德的理論就是「教育德性論」（pädagogische Tugendlehre）。它是由「教育責任」（pädagogische Verantwortung）的觀點所產生，闡明了教育任務的完成，教師應具有能負責任的能力，並且指出教師具備教育道德首先應具備完美的人格。

㈠教育德性的五個中心德性

德國教育家戴波拉夫（Josef Derbolav）認爲：「教育德性論」是由「教育責任」的觀點所產生，是將教育工作者應具備的責任能力化約成理論。教師應具備的責任能力中五個中心德性如下：

1. 由實質所決定的權威（Sachbestimmte Autorität）。
2. 教育愛〔Pädagogische Eros (Liebe)〕。

3.教育的正義（Pädagogische Gerechtigkeit）。

4.教育的節拍（Pädagogische Takt）。

5.教育的幽默（Pädagogische Humor）（註二三）。

從以上的五個教育德性論可以了解：這五個中心德性指的是教師所應具備的德性。因此，戴波拉夫很重視教育行爲，教育在教導學生發生行爲改變，尤其要重視「教育責任」。

㈡教育德性的三要素

戴波拉夫除了提出教育德性中的五個中心德性外，尚提出了教育德性的三要素。尤其是「教育責任」是教師用來辨教育、實現教育的良心。其三要素如下：

1.良心（Gewissen）。

2.自由（Freiheit）。

3.責任（Verantwortung）（註二四）。

從以上的三要素可以了解到：教育良心的重要性，在教育過程中，教師以自由爲根本，但也沒有忽略了教育的責任。因此，在教育的過程中，常常是「自由」與「責任」並行。

由「教育責任」所延伸出來的「幫助」（Hilfe），也是教育德性論中的重要課題，這種課題即在教育過程中，教師對學生進行「學習的幫助」。爲了使教育有成果，教師對學生實施「成就的促進」（Leistungsförderung）。因此，「學習的幫助」與「成就的促進」在教育過程中是不可或缺的！二者成爲功能教育與成就教育中的「規準」（Postulat）。

二、教育德性論的主軸

在教育中，其教育德性是以「道德之善」（moralisches Gute, morally good）爲主軸。教育德性必須具備最高之善，也就是「止於至善」（大學）。在康德（Immanuel Kant）的「實踐理性」（die praktische Vernunft）中，認爲道德實踐，可能的先決條件是「自由」（Freiheit）和「至善的理念」（Idee des höchsten Gutes）。「至善的理念」是主張：有德者享幸福。康德的倫理思想是透過「至善的理念」來表達。從道德實踐的原則來看，道德是塑造人的，所以追求倫理的完美成爲人的義務（註二五）。

以上康德的實踐理性（道德理論），對後世的德性論造成很大的影響，同樣地，對教育理論也造成很大的影響。

(一)道德之善在教育上的意義

美國教育哲學家弗蘭基納（William K. Frankena）認爲：一個人和他的行爲是道德之善，其充分及必要的條件是他的動機，完全是合乎義務感。然而這樣並不合理，較合理的觀點是：一個人和他的行爲，不管其眞正的動機是什麼，只要他的責任感或所做所爲對意願是正確的，强烈到足以使他設法努力盡到他的責任就行了（註二六）。

弗蘭基納在其「倫理學」（Ethics）（一九七三）一書中，提出以上之倫理概念，認爲道德之善的達成只要每一個人努力盡到他的責任就行了。同樣的情形，一位教師只要設法努力盡到他的責任就行了。如果教師能做到以上的情形，就做到了道德之善。

(二)善意與仁慈在教育施爲中的表現

教師的教育工作應秉持「道德之善」爲原則，而這種「道德之善」，對教師而言是他的善意與仁慈的表現。教師應該以善意與仁慈對待他的學生。因爲教師與學生在密切的師生關係中，無利害關係、無猜忌關係、無矇騙關係等關係存在，一切出發點都是純良的，所以教師可自然而然地以善意與仁慈對待他的學生。

弗蘭基納認爲教師應具有「道德觀」（the moral point of view）之態度，含蘊著道德善的意義。而且所有的道德陳述，都可以解釋爲「態度之表達」（expression of attitude）（註二七）。

簡單地說，道德之善是一種美德的活動，常常帶給人們（或學生）一種喜悅與愉快之感（註二八）。

三、教育德性論的擴展

教育德性論的主軸是道德之善，但它應該擴展，才有更大的意義。這種擴展就是使其成爲價值與規範。如果人們把價值理念作爲倫理學的基礎，那麼人們便能在這種價值倫理學內接受完全倫理學的核心思想。如果要使教育倫理學也能適合於教育，就得如此做。因爲在這方面最重要的因素，乃是道德價值在人身上的安排，使人的本質能發展與改變。

㈠人生的意義乃繫於價值

人生是在追求有價值的東西，這是因爲人類的最高決定及其前途只能經由價值來達到。人類所接納的價值越多，越能把那些自然存在的用價值來滋潤，使能凸顯其人生的價值。

人格含有價值的成分在，人們在涉及人格問題時，常以價值作論斷。因此，人格不是生成的，而是作成的，不是已如此，而是將如此。這種爲將來仍可接受價值於心靈生活的價值，將使心靈生活更充實。於是自然個體將由此而達到精神的人格，至此價值就具有一種人格構成的機能，賦予人格的價值成分（註二九）。

㈡道德之善與人格建構

人生價值的認定而使道德價值有效。道德價值在人類價值生活中佔有顯著地位，因爲它的「當爲要求」與「無上命令」，使著人的生活「必須如此」，顯現「義務」的特性，當道德與義務結合以後，道德價值就有效。而道德價值有效後，則對於人格建構的提升有幫助。

「道德之善」所具的特別意義是：成爲人格建構的重要因素，而且成爲人格建構時的權威，也就是在建構人格時，如果少了它，人格就有缺陷！

基於以上論點，道德之善，不僅使人成爲一種精神的人格，而且使人成爲一種道德的人格。

它把人抬到高級的階層上，並給予尊貴（註三〇）！

教育德性論强調了教師應具有完美的人格，才能把教育道德傳遞給學生，而教師教學也秉持道德原則，才能建立教育規範，使整個教育圍繞在「道德之善」的周圍進行，一切顯得具有價值意義。

四、教育德性論中的重要理念——教育正義

德國教育家戴波拉夫提到教育德性的五個中心德性中有「教育正義」，在今天的教育倫理中，「教育正義」應是重要的德目。有進一步探討的必要。

德國著名的社會教育家拿多爾普（Paul Natorp）說：「教育一詞，在使用上，相當於意志的陶治。」（註三一）因此，「意志陶冶」（Willenbildung）成爲其思想的中心。他把道德分爲個人道德與社會道德，個人道德分爲：適度、勇敢、眞理；社會道德只有一項，那就是正義。如果將以上論點應用在教師道德方面，也是恰當的。

拿多爾普認爲：正義是得自柏拉圖（Plato）的理念，是經由人性而獲得，是意志教育的重要部分，在於形成有道德與有理性的人。它的意義是使個人在社會行爲裡，能夠認識眞理，具有道德力量與純潔（註三二）。

教師應該如拿多爾普所說的，具有個人道德與社會道德兩方面。戴波拉夫之所以重視教育正

義，是以他從事多年的教育經驗而提出來的。

在學校教育中，所强調的是：教師對學生，無論其家庭的社經地位，或內在（聰明或愚笨）與外在（美或醜）一律公平看待，但能做到嗎？常令人懷疑。尤其是許多教師鄉愿，在教學時採模稜兩可的態度，讓學生無所適從，久而久之，連教師也不知道什麼是眞理，或眞理在那裡？也無法使出其道德力量，漸漸地也失去了其純潔的本性，無法發揮教育正義的力量。

教育正義的表現所顯現出的現象爲：

(一)教育正義與教育良心應等量齊觀

德國教育家斯普朗格提出「教育良心」的理念以後，很獲得教育界的重視，於是後來有些教育學者接著提出「良心教育」的概念，也同樣獲得重視。教育正義是要表現於外的，人們常說：「義正辭嚴」，一位教師不做虧心事，大可擁抱眞理，大大方方地行得正，不怕人家批評。

基於以上論點，教育良心與教育正義，應該等量齊觀，都是教師在教育施爲時所要抱持的兩個重要原則。即在教導學生時是以教育良心爲出發點，盡其在我，毫無保留；同時在教導學生時是以教育正義爲原則，我心如秤，不偏不倚。

(二)教師是正義的象徵者

每一個人皆負有社會責任，只是教師所負的社會責任大些。因爲教師的言行會成爲社會的楷模。在今天如果一位教師的行爲有瑕疵，馬上成爲新聞報導的對象。因此，教師註定要成爲言行謹愼的人。

在今天的社會是社會正義喪失，以致造成社會的混亂，而要拯救這個社會，有人主張從「淨化心靈」著手，而「淨化心靈」靠宗教與教育兩大支柱。在教育方面，如果每位教師都有正義感，則對於扭轉人心向善有作用。有人說：「司法，是正義的最後一道防線。」那麼「教育應該是正義發動的起跑點」。每一位教師應該以教育正義來革除教育上的那些不良習氣。

第四節　教育行爲論

教育倫理學理論中，一直提到教育行爲的有關問題，因爲教育行爲是教師教導學生的一種行爲，而教師如何秉持教育責任與教育價值去教導學生，是一件極爲重要的事情。

在教育情境中，自古以來，教師就秉持傳統的教學方法去教導學生，久而久之，其教學效能如何，並不自知，也不會去想到，甚至對於自己所應具備的道德職能、所應負的道德責任、學生道德教育的實施等，並不一定了解。這種情形並不恰當。因此，爲了讓教師能發揮職業道德的職能，實有必要對教育行爲的理論，進行深入的探討。

教師的教育行爲影響學生甚鉅，因爲教師成爲學生學習或模仿的對象，雖然教師與學生在生活上可以打成一片，但是教師應有的行爲表現還是要守分寸，以免踰越應有的職業準則。

教育行爲有如下的重要理論：

一、生活倫理的教育行爲理論

按照康德的倫理學的觀念，認爲人的意志必須建構起來，才能有良好的行爲，因爲這樣才有意志自由，也才能認識，這是成爲一個道德人無法捨棄的要求（註三三）。

倫理與生活有密切的關係，許多倫理的表現常是顯現在生活之中。因此，在我國小學課程中有「生活與倫理」一科，顯示了倫理生活的重要性。丹麥存在主義的哲學家祁克果（Sören Aabye Kierkgaard）認爲：人的生活有兩種：一種爲致力於藝術的「審美生活」（ästhetisches Leben）；一種爲尋求婚姻幸福及職業成功的「倫理生活」（ethisches Leben）（註三四）。而教師就是在尋求職業成功而在過「倫理生活」。

(一)日常生活的表現

教師的教育行爲是表現於日常生活之中的，學生到了學校過的是團體生活，而團體生活就含有倫理的性質，因爲人與人之間就是以倫理原則來相處。如果沒有倫理原則，則一切將大亂，毫無秩序可言。倫理原則的判斷爲：

1. 教師的教育行爲是否一貫性，可以在日常生活中看得出來（例如其原則是能貫徹）。
2. 教師的教育行爲是否一致性，也可以在日常生活中看得出來（例如其對學生的教導前後是否一致）。

3.教師的教育行爲是否有意義，也可以在日常生活中看得出來（例如其行爲表現具有意義，就具有價值）。

㈡教育行爲的日常爲善

根據康德的倫理學觀念認爲：一個人凡是以善做爲出發點，不管其結果如何都應是善的。因此，教師啣著「無上命令」去教導學生，自然也以善爲主，那麼教育行爲就是善行。把教育行爲當成善行來把握，是教育的必然條件，因爲教育本來就是引導學生向善發展的。其情形爲：

1.師生應該站在善的起跑點上，共同爲「善」而跑，教師引導善，學生追求善。

2.教師表現善行——良好行爲，讓學生來學習或模仿，也養成良好行爲。

3.教師以其教育行爲發生影響力，把學生引導至善的境地，使學生亦能行善。教育本來就是存在於人與人之間的相互影響，教師應懂此道理。

從以上論點可以了解到：教師的教育行爲行之於日常生活中，平常就要講求教育倫理。人就是要過倫理生活的，因爲人是倫理的動物。

二、責任倫理的教育行爲理論

教師應有責任倫理，探討這方面理論的學術，稱爲「責任倫理學」（Verantwortende Ethik）。這種倫理學是把價值視爲是所要研究的重點，就如同教育學要研究「教育規範」（pädagogische Normen）爲其重點的情形一樣。

(一)教師所應承擔的責任

一位有責任的教師或許要問：假如人過著沒有倫理價值的生活，那麼他的教育是否可以成功？關於這個問題就涉及到倫理問題了。因爲「債」（Schuld）（廣義的，各種債，不單是財物）與「責任」（Verantwortung）是無法請求分開的。就連教育理論中的「解放理論」（emanzipatorische Theorie）、「行爲理論」（behavioristische Theorie）、「新馬克思理論」（neomaxistische Theorie）中的主題，都免不了有關行爲責任的主張，甚至還主張建立行爲的規準。就教育實踐的觀點而言，固定的教育行動的倫理合法性，附著在教育行爲之上（註三五）。

能承擔責任的教師應該是：

1. 教育行爲具有教育—倫理的基礎與條件。也就是說，教師的教育行爲應合乎倫理的要求，以及合乎合法性的要求（註三六）。

2. 教育行爲是一種教育實際，而教育的發生是根據人在教育中而引起，只有來自人性的完整性才能獲得教育的意義。教育行爲可以使各種教育實際與人發生關係（註三七）。教師的教育行爲就是在使教育實際發生作用，使學生的行爲能發生改變。

3. 教育行爲的教育與倫理基礎，就是教育實際的本身，所有被肯定的教育都含有道德的成分，教師把道德教育施予學生，就是有責任行爲的表現，這稱爲「道德的服務」（Dienste der Sittlichkeit）（註三八）。

㈡教師所應盡的義務

責任與義務是並行的，有責任就要盡義務。因此，教師要負責任，也要盡義務。教師所要盡的義務有：

1. 對於職業的忠誠，能依據職業倫理，克守分寸。
2. 努力教學，對於教學工作全心投入。
3. 多輔導學生，爲學生解決各項問題。

從以上的論點可以了解：教師要有穩定的教育行爲，這是基本的要求。此外，與此有關的理論，多了解以後，還可以掌握所了解的現象。

三、溝通倫理的教育行爲理論

德國法蘭克福學派（Frankfurter Schule）教育家及社會學家哈伯馬斯（Jürgen Habermas）提出「溝通倫理學」（Kommunikative Ethik）的理論，把溝通倫理視爲是社會行爲表現的原則。人類行爲便是一種溝通行爲。因此，「教育行爲就是溝通行爲」（Pädagogisches Handeln ist kommunikatives Handeln）（註三九）。這種溝通行爲就是在使主體性與互爲主體性產生關係的結果。

這種「互爲主體性」（Intersubjektität）的作用，在使人能發生改變，使人按照倫理的規則去改變，這種改變才是善的改變。

有關「互爲主體性」可作如下的認識：

㈠互爲主體性的性質、概念與認識

「互爲主體性」在溝通倫理中是一個重要理論，如果用比較淺顯的話去解釋它，就是雙方都是主人，但是都要爲彼此著想，這樣才容易發生溝通。

互爲主體性的性質有：

1.就教師的觀點而言，希望由其指導而使教育目的能實現，透過學生的可塑性使學生發生改變（由於學生未成熟，所以才能改變）。這種「互爲主體性」的關係，其實就是一種對話結構的交換作用。

2.互爲主體性在教育概念上，具有「影響」（Beeinflüssen）、「引起」（Bewirken）、「處理」（Behandeln）等方面的意義，並且帶有些批判的性質（註四〇）。

3.就互動的性質而言，由意義構成的主觀應普遍化（否則就是孤獨），才有普遍的意義，有普遍的意義，才能構成普遍。於是互爲主體性的行爲，便是一種結構的行爲，對話也成爲「引導的話」（führende Dialoge），在引導學生成熟，也在幫學生找到一條當由之路（註四一）。

從以上的觀點可以了解：互爲主體性的理論常被使用在溝通倫理方面，成效良好。尤其是教育行爲的溝通方面，成效更爲良好。

互爲主體性的概念爲：

1.在解放教育學中，每一種認同不但是可能的，而且是在發展教育非技術的概念。

2.行爲指導之所以發生問題，主要是由於目標指示性的喪失，當人們要把它找回來時，必須建立一個可以判斷教育行爲的規準，然後認同這個目標，去做行爲的溝通。

3.教師正確的行爲可與規準配合，以此爲條件做爲出發點，那麼人們的溝通行爲就是「有意向的行爲」（intentionales Handeln）（註四二）。

從以上的觀點可以了解：互爲主體性的論點使用在解放教育學（Emanzipatorische Pädagogik）方面，成效良好。德國教育家莫倫豪爾（Klaus Mollenhauer）認爲：互爲主體性的理論應用在解放教育學方面，有助於教育溝通行爲的達成。因此，他重視溝通理論與互動理論。前者涉及到價值理論，在溝通行爲的層次裡，重視教育規範與目的的價值。在今天的觀念裡，人們不再認爲或假設教育是毫無問題的，尤其教育行爲不但是創造的，而且要使成長的一代對於現有規範的適應，在教育的溝通過程中，了解教育的規範與目的。這種從教育溝通的層面去探討行爲規範的價值，是要重新建立教育行爲規範的價值與發展解放的遠景；後者是從心理學的觀點探討互動理論的發展，這種理論是首先確定「我的認同」（Ich-Identität），然後再去討論或辯證外在決定或自我決定的教育模式（註四三）。

莫倫豪爾的溝通理論是具有「目的理性的概念」（zweckrationale Begriffe）的，發展成「認同」與「主體」的配合，而互動則是一種意向的主體之間的交互作用。

互爲主體性可做如下的認識：

1.教師的教育行爲表現於教學中，與學生的學習行爲產生了互爲主體性。

2.教師是教育行爲之意向的主體，學生爲接受意向的個體。

3.教師的教育行爲促進溝通可能性的條件，就是要以「意向」來把握。

從以上的論點可以了解：教育要刺激產生師生的互動，必須是師生的一方對另一方發生作用，於是雙方之「夥件的等值性」（Gleichwertigkeit der Partner）（師生被視爲是教育的夥伴）顯現，如此一來，雙方的意向就成了雙方所應承擔的「教育的後設意向」（pädagogische Meta-Intentionalität）。本來意向性是屬於主體的，然而由於互動的結果，也引起了客體的意向性，這意向性各爲雙方所承擔，成爲達成教育目標的有力動力。

(二)教育活動的互爲主體性

在教育活動中，教師的行爲與學生的行爲應互爲主體性，於是在教育活動中產生對話、互動、交談等。也就是說，互爲主體性的教育活動應該把握機會，以達到溝通的目的，而且互爲主體性也要將其視爲教育的中心。事實上，教育的理論也以此去思考（註四四）。

教育活動的互爲主體性觀點爲：

1.教師與學生在倫理的原則下，產生對話與溝通的性格，然後進行溝通。這種溝通的建立，是由於學生的一方具有「非等值性」（Ungleichwertigkeit）（比較而產生）、「職能不足」（Inkompetenz）、「不成熟」（Unmündigkeit）、「無助性」（Hilflosigkeit）等現象，爲彌補這些缺陷，而進行與教師溝通。

2.把教育關係或教育行爲當成手段，把規範當成尺度，然後共同（師生）完成教學的目標。當教師與學生互爲主體性後，兩者就必須在教與學中扮演其應有的角色。

3.根據事實與採取原則進行溝通，互爲「夥件」（Partner）（註四五）。

從以上的觀點可以了解：教育活動的進行必須以互爲主體性去促進溝通，如果教師缺乏這種體認，就會產生溝通不良的狀況。因此，教師應以互爲主體性的理念去促進師生的互動。

四、價值倫理的教育行爲理論

「價值倫理學」（Wertethik）一詞，首先由德國哲學家謝勒（Max Scheler）所提出來，他的劃時代代表作「倫理學中之形式主義與物質的價值的價值倫理學」（Der Formalismus in der Ethik und die materiale Wertethik）（一九一六）一書，希圖把倫理學的整個問題集中於價值概念上，其明顯目的在克服由康德所建立的形式倫理學。也就是價值倫理學藉著價值給予形式的「當爲」以內容，尤其是指向價值充實的人格上，這是道德行爲所必須的要素。因爲道德價值的實現，不僅只是人的意志的事，也是整個人格的表現。

基於以上論點，教育行爲應合乎價值倫理學的觀點，而且教育倫理學也是一種價值倫理學。它含有價值的成分，值得去作理論的應用。

價值倫理的教育行爲可作如下的體認：

㈠教師有意追求的價值

價值是靠追求的，如不去追求就無法獲得價值，教師有意追求的價值主要的有：

1.教育行爲眞正能發揮行爲力量，使學生能產生道德行爲。也就是說，教師對學生的行爲改變，能使上力，不會有無力感。

2.教育行爲的表現是表現在奮鬥的過程中，努力在追求教育的理想價值，例如眞善美聖。

3.教育行爲的作用，均能合乎教育意義，尤其是有助於學生快樂生活的提升。

從以上論點可以了解到：教師是在追求各種價值的，包括其個人穩定的生活，有了穩定的生活，才能安心教學，及對教育工作的勝任，能勝任工作，才能發揮所長，以及教育理想的實現，完成教育目標。

㈡教師的意向價值

教師的意向價值，是透過教育行爲而表現出來，假如不如此，則人們或學生就無法了解教師的意向。意向也就是一種企圖，它是需要以各種方式呈現的。教師的意向性呈現要合乎價值倫理，其教育行爲應爲：

1.企圖應具有嚴肅性，並不是兒戲，一切都循規蹈矩的，這樣教育行爲的正面價值才能顯現。

2.心術應具有厚道性，並不是以心機去算計學生，因爲學生不能成爲其算計的對象。教師掌握優勢，要算計學生很容易，但是這樣並沒有意義，縱然學生被教師算計得難以度日，這種算計方式，既無意義，又無價值。

3.施爲應具有溫和性，並不是以强烈手段去對付學生，如以强烈手段去對付學生，很容易引起學生的反彈。亞里斯多德認爲倫理學的實踐要採用中庸的方法，就是最好的說明。

從以上的論點可以了解：倫理學只有做爲心術倫理學，而不做爲結果倫理學，才有可能。於是教師只有能控制所追求的目標之一切方法，他才能按照其結果以衡量一種行爲的道德價值。道德價值的認定，是按照目的倫理學論點，認爲道德價值是行爲的最高目的。因此，道德行爲是教師有意追求的一種事實價值。

教師的教育行爲應是「有意追求的價值」（der intendierte Wert）（事實價值）與「意向價值」（Intentionswert）（道德價值）的配合，也就是有道德事實，那才是道德的善（註四六）。

第五節　教育倫理學的定義

在詳爲探討教育倫理學的概念與理論之後，對教育倫理學比較能認識。在以上的情況下，去給教育倫理學下定義，似乎比較能掌握其眞髓。

教育倫理學爲個別學科的倫理學，雖爲教育與倫理學兩門學科之科際整合而成，但是具有完整性與獨立性，可以成爲一門獨立的學科。其主要的作用，在於反應教育行爲中的指導性和建構性，成爲倫理的準繩，並且有助於「教育實踐的學術化」（Wissenschaftliche Legitimation erzieherischer Praxis）。

既然教育倫理學是一門獨立的學科，給它下定義有其必要性。

一、外國學者所下的定義

外國學者給教育倫理學所下的定義，見於其專門著作之中，或相關著作之中，其較重要的有：

(一)見於專門著作者

教育倫理學定義見於專門著作者有：

1. **邊寧**（Alfons Benning）**所下的定義**　「教育倫理學是教育學中的個別學科倫理學，以此爲出發點至教育目的，均爲研究的範圍。它所探討的是來自教育責任中的教育情境，以及根據每一個人教育行爲引導而產生的教育意願，它的結構價值與基本價值所具的意義反映出實際的教育行爲有意義的必然要求。」（註四七）

2. **鄂爾克爾斯**（Jürgen Oelkers）**所下的定義**　「教育倫理學是研究教育與道德之間各種關係的學問。」（註四八）

3. **加姆**（Hans-Jochen Gamm）**所下的定義**　「教育倫理學是教育關係分析的學問，在過去著重在教育系統的分析，現在則著重在教育理論表象與道德連接的分析。」（註四九）

㈡見於相關著作者

教育倫理學定義見於相關著作者有：

1. **克拉夫基**（Wolfgang Klafki）**所下的定義**　「教育倫理學是從不同的層面去研究教育的價值。」（註五〇）

2. **波克曼**（Hans Bokelmann）**所下的定義**　「教育倫理學是教育行爲的研究，提出人與人之間關係的倫理原則。」（註五一）

3. **呂爾克爾**（C. Rülcker, T. Rülcker）**所下的定義**　「教育倫理學是致力於探討規範指導的系統決定，把教學視爲基礎和瞄準點而與其配合，尤其是强調所欠缺的民主與人文倫理原則的基本

反應。」（註五二）

二、本書作者所下的定義

外國學者對教育倫理學所下的定義有參考的價值，如果將其歸納，有助於教育倫理學定義的提出：

> 教育倫理學是教師的職業道德及教育關係的理論與實踐的原理原則研究。

以上的定義是儘量將教育倫理學的理論與實際納入其中，因爲一門學科的研究應該是理論與實際並重，且不能有所偏，尤其是教育倫理學也是講求實踐的。

註一：見 Jürgen Oelkers: Pädagogische Ethik, Ein Einführung in Probleme, Paradoxien und Perspektiven, Juventa Verlag Weinheim und München 1992, S.21.

註二：見 Bernhard Schleißheimer: Orientierung auf einen letzten Sinn, in: H. Beck (Hrsg.): Philosophie der Erziehung, Verlag Herder Freiburg 1979, S.162.

註 三：見 Josef Dolch: Grenzen der Erziehung und Pädagogik, in: Lexikon der Pädagogik der Gegenwart, Hrsg. von Deutschen Institut für wisssenschaftliche Pädagogik, Münster in Westfahlen, Bd. 1, Verlag Herder Freiberg in Bresgaue 1930, S.1043.

註 四：見 Wolfgang Brezinka: Die Pädagogik der Neue Linken, Analyse une Kritik, Verlag Seewald Stuttgart 1972, S. 280, 296.

註 五：見 Josef Derbolav: Grundriß einer Gesamtpädagogik, Frankfurt am Main, Verlag Diesterweg 1978, S.49; Walter Braun: Pädagogische Anthropologie in Widestreit, Verlag Klinkhardt Bad Heilbrun/Obb. 1989, S.36.

註 六：見 Eduard Spranger: Erziehungsethik, 1951, in: Geist der Erziehung, Hrsg. von Gottfried Bräuer und Andreas Flitner, Quelle & Meyer Verlag Heidelberg 1969, S.414–415. 該文爲大綱，斯普朗格無註明出處。

註 七：見 C. Rülcker/T. Rülcker: Soziale Normen und schulische Erziehung, Morales Handeln als Problem in einer demokratischen Gesellschaft, Verlag Quelle & Meyer Heidelberg 1978, S.82.

註 八：見布魯格（Walter Brugger）編著，項退結編譯：西洋哲學辭典（Philosophisches Wörterbuch），國立編譯館主編，先知出版社印行，民國六五年十月臺初版，第四二二頁。

註 九：見同註八。

註一〇：見 Fritz-Peter Hager: Grundaufgabe der historisch-systematischen Pädagogik und ihre Beziehungen zur Philosophie, in: Pädagogische Rundschau, 42. Jg. 1988, Heft 1, S.40.

註一一：參閱同註一〇之文，第四一頁，及 Fritz-Peter Hager: Zum Verhältnis zwischen Philosophie und Erziehung angesichts der gegenwärtigen Lagen des Menschen, in: Studia Philosophia, vol. 37, 1977, S.83ff, bes. S.91.

註一二：見同註一〇之文，第四五頁。

註一三：見 Hans Boklmann: Mäßstäbe pädagogischen Handelns, Normenkonflikte und Reformversuche in Erziehung und Bildung, Würzburg 1965, S.196.

註一四：見 Alfons Benning: Ethik der Erziehung, Grundlegung und Konkretisierung einer pädagogischen Ethik, Verlag Menschenkenntnis Zürich 1992, S.20.

註一五：見 Dieter-Jürgen Löwisch: Verantwortung für Zukunft als Aufgabe einer pädagogischen Ethik in: Pädagogische Rundschau, 40. Jg. 1986, S.422.

註一六：見 Albert Stüttgen: Erziehungsnormen und Lernziele im Lichte ideologiekritischer Reflexion, in: Pädagogische Rundschau, 27. Jg. 1973, S.415.

註一七：見 Gerhard P. Bunk: Arbeitspädagogik, in: Pädagogische Rundschau, 42. Jg. 1988, S.6–9.

註一八：見 Heinrich Döpp-Vorwald: Erziehungswissenschaft and Philosophie der Erziehung, Aloys Henn Verlag Ratingen 1967, S.254.

註一九：見 Richard S. Peters: Ethics and education, London: George Allen and Unwin Ltd. 1966.

註二〇：見同註一八之書，第六九頁。

註二一：見 Franz Böckle: Fundamentalmoral, München 1977, S.729.

註二二：見 H. Kron: Ethos und Ethik, Der Pluralismus der Kulturen und das Problem des ethischen Relativismus, Frankfurt, Bonn 1960, S.251.

註二三：見同註五之書，第四九頁。

註二四：見 Josef Derbolav: Problem und Aufgabe einer Pädagogischen Anthropologie im Rahmen der Erziehungswissenschaft, in: Josef Derbolav/Heinrich Roth (Hrsg.): Psychologie und Pädagogik, Verlag Quelle & Meyer Heidelberg 1959, S. 35.

註二五：見張雪珠：分析與批判康德倫理主義的宗教思想，載於：輔仁大學主編：哲學與文化月刊，第十七卷第二期，民國七九年二月出版，第一四五至一四七頁。

註二六：見 William K. Frankena: Ethics, Englewood Cliffs, New Jersey: Prentice-Hall, Inc. 1973, 2nd ed. p.70.

註二七：見 R. B. Brandt: William K. Frankena and Ethics of virtue, in: The Monist, An International Journal of General Philosophical Inquiry, vol. 64, No. 3, July 1981, p.279.

註二八：見同註二六之書，第一一五頁。

註二九：見王文俊：哲學概論，正中書局印行，民國五六年十二月臺初版，第一三四至一三五頁。

註三〇：見同註二九之書，第一三五頁。

註三一：引自 Paul Natorp: Sozialpädagogik, Ferdinand Schöningh Verlag Paderborn 1974, S.25.

註三二：參見 Hildegard Holtstiege: Paul Natorp und die Grundlegung der Sozialpädagogik, in: Ders.: Sozialpädagogik, Aloys Henn Verlag Kastellaun 1976, S.35–43.

註三三：見 Immanuel Kant: Grundlegung zur Metaphysik der Sitte, Werke, Bd. 3, S.18.

註三四：見 Heinrich Rombach (Hrsg.): Das Neue Lexikon der Pädagogik, Verlag Herder Freiburg, Basel, Wien 1970, Bd. II, S.415.

註三五：見同註一三之書，第三二頁。

註三六：見 Hans Heigert (Hrsg.): Jugend ohne Normen? Eine Generation auf der Schule (Schriften der katholischen Akademie in Bayern 82), Düsseldorf 1978, S.7.

註三七：見 Heinrich Döpp-Vorwald: Pädagogischer Realismus als Gegenwartsaufgabe (Forschungen und Werke der Erziehungswissenschaft, Bd. 22), Weimar 1935, S.17.

註三八：見同註三七之書，第八一頁。

註三九：見 Jan Masschelein: Kommunikatives Handeln und pädagogisches Handeln, Deutscher Studien Verlag Weinheim 1991.

註四〇：見 Jan Masschelein: Pädagogisches Handeln und Verantwortung, Erziehung als Antwort, in: Käte Meyer-Drawe, Helmut Paukert, Jörg Ruhloff (Hrsg.): Pädagogik und Ethik, Beiträge zu einer zweiten Reflexion, Deutscher Studien Verlag Weinheim 1992, S.85.

註四一：見 W. Tischner: Der Dialog als grundlegendes Prinzip der Erziehung, Frankfurt am Main 1985.

註四二：見同註三九之書，第二八及八九頁。

註四三：見 Heinrich Beck (Hrsg.): Philosophie der Erziehung, Verlag Herder Freiburg 1979. S.58–59.

註四四：見同註四〇之書，第八三至八四頁。

註四五：見同註四〇之書，第八四頁。

註四六：見同註二九之書，第一三二頁。

註四七：引自同註一四之書，第二九頁。

註四八：引自同註一之書，第二〇頁。

註四九：引自 Hans-Jochen Gamm: Pädagogische Ethik, Versuche zur Analyse der erzieherischen Verhältnisse, Deutscher Studien Verlag Weinheim 1988, S.9.

註五〇：引自 Walfgang Klafki: Normen und Ziele in der Erziehung, in: Funk-Kolleg Erziehungswissenschaft, Verlag Fischer Frankfurt am Main 1970, S.50.

註五一：引自 Hans Bokelmann: Pädagogik: Erziehung, Erziehungswissenschaft, in: Handbuch pädagogischer Grundbegriffe, Hrsg. von Joseph Speck, Gerhard Wehle, Kösel Verlag 1970, S.196.

註五二：引自同註七。

第五章 教育倫理學理論的建構

教育倫理學具有概念，也具有理論，是一門獨立的學科。而且它具有嚴謹性，這指的便是它的建構。

教育倫理學家在探討教育倫理學時，常會提及有關教育倫理學建構問題。由於建構問題的提出，可以用以測試該學門是否具有完整性，同時也可以了解該學門的結構性如何。

教育倫理學建立比較晚，學者們在整合教育學與倫理學之間的關係時，賦予緊密的科際關係，以倫理道德去統合。因此，如果深入地探討，便可以發現：教育倫理學的結構性嚴謹程度，並不亞於其他經過科際整合而形成的有關教育學科。

第一節　教育倫理學的基本結構

教育倫理學家對於教育倫理學的探討，是首先建立其基本結構，然後再從各部分去進行研究。採用這樣的方法在系統上是比較有條理。

一、教育倫理學家所認爲的教育倫理學結構

德國的教育倫理學家所認爲的教育倫理學結構，在此將擧出著名的兩位：

(一)邊寧所認爲的教育倫理學結構

邊寧（Alfons Benning）在其所著「教育倫理學」（Ethik der Enziehung）一書中，將教育倫理學分爲兩大部分來研究，第一部分是研究教育與倫理的關係；第二部分是研究在倫理責任中的教育。第一部分之教育與倫理的關係便是研究教育倫理學的基礎與結構。

他在教育倫理學的結構中，提出了：

1. 教育倫理學的科學理論命題。
2. 根據教育倫理的基礎所衍生出來的問題。
3. 教育行爲的條件。

4.教育倫理學的課題。

5.教育倫理學與世界觀。

6.教育倫理學與神學的要求，其所探討的包括：

(1)從神學人類學到教育倫理學。

(2)從神學倫理學到教育倫理學（註一）。

從以上的論點，可以發現：邊寧對於教育倫理學的研究所著重的重點有二：

1.兼顧世俗與宗教兩方面。

2.兼顧基礎與實行兩方面。

再從以上兩個重點去推演，可以更進一步了解他所提出的教育倫理學建構：

1.**力求結構上的平衡**　一門學科的建立是要力求結構上的平衡，唯有結構上的平衡，才能發揮它的功能。從功能論的觀點去看，平衡的作用在於維繫整體的運作。教育倫理學的建構兼顧到世俗的與宗教的教育倫理，又兼顧到價值與責任，在結構上是平衡的。

2.**理論與實際的兼備**　一門學科的建立是理論必備，但也不能忽略實際，尤其是教育倫理學是一種實踐性的科學（人文科學），更不能忽略其實際的作用。倫理道德以實踐為主，否則就是空談道德理論。

(二)加姆所認爲的教育倫理學結構

加姆（Hans-Jochen Gamm）在其所著「教育倫理學」（Pädagogische Ethik）一書中，將教育倫理學分爲四大部分來研究，第一部分是研究教育倫理學的結構；第二部分是研究教育倫理中的人與制度的客觀關聯；第三部分是研究教育行爲的價值與規範；第四部分是研究個人與社會的倫理關聯。第一部分便是以研究教育倫理學的結構爲主。

他在教育倫理學的結構中，提出了：

1. 教育倫理學的基本問題。
2. 在道德水平中的公民主體。
3. 價值的爭論（註二）。

加姆對於教育倫理學的研究，是著重在教育關係的分析方面，因爲要了解一個結構，採用分析的方式是有效的方法，經過分析以後，才能了解結構的建構情形。

二、教育倫理學的基本結構

教育倫理學的基本結構，從字面上去了解，就可以發現：它是由教育學與倫理學所組成，因此具有教育學的性質，也有倫理學的性質。它在教育學領域中，成爲重要的教育學門之一，探討有關教育行爲；它在倫理學領域中，成爲倫理學的一部分，探討有關教育關係。茲分別作說明：

㈠教育關係的探討

教育倫理學探討教育關係，也就是師生關係。師生關係應講求倫理，這是必然的要求。因爲師生關係不講求倫理，就會形成教師不像一位教師，學生不像一位學生，整個倫理體系無法維持，教學無法進行，教育目標無法達成，所以教育狀況再差的學校，仍然要維持最起碼的師生關係，使教育運作不輟。

對於以上情形，德國文化學派教育家狄爾泰（Wilhelm Dilthey）才會說：「教育學要成爲科學，只有從教師與學生的關係去描述才有可能。」（註三）

在狄爾泰的觀念裡，最重要的是把教育關係定位於一種結構關係，使師生關係在教學過程中的運作具有結構關聯，形成互動。

德國文化學派的教育家對於教育關係問題的探討，很感興趣，也很重視這個問題的重要性，常常成爲討論的主題，在師徒制觀念濃厚的國家，想不重視師生關係也不可能。因此，師生關係無論是在理論上、觀念上、實際上，都是屬於重要的問題。

㈡教育行爲的探討

教育行爲是有意義的行爲，這種行爲發生於教育實際中，教育行爲的了解，以科學分析爲條件。這種分析必須講求方法，一般所使用的方法是觀察（註四）。

站在教育倫理學的觀點來看，教育行爲的表現應具德性，無論從歷史發現的不同角度去看，或從環境外在的因素去看，可以發現：教育行爲的進行過程，應是「和諧的過程」（harmonischer Prozeß），同時也必須對穩定的道德加以接受並認同（註五）。

教育行爲對教師而言，是對學生的熱情，給予學生照顧，使學生熱愛這種幸福的生活。此外還要開闢一條主動的路，由教師主動地承擔衝突，並化解衝突，一步一步地促使學生成熟，並把握教育目的，主動幫助學生，完成道德的三個規準：

1. **投入（Empathie）** 對於教育工作的投入，把教育工作的成敗視爲己任。
2. **誠實（Solidarität）** 對於教育工作忠誠，對學生言行一致，行爲穩定結實。
3. **增强能力（bestärkende Kräfte）** 對於教育工作的增强，養成學生具有成熟的能力，無論在知識、技能等方面都有充實的能力（註六）。

能完成以上三個道德規準，教師的教育行爲才算達成了下列兩種倫理：

1. **信念倫理（Gesinnungsethik）** 即認定所應該去思考實現的倫理，行動時具有良好的意志。
2. **責任倫理（Verantwortungsethik）** 即著手去實現並負責的倫理，使純粹的意志能夠眞正的實現。

就一般情形而言，在教育倫理中，自主性非常重要，因爲有自主性，教師才能「自我調整」（Selbstregulation），定下德目而按德目實施。除此以外，教師還更進一步地承擔社會道德，他不能與道德產生疏離關係。

三、教育倫理學基本結構的統整

教育倫理學有基本結構，使之成爲一門比較具有完整性的學科。狄爾泰認爲：教育倫理學的重新結構，應從哲學與科學的觀點去看教育與倫理的關係，使之成爲「陶冶的倫理學」（bildende Ethik）。於是要使教育倫理學的結構能統整，必須促使：

(一)倫理理論與實踐的配合

倫理學理論可做爲教育倫理學理論的基礎，許多倫理學家的理論可以做爲教育倫理學理論基礎，尤其是既研究教育學，又精研倫理學的思想家，如康德（Immanuel Kant）與什來亞瑪赫（Friedrich Daniel Ernst Schleiermacher）等的理論更有價值，更可做爲教育倫理學的理論基礎。

教育倫理學也是一門實踐科學，在建立完整的理論後，要進一步地實現道德理想。在實現道德理想的過程中，並亦訂定實現的步驟，如此，有助於教育倫理的實踐。

(二)客觀實際與內在經驗的配合

教師教育行爲的表現能合乎倫理原則，必須客觀的世界與內在經驗的發展，建立密切的關係，並預備去實現有道德的行爲。對於這樣的原則，在主觀上不但是「內省的」（Introspektion），在客觀上而且是重實際。

㈢倫理系統貫穿整個結構

要使教育倫理學結構完整，必須以倫理系統貫穿整個結構，這樣才能使各部分有結構關聯。所謂「倫理系統」（ethisches System）的建立，在形式上就是「道德世界的建立」（Aufbau der moralischen Welt）；在實質上是「規範的價值倫理的表現」（normative Werethik erscheint）。在以上的情形下，可被了解為：個人的意志表現合乎倫理的條件，在社會上的客觀事物和實際的道德情況下，能守住中點，也就是說，內在的動機與外在的作用力量能配合（見同註六）。

教育倫理學需要有貫穿整個結構的系統，否則其結構不會堅實，而結構不堅實，除了不能成為嚴謹的科學外，其理論的應用也就無法確定。

如果將前述觀點加以探討，則可以發現：

1. 教師倫理是重視教師個人的主觀性，個人的意志自由，對於教育工作的施為具有自主性。
2. 教師倫理是重視道德合理的客觀性，儘量講求原則，對於教育工作的施為必須合乎教育規範。

以上兩者是互為關係的，具有結構關聯。

第二節　教育倫理學的水平結構關聯

教育倫理學有橫的結構關聯，這種關聯又稱爲「水平關聯」，即在教育倫理學中，每一項重要的因素，都基於同等的地位，不分軒輊。在研究教育倫理學時，可以檢視各種項目彼此之間的關聯，然後再加以統整。

對於以上的情形，可以舉出斯普朗格的教育倫理學的理論來說明：他認爲教師倫理的三大支柱爲：一爲探討教師的責任，即責任論；二爲探討教師的基本道德，即師道論；三爲探討教師的地位，即角色論。以上三大支柱，即教育倫理學的三大理論，是平行的，當教育倫理的實踐時，有同時性的互爲關聯。從這種平行結構關聯可以了解各種項目在同一個基礎上的相互關係。

一、水平結構關聯的意義

教育倫理學的水平結構關聯，就是一種「有規則的結構」（regelhafte Struktur），是透過情境的制度化條件、教材、參與者的意向、互動夥伴的期待等來決定，以互動的媒介和溝通的媒介來促成其結構關聯（註七）。

從以上的觀點可以了解到：那是一種教師倫理施爲過程中的重要模式，以其職業道德的關聯性的應用，去化解在教育過程中所產生的衝突（註八）。

水平結構需有如下的情形才具有意義：

㈠需有兩個以上的德目發生關聯

水平結構的形成需有兩個以上的項目才能形成，如果只有一個項目，那是單獨的存在，無法形成關聯。因此，兩個以上的項目的關聯，成爲水平關聯的必要條件。

以上的情形例如：

1.「良心」（Gewissen）與「義務心」（Herz der Pflicht）二者是平行的，在生活中，人依良心或義務心的驅使而行，才會有道德價值，如果光靠外在賞罰而行，在教育上並非是合乎理想的辦法。在教育倫理學中，教師的教育行爲是要合乎良心，又要有義務心，這樣其教育行爲才具有理想的道德價值。

2.「教育的溝通」（pädagogische Kommunikation）、「教育的期待」（Erziehungserwartung）、「教育的反應」（pädagogische Reflexion）三者是平行的相互關聯。有「教育的溝通」，就會有「教育的反應」，有了「教育的反應」以後，就會有「教育的期待」（註九）。

㈡需有設定的水平線

水平結構的形成需有設定的水平線，以做爲各種德目訂定的基礎或起點。這種水平線就是使道德原則有可能建立及要求的基礎，以此線做爲個人道德引導的起點和「道德的校準」

（moralische Einstellung）（註一〇）。

從以上的論點，可以了解到：教育倫理學的水平結構，有一條設定的水平線，立於水平線之上的許多道德因素，兩兩或三個以上發生相互的結構關聯。使得堅實的結構關聯，能產生共同的教化作用。

二、水平結構關聯的範疇

教育倫理學理論水平結構關聯的範疇，是以團體生活爲範疇。德國教育家諾爾（Herman Nohl）認爲：一個團體在所要求的範圍以內，能守法、有理想，這個團體一定能團結；一個團體如果不能做到上述的情形，是因爲倫理的懷疑之故。基於這項命題，生活的理想不但不能孤立，而且不能獨立於社會制度和評價之外。教育倫理學的理論有助於處理生活的實際問題、作教育目的安排和生活內容的確立。基於以上論點，存於生活領域中的道德世界，就是教師要培養學生的道德體驗能力和道德判斷力，使學生成爲一個「倫理人」（註一一）。

如果對諾爾的思想加以深入的研究，便可以發現：倫理是與生活無法分開的，倫理的行爲是來自現實的生活之中，也表現於生活之中，並且要建立道德的基本經驗。在生活中，要培養學生的倫理意識與道德能力，這樣才能把握精神的發展。

如果從教育的倫理和教師的倫理去探討，而提出有關其水平結構關聯時，可作如下的體認：

㈠倫理的水平

「倫理的水平」（ethischer Horizont）必須建立，因爲在許多工作中，各種現象複雜，要使其能把握與引導，必須提出水平。教育倫理學亦應如此，尤其是有關教育責任方面，更應該提出教育責任的水平在那裡。

㈡教師責任行爲的水平

「教師責任行爲」（verantwortes Handeln des Lehrers）也應具有水平，因爲教師的責任是被安排與被賦予的，是比較固定的，如果能設定水平，則其教育責任就十分明確，而且也可以明瞭其責任的關聯性（註一二）。

從以上的論點可以了解：把教育當成是各種能力的發展（包括知識與道德），都是各方面的共同作用。由於以上的論點，可知道德也是許多因素的共同作用，才能使道德能力能發展，這種情形稱爲「道德關聯」（sittliche Zusamenhänge）。

三、水平結構關聯爲一種基本關係

水平結構關聯爲一種「基本關係」（Grundverhältnisse），這種「基本關係」成爲行爲的道德基礎，並且是一種「反應實際」（reflektierte Praxis）的關聯。也就是說，在教育倫理學中，各種理論與道德有關的，都可能發生結構關聯。

關於以上情形，什來亞瑪赫曾經說過：「沒有一件事情可以獨立於倫理制度之外。」（註一三）從另一個角度去看，也就是沒有一件事情不與倫理制度有關。在什來亞瑪赫的觀念裡，認爲倫理是交到手裡的實際，人們在處理時必須兼顧到各種關聯。

在教育倫理學理論中，把教師的教育行爲表現看成是合乎理性的，而教育行爲合乎理性是最基本的命題。而教師的教育行爲必須合乎法則。其情形爲：

(一)特殊法則

教師的教育行爲可能每個人稍有不同，但是仍然應依倫理法則而行，特別是教師在處理教育問題時，仍要參酌相同的法則。此外，教師應具有「行爲理性」（handelnde Vernunft），這是個人倫理之所依。

(二)普通法則

教師的教育行爲除了應具有特殊法則外，還要具有普通法則，也就是「道德法則」（Sittengesetz）。也就是教師的教育行爲必須符合「社會倫理的原則」（Prinzip der sozialen Ethik）（註一四）。

從以上論點可以了解：教育倫理學的理論因需有結構關聯的觀念，所以所賦予的法則在力求完整性。

四、水平結構關聯綜觀

教育倫理學並不是一種單一的理論，它最起碼蘊含有教育學的理論與倫理學的理論。此外，尚有其他的相關理論，也就是橫向結構關聯的理論。

爲了明瞭起見，茲學斯普朗格教育倫理學中之教師倫理的三大支柱（見前述）用圖表示：

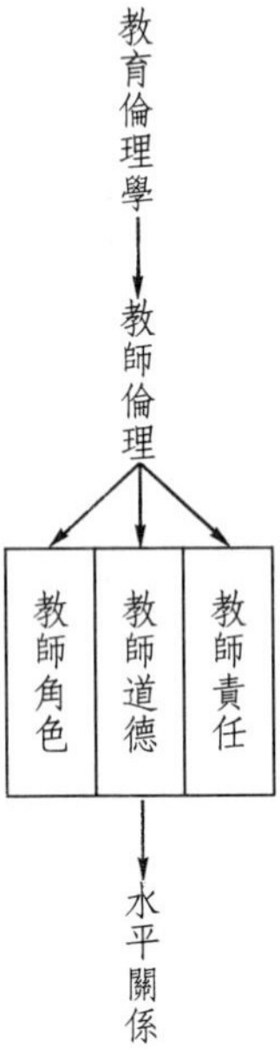

教育倫理學理論在建構時，注意到水平結構的關聯，而這些關聯的構成有助於建構教育倫理學使之成爲完整的科學。

教師的教育行爲表現於教學時，也要顧及多方面的因素，這些因素可能對教育有影響。因此，教師的教育行爲表現，需要多方面考慮，這樣才能達到完整、圓融教學的境地。

第三節　教育倫理學的層次結構關聯

教育倫理學有直的結構關聯，這種關聯又稱爲「垂直關聯」，或稱爲「層級關聯」，即在教育倫理學中，每一項重要的因素，在價值方面有層次的高低，因此涉及到層次問題。又如世俗生活與宗教生活，也涉及到層次的問題，通常是把宗教生活置於層次的上端。

對於以上的情形，許多心理學家、哲學家、教育學家等，都很喜歡作這樣的分類。例如美國心理學家馬斯洛（Abraham Maslow）就將人的需求分成：生理的需求、安全的需求、愛與歸屬的需求、尊重的需求、自我實現的需求等五個層次。這種分類的方式，成爲心理學中著名的理論。

一、層級結構關聯的意義

教育倫理學的層級結構關聯，與價值、理想、追求等有關，是一種金字塔式的構造，越頂端，其價值越高。

德國哲學家哈特曼（Nikolai Hartmann）認爲倫理爲人的理想，所以他使用了一個名詞——「倫理人」（ethischer Mensch）。這「倫理人」是以價值的觀點爲出發點，最後在謀求生命價值的完滿。因此，「倫理人」是道德最高原則實踐的負荷者，在眞實的世界裡是創造者，他是在謀求意義豐富與價值豐富。由於人具有理性的本質，所以在教育方面是喚醒人重視自己的價值（註一五）。

哈特曼認爲：人的存在必須透過道德價值的承受，並發揮道德價值的作用。也就是說：人存在於世界上，必須成爲由倫理所指導的人，這種指導具有高級的意義，有了高級的意義，他的生活才會完滿。

㈠價值倫理學的理念

哈特曼的倫理學稱爲「價值倫理學」（Wertethik），是價值倫理的取向，在倫理學中佔有重要的地位。同樣地，在教育倫理學中也佔有重要的地位。

他認爲：人具有認識的能力，而認識是存在的思想把握。因此，存在先於認識。由認識而產生的知識是有價值的，所以「研究」（Forschung）在價值倫理學中是最有意義的。他在大著「倫理學」（Ethik）一書中認爲：知識的分析是不能免除的；規範是來自價值本身的價值內涵。因此，知識與道德是存在的必要關聯，而且價值與價值之間也有先天的關聯（註一六）。

以上的價值理論，肯定了人的存在有各種的價值，促使人去追求價值，對於人所遇到的與倫理有關的事情，能以倫理原則作決定。

㈡層級構造的意義

哈特曼認爲：人的生存有如「層級構造」（Schichtenartiger Aufbau）一般，是由低層往上「加造形」（aufbauen），所謂「加造形」，就是在原有的形態上再加以造形。

人生的「層級構造」分三層，分爲：

1.最低層是物理的、物質的，它是無機的、死的材料。但是它有延續性，佔有空間，彼此並存，同時也有時間性。即在無機世界之上，發展成爲有機王國。可是無機與有機二者自有其區別，但並不表示二者無關。因爲物理的、物質的法則延伸到有機的層級之中，並不妨害有機的自有法則。而且有機體再把低級的、一般的與物理的特性向上延伸。

2.次高的存在層是心靈的「存在」或「有」的一層，即凡心靈所在之處，意識就在那裡，於是心靈就是在有機之上構造自己的存在層。心靈必須由有機體來負載，在世界上找不到不由有機體所負載的心靈！

3.最高層是精神有的一層，它是在心靈之上，這也是心靈之上的創新。它涉及價值方面，不能僅憑心理學的知識可以完全解釋。因爲意欲與行爲、評價與態度、宗教與藝術等等，遠超出心理現象的領域之上。這些構成一種較高層次的存在層，是屬於精神生活的範圍（註一七）。

以上所述爲哈特曼的論點，是依價值層次的高低而建構其階層，其中值得重視的是階層之間具有延伸性，這是結構關聯的促成的最重要因素。

二、教育倫理學建立的層次

人是倫理的動物，在共同生活中，倫理講求的是羣道，即人與人相處的方法。因此，在生活中或教育中，倫理的講求是必然性，任誰也無法忽視倫理的重要性。

教育倫理學的層次建構，其階層爲：

(一)倫理認知的教導

教導人的倫理認知，就從兒童開始。

1.**兒童倫理認知的教導**　兒童的倫理認知偏重在人與人之間的了解，以及人與人關係作用的了解。這些關係建立的開始從：愛、信任、喚醒去進行社會接觸、語言關係、遊戲能力等入手。兒童被認爲是無助的與需要告誡的，在形式上是需要照顧的，及需要「教育的强制性」（pädagogische Bemächtigung）。因此，兒童一開始就是能力的養成與接受「教育的共同作用」（erzieherische Mitwirkung）（註一八）。

2.**青少年倫理認知的教導**　荷蘭人類學家朗格威爾（Martinus Jan Langeveld）認爲：應該把青少年視爲是「人的本質的固有樣式」（eigener Modus des Menschseins），是發展過程中的一個階段（註一九）。然而青少年的發展不能任其發展，教育仍然是與發展並行的，於是教導他們如何去運思、思考的模式、道德判斷、空間觀念、時間觀念、認同觀念（Identitätskonzeption）及對於「質的相互區別」（qualitativ voneinander unterscheiden）（青少年對於量的區別大致没有問題，但是對於品質的好壞、高低等涉及價值者的區別不容易做到）（註二〇）。爲了達到以上的目標，要促使青少年成熟，倫理的認知就非常重要，他們有了倫理的認知，才能被稱爲「有教養的人」（bildender Mensch）。同時，他們的成熟也要經過社會的磨練，這樣才能達到「成熟」（Reifung）、「社會學習」（sozialen Lernen）、「主動地進行互動」（aktive Interaktion）（註二一）。

3. **教師倫理認知的養成**　教師在養成的過程中，要培養他倫理認知的能力，例如道德意識、道德判斷等，在專業道德方面包括：專業精神、專業道德、教育責任、守本分、固守師道原則等。

從以上的論點，可以了解到：倫理認知的發展，是從兒童了解人與人的關係（倫理即羣倫）開始，到青少年的道德成熟，再到教師的專業道德，層次越來越高。

(二)倫理生活的層次

教育倫理學理論也探討人的倫理生活，因倫理與生活是分不開的。人最早誕生在家庭中，過的是家庭生活，而家庭生活便是倫理生活；到了學校以後，過的是學校生活，而學校生活與教育倫理是分不開的；到了社會以後，過的是社會生活，而社會生活講求的是羣倫，同樣地，也是與倫理分不開。而且其倫理生活的層次也是越來越高。

除了上述情形以外，倫理生活大致可以分爲：世俗生活與宗教生活，宗教生活的層次高於世俗生活，而世俗生活又可以分爲一般生活與學校生活（每一個人都有到學校接受教育的義務），其層次爲：

1. **一般生活**　以家庭生活爲重心，絕大部分的人都要過家庭生活，而家庭生活中，其成員所扮演的角色，皆要顧及倫理規範，俗語說：「國有國法，家有家規」，家規便是維護家庭生活之家庭倫理的講求。

2. **學校生活**　重視生活與倫理的關係，目前學校課程中有生活與倫理一課，强調倫理在生活中的重要性。學校生活，有助於建立師生關係，德國教育家加色爾曼（Christian Caselmann）對師生關係在生活上有深入的描述：「教師了解每一個學生的需要，並關心每一個學生，在每一種生活情況裡，站在各方面進行輔導。學生則把教師當成同志，給予最大的崇敬，站在教師的旁邊，受其人格感召，分享『同志的情誼』（Kameradschaftlichkeit）。」（註二二）加色爾曼對教師所應具有的本質有深入的研究，認爲教師對待學生是出於愛；學生對於教師是出自於敬。因此，師生關係也是「愛與敬的關係」（das Verhältnis von Liebe und Verehrung），於是學校生活也是愛與敬的因素結合而成的生活。

3. **宗教生活**　倫理亦來自宗教，因爲上帝有愛，有了愛就可以產生倫理，如果沒有倫理關係，那何來愛？德國教育家斯普朗格（Eduard Spranger）非常重視宗教生活的價值，他認爲：要重振人文主義，應把宗教擺在最顯著的地位。宗教可以將人帶向高一層的境界；其次是道德，道德在陶冶人的品格，人具備了道德便能隨心所欲而不踰矩，合乎德行的準則。他在「教育的展望」（Pädagogische Perspektiven）（一九五一）一文中說道：「人文中學（das humanistische Gymnasium）在陶冶方面，應在審美方面作更多意義的把握，也必須以倫理與宗教爲根本，只有我們教育人，才能使人知道：什麼是文化責任，和人們是要依它們而生活。」（註二三）他認爲：用倫理與宗教可以喚醒「文化責任」（Kulturverantwortung）（這種文化責任與教育責任有關），也可以促使人過合適的生活，人可以認識事實、有目的與標準，及自我抉擇。

從以上的論點，可以了解到：每一個人的生活都是圍繞在這三種生活的周邊，雖然有些人沒有宗教信仰，但是只要有一顆仁慈的心和行善的行爲，也合乎廣義的宗教的理念。

三、層次結構關聯綜觀

教育倫理學並不只是水平理論，它還有層次的理論，因爲人是在追求的，教育也是在追求的，即在追求心目中的價值，這種追求就會產生價值高低的問題。就一般情形而言，追求就是向上追求。這種追求最大的特色，就是爲教育帶來成就，也就是「教育成就」（Erziehungsleistung）。每個人受教育就是希望能帶來成就，「成就」成爲教育追求的目標。

爲了明瞭教育倫理學中的層次結構關聯起見，茲仍舉斯普朗格教育倫理學中之教師倫理的三大支柱（見前述）用圖來表示：

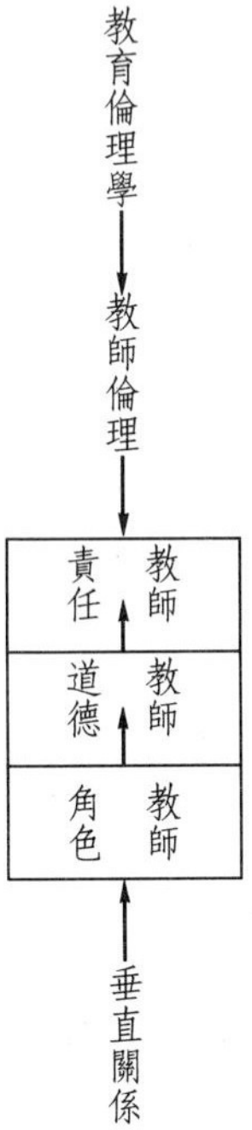

教育倫理學理論在建構時，注意到層次（層級）結構的關聯，而這些關聯的構成有助於建構教育倫理學使之成爲結構層次分明的科學。

教師的教育行爲表現於教學時，要注意到價值的因素，努力追求有價值的因素，例如善、道德等因素，這便是柏拉圖所認爲的「向上追求」的理念。

註一：見 Alfons Benning: Ethik der Erziehung, Grundlegung und Konkreitisierung einer pädagogischen Ethik, Verlag Menschenkenntnis Zürich 1992, S.19–80.

註二：見 Hans-Jochen Gamm: Pädagogische Ethik, Versche zur Analyse der erzieherischen Verhältnisse, Deutscher Studien Verlag Weinheim 1988, S.23–41.

註三：引自 Wilhelm Dilthey: Pädagogik, Geschichte und Grundlinien des Systems, in: Gesamelte Schriften Bd. 9, 1960,

2. Aufl. S.190.

註四：見 Hans-Hermann Groothoff: Einführung in die Erziehungswissenschaft, Aloys Henn Verlag Ratingen-Kartellaun 1975, S.116–159, 132.

註五：見同註二之書，第九六頁。

註六：見 Thomas Herfurth: Diltheys Schriften zur Ethik, Der Aufbau der moralischen Welt als Resultat einer Kritik der introspektiven Vernunft, Verlag Königshausen & Neumann Würzburg 1992, S.179.

註七：見 Fritz Oser: Wann lernen Lehrer ihr Berufsethos? in: Achim Leschinsky (Hrsg.): Zeitschrift für Pädagogik, 34. Beiheft: Die Institutionalisierung von Lehren und Lernen, Beiträge zu Theorie der Schule, Beltz Verlag Weinheim und Basel 1996, S.235.

註八：見 Fritz Oser mit Arbeitsgruppe: Der Prozeß der Verantwortung. Berufsethische Entscheidungen von Lehrerinnen. Schlußbericht. Pädagogisches Institut der Universität Freiburg 1991.

註九：見 Jürgen Oelkers: Pädagogische Ethik. Eine Einführung in Probleme, Paradoxien und Perspektiven, Juventa Verlag Weinheim und München 1992, S.21–22.

註一〇：見 Yung-Yae Han, Anselm W. Müller: Moralische Erziehung ohne Fundament? in: Käte Meyer-Drawe, Helmut Peukert, , Jörg Ruhloff (Hrsg.): Pädagogik und Ethik, Beiträge zu einer zweiten Reflexion, Deutscher Studien Verlag Weinheim 1992, S.29.

註一一：見 Herman Nohl: Die sittlichen Grunderfahrung. Eine Einführung in die Ethik, Verlag G. Schulte-Bulmke Frankfurt am Main 1949, 3. Aufl. Einleitung.

註一二：見 Birgit Ofenbach: Ethik für die Pädagogik-Ethik für den Lehrer, in: Pädagogische Rundschau, 42. Jg. 1988, S. 88.

註一三：引自 Friedrich Ernst Daniel Schleiermacher: Pädagogische Schriften, hrsg. von Erich Weniger unter Mitwirkung von Theodor Schulze, Düsseldorf 1957, S.375.

註一四：見 Wilhelm Dilthey: Gesammelte Schriften, Bd. XIV, Göttingen 1966, S.235.

註一五：見 Nikolai Hartmann: Ethik, Berlin 1926, S.15.

註一六：見同註一五之書，第七二頁。

註一七：見王文俊：人文主義與教育，五南圖書出版公司出版，民國七二年七月初版，第一二二至一二三頁。

註一八：見 L. Froese und D. Kamper: Anthropologie und Erziehung in: Erziehungswissenschaftliches Handbuch hrsg. von Theodor Ellwein u. a. Berlin 1969, S.79.

註一九：見 Martinus Jan Langeveld: Studien zur Anthropologie des Kindes, Max Niemeyer Verlag Tübingen 1969.

註二〇：見 Jean Piaget: Psychologie der Intelligenz, Zürich–Stuttgart 1947.

註二一：見 H. Heckhausen: Faktoren des Entwicklungsprozesses in: F. E. Weinert u. a. (Hrsg.): Pädagogische Psychologie,

Funk-Kolleg Frankfurt am Mann 1974, S.114f.

註二二：引自 Christian Caselmann: Wesensformen des Lehres, Versuch einer Typenlehre, Verlag Klett Stuttgart 1970, 4. Aufl. S.44.

註二三：引自 Eduard Spranger: Pädagogische Perspektitiven, 1951, S.64.

第六章 教師的專業道德

教師是專業人員，因此他必須有專業道德，如果專業人員沒有專業道德，那麼其受業對象就有可能受到傷害。這是現代社會的行業中要强調專業道德的重要性的原因。

現代社會由於分工越來越細，一些專門性的工作，並非人人都可以做，而必須是曾經受過專業訓練的人才能擔任，擔任的人還要承擔一定的職責。所謂「專業道德」，就是人們在從事各種社會職業活動中，應當遵循的道德規範和行爲準則。由於以上的因素，可以了解到：專業道德是與人們的職業活動有著緊密的關係的。對於從事專門職業的人們有一種道德要求，是一般社會道德職業活動中的具體表現。

第一節　專業道德與專業訓練

專業道德的養成與專業訓練有密切的關係，也就是說，人們在從事專業訓練的過程中就要養成專業道德，以使將來在執業時，就具有對專業道德的認識。

專業道德又稱爲「職業倫理」或「專業倫理」，是從事專業工作的人所必須具備的條件。教師是專業人員，必須具備職業倫理。過去教師具有權威，教師之言、教師之行，放諸四海皆準，足以爲學生之楷模。然而現代社會多元以後，社會道德也隨之改變，過去教師常擔任排難解紛的人，現在的教師遇到困擾的問題，反而需要他人協助。這種情形，過去與現在形成明顯的對比，可見現在的教師更需要專業倫理的訓練。

一、教師在專業訓練時需養成專業道德的原因

教師應該接受專業訓練，就如醫生應該接受專業一樣，教師應該養成專業道德，也就如醫生應該養成專業道德一樣。教師爲了達到教學時預期的效果，教學法的講求是必要的，而教學法的了解與實施是靠專業訓練得來的。因此，教師的專業訓練，是不能忽略的事實需要。

教師在專業訓練時，就同時要養成道德，也就是教師在養成過程中就要培養其對職業道德的

認識，將來在擔任教職時，就能實踐其所認識的職業道德。

現在由於在教師的養成過程中缺乏專業道德的訓練，以致造成教師到了學校任教以後，無法掌握其職業倫理，造成校園倫理的失序。

㈠成爲爲人師表的條件

教師的人格與行爲要成爲學生的典範，也就是「爲人師表」，成爲學生的榜樣。就一般情形而言，對於教師的道德要求，是高於其他行業的人，因爲他既要傳授知識與經驗給學生，又要對學生進行思想與品德教育，所以非有高尚的品德不可。因此，教師要「爲人師表」，成爲要養成專業道德的首要條件。

㈡就教育目的而言

根據德國教育家赫爾巴特（Johann Friedrich Herbart）的理論，教育目的是「倫理」取向，也就是道德取向。就以上的論點而言，教育的目的就是在培養學生的「堅强品格」。相對地，教師也應該有「完美人格」。

教師應該根據社會的需要，把學生培養成爲有用的人才。因此，教師對社會有應盡的職責和義務。同樣地，教師也因具有完美的人格而獲得社會的尊重。

爲了達成教育的目的，教師以其所具有的倫理條件向學生作如下的要求：

1.學生在其生活關聯中與倫理有關的應該學會把握與認識，教師也必須對學生有這樣實際的要求。

2.學生必須學習避免爲惡，那些傳統的道德規則所禁止的不要去做，也就是應爲善，善惡應該在生活世界被發現，尤其是要能分辨。

3.學生應了解和保持倫理的限制，並且認識倫理的規準，期望的滿足應有界限。

4.學生應能發現他與團體之間的關係，在自由的團體中保持「自我穩定性」（Selbstsicherheit）。

5.學生應發展「自我價值感」（Selbstwertgefühl），獲得生活的經驗與確立倫理責任的行爲。

6.學生應該保持道德的發展，認識教師對他的影響及所做所爲所產生的善（註一）。

㈢就教育的對象而言

教師所面對的是學生，而學生是有思想、有理性、有感情的人。教師如何掌握教育的對象，尤其是指導學生的行爲，更需養成專業道德。因爲教師在教學過程中必須把握的是：

1.教師的態度與道德品行，直接影響學生道德行爲的形成和發展。因此教師應先有良好的態度與道德品行。

2.教師的風範在學生的心目中，是任何東西所無法取代的力量。因此教師應有春風化雨的風範。

3.教師的教育任務是不可推諉的責任，這種交到手裡的責任，必須在手裡完成。因此教師對學生的教導應該具有責任感，一種無法捨棄的責任感！

從以上的觀點來看，如果教師是以其人格去感化學生的話，那麼他所應具備的道德將應更爲完美。

㈣就教育的理想而言

教師應具備教育理想，把教育的工作看成是理想的發揮，於是他在教學時，不僅是知識、經驗和思考能力的發揮，而且也是世界觀與道德觀的呈現。教師有了教育理想以後，其對於教育的理念才會執著，對於其道德理念也才會執著，努力去追求教育理想。

教師在養成時，就要陶冶其道德素養，這種道德素養的陶冶是隨時都在提高的，這樣對於教師道德素質的提高才有幫助。

教師對於道德素養的提升，應視爲自己潛修的一部分，不斷地潛修，使自己不斷地進步，也才能配合未來的需要，德國教育家連克（Hans Lenk）在其所著「技術與倫理」（Technik und Ethik）一書中提到：爲了使能與未來生活世界配合，在實際的要求之下，教師應成爲「未來的責任承擔者」（künftiger Verantwortungsträger）（註二）。能由於道德素養的提升而負起實際的責任。

二、教師在專業訓練時自我與外在道德經驗的獲得

在未成爲教師以前的專業訓練，是有其必要性，這種訓練有助於道德經驗的獲得。因爲只要

是專業人員，就應受專業訓練。

教師的專業訓練可以獲得自我的道德經驗與外在的道德經驗：

(一)自我的道德經驗

西洋的人文主義（humanism）（或稱人本主義）的理論，既不同意行爲主義（behaviorism）理論，認爲人的行爲是可以被操控的，人沒有自由意志；也不同意精神分析（psychoanalysis）理論，認爲人天生是邪惡的，需要藉文化的力量來改變。於是人文主義的學者強調人生的積極面，認爲嬰兒一出生就是善良的，並且天生的稟賦就具備了「自我發生的能力」（self-generative ability），這種能力使得兒童能知覺環境，並與環境交互作用，以及使環境具有意義。因此，人類天生就具有「創造」（creativity）、「認同」（identity）、「意義」（meaning）及心理健康而奮鬥的潛能。在人生的每一個領域，其中包括倫理領域，同時也包含了有生長、發展、成熟的能力。

有了以上的能力，所能獲得的自我道德經驗爲：

1.人類道德發展的潛能可以激勵人類力求「善良」（goodness）、「眞實」（truth）、「完整」（wholeness）、「完美」（perfection）、「規範」（norm），這一些都有助於引導人類的生活。同時這些潛能也能用來「自我批判」（self-critical）與「自我改正」（self-correcting），也就是會承認自己的錯誤行爲和踰越規範的行爲。以上的行爲成爲倫理本質的一部分，它可以維護自我道德的運作，並可以獲得道德經驗。這種人類先天的能力，就使得道德成長的力量，成爲人類內在本性的一部分（註三）。

2.每一個人的認知發展對道德認知的發展會發生改變，因爲這涉及成熟問題，當兒童逐漸成長時，其知覺領域逐漸擴增，不但知覺其本身的需求，也逐漸知覺他人的需求，但是所有發展的基礎皆是個人的、出自內心的、內省的。因此，人不但要了解其行爲，而且也需要了解其內在生活的本質。把人當成有意識與知覺的個體，這是發展的重要因素，其與道德行爲同樣重要（註四）。

以上爲道德經驗理論的探討，其理論可以應用在教師的專業訓練方面，這種訓練在養成教師的道德意識、道德認知，然後才能獲得道德經驗。毫無疑問地，教師的道德訓練要養成教師的善良、眞實、完美、遵守規範的性格。

(二)外在的道德經驗

人生活在環境中，受環境的影響，這種影響將造成對人的道德發展產生重大的影響。雖然道德發展是來自內在的能力，但是環境可以影響個人道德的發展。

對於以上情形，德國教育家普連內斯（Jürgen-Eckardt Pleines）在「自律與理性行爲」（Autonomie und vernünftiges Handeln）（一九九六）一文中提到：在環境中，就是老問題解決了，還有許多新問題產生，因此來自德性的道德原則可以做爲引導，同時自律思想的建立也非常重要。在這種條件下，如果沒有實際與眞實，道德現象的理性判斷與有意義的行爲，幾乎是不可能。因此，實然與應然必須互相配合而不能分開（註五）。

依普連內斯的意見認爲：德性是內在的，道德原則是外在的。實際與眞實則是在環境中存在，如果道德原則不存在於實際與眞實中，那道德原則就沒有意義。

基於以上論點，所能獲得的外在道德經驗爲：

1.在一個良好的環境，如溫暖的、可接受的、積極的、非指示的等，能提供道德發展的機會。相反地，嚴苛的、權威的、懲罰的等環境，將阻礙道德的成熟。因此，一個人需要的是鼓勵而非懲處，幫助而非不顧，促進而非阻止，友誼而非仇恨。對個人而言，較少的限制或控制將使得個人容易發展他們自己的潛能，所以能提供一個能接納的環境，對道德經驗的發展也是有用的（註六）。

2.人的發展是各方面互相關聯的，每一個人有一個內在的控制場和統整的人格，這一些都與生活有關，而且每一個人都成爲生活環境中的一員，在生活中獲取經驗，包括道德經驗。任何道德經驗或道德認知，對個人都會產生影響。這種影響可以促進道德發展，而且道德發展包括了認知、情感、行爲的發展。道德是可以教育學生的，此爲道德教育，而其教育的對象是學生，學生從事學習，會轉變成價值與引導，知覺會變成未來學習與行動的基礎，因此道德經驗的獲得成爲一個人在環境中必須努力去做的一件事情。

以上爲外在道德經驗理論的探討，其理論可以應用在教師的專業訓練方面，這種訓練在養成教師能了解道德原則，有理性的行爲，並能作價值判斷。

三、教師在專業訓練時應能對主要的與相關的道德表現形式進行了解

道德表現形式衆多，也就是可以用各種形式表現，然而教師專業訓練時，應該了解的表現形式有下列兩種：

(一)主要的道德表現形式

教師在專業訓練時，要了解主要的道德表現形式，那就是教師的專業道德，也就是其職業道德。教師應該了解其應守的職分，也就是分寸。

教師要守的職分，就是表現在教學上應有的道德行爲，這些行爲往往會用規章、信條、良心等方式顯現出來，教師應該對它們有所了解，到了學校以後，能確實遵守，並積極地應用在教學上。

教師對於自己的職分在表現上或實踐上，應該能提出自我的批判，就如法國結構主義的哲學家傅柯（Michael Foucault）所說的：「我們自己在批判與永續的創造，現代的倫理隱含著獨立的批判與自我的批判，成爲本身的工作。」（註七）

教師對於自己的工作，在其職分方面，做得如何，應該自我批判，有批判才能永續的創造，有了創造，才會有進步。

㈡相關的道德表現形式

教師在專業訓練時，也要了解相關的道德表現形式，那就是與教師的專業道德相關的。教師除了了解主要的道德表現外，還要了解相關的道德表現。

所謂「相關的道德表現」，是指可能導致增加自我的知覺和提升生活品質的那些因素，例如樂觀、積極、奮鬥、珍惜和愛等。如果教師能自省其所獲得的經驗，分析與統整其思想，從過去所發現的教育意義，去對未來心存希望，希望教育成功、學生成就，則教育教師就會領略到：從前所不知道的許多事物的價值，以及教育上收穫的喜悅！和看到學生的生長，所帶來的青春氣息，心中會有許多的驚喜！

除了以上所說的道德表現形式外，尚有如下的表現形式值得重視：

1. 師生能共享相處時的教育喜悅，這種喜悅是其樂融融，沒有隔閡。
2. 師生之間能夠溝通，學生對教師敢於作意見的表達，心中沒有芥蒂存在。
3. 教師對學生存著期望，期望學生能長大成人，做一個有用的人。
4. 教師有教育的信念，對於學生時常給予鼓勵與幫助，相信只要有播種，就會有收穫。
5. 教師能聽取學生的意見，不要認爲學生的意見不成熟而予以忽視。

第二節　教師的專業道德

教師是專業人員，所以應該具有專業道德。就一般情形而言，教師憑良心從事教學，努力發揮自己的才能於教學上，並能盡自己的職分。

教師具備專業道德是起碼的條件，教師具備專業道德有利於引導學生向良善發展。學生的發展，不只是知識的，而且還有道德的。普通人們稱讚一個人「術德兼修」，就是稱讚一個人知識與道德都是完整的人。

一、角色與道德的關係

從事某一種行業，就要扮演行業的角色，國內外大概都舉行過職業聲望調查，從調查結果可以發現：職業聲望高的行業，需具備完整的知識與道德的條件。

㈠教師所扮演的角色

在國外對教師所扮演的角色，常有如下的稱呼：

1. 知識的舵手（Steuermann von Information）。
2. 教學方案之技術的執行者（Technischer Verwalter von Unterrichtsprogrammen）。

3. 陶冶的媒介者（Bildungsvermittler）。

4. 內容關係的建構者（Konstrukter von Inhaltsbeziehungen）。

5. 情境指導的對話夥伴（Situationsorientiert Gesprachspartner）（註八）。

教師扮演著以上的角色，所以他對其角色不得不愼重，必須做一個成功的角色扮演者。

㈡教師扮演的角色所負荷的價值

教師扮演其角色，也負荷其價值。其扮演的角色所負荷的價值有：

1. 教師有其「自我價值感」（Selbstwertgefühl）和對學生心理具有穩定的作用。

2. 教師爲教育人員，必須忙於自己的教學工作，還要爲學生解決各種問題。

3. 教師必須能自我判斷，還要用複雜的人格理論去判斷學生。

4. 教師有時對於學校的制度或措施會產生情緒問題，但是這種問題應儘量少反應在學生的身上（註九）。

教師所負荷的價值，除了知識傳遞的價值以外，尚有倫理的價值，也就是對學生的人格陶冶。

㈢教師所負荷的有形價值與無形價值

教師的角色所負荷的價值包括有形的價值與無形的價值，其中有形的價值就是明顯的價值，無形的價值就是不明顯的價值。其情形爲：

1.有形的價值　這種價值就是傳道、授業、解惑的價值，這些價值呈現於教師的工作當中，明顯而易見。教師被聘來或任用來到學校，擔任教學的工作，其價值就如德國教育家艾因西德勒（Wolfgang Einsiedler）所說的「在教學中知識的結構化」（Wissensstruktierung im Unterricht），在觀念上是「結構關聯的了解」（Verstehen von Strukturzusammenhängen）（註一〇）。他的觀點是認爲：教學的功能就是使知識結構化，而這種知識的結構化對認知極有價值。

有形的價值可以在實際的教學中發現，例如教材的結構與認知的結構的配合，使著兒童容易建立觀念，以形成關係結構的了解（註一一）。

2.無形的價值　這種價值就是潛在的價值，無法從其表面發現其價值。每一所學校都有其無形的價值，例如校風，校風是非具體的事物，但是它對學生有深遠的影響，由於校風的影響，甚至可從學生的舉動而了解其是那一個學校的學生。此外，教師的風範，也是具有無形的價值。許多較有名氣的教育家都具有其風範，這就是學生不惜千里迢迢去追隨名師的原因。

教師有風範，教育則有風格。所謂「風格」（Stile），根據德國教育家斯普朗格（Eduard Spranger）的解釋是：一個大角色的扮演，個性的發現與評價（die Entwicklung und Bewertung der Individualität eine große Rolle spielt.）。而且「風格是建立在認識的基礎上、建立在萬物的本質上，甚至要觀察與把握它們的理想」（註一二）。所謂「教育風格」（Erziehungsstile）就是：人們應該學習從歷史方面去思考，因爲「文化人」的形成，在心靈與精神上，那是以時代爲基礎，慢慢演變而成的，而且都與生活有關。陶冶理想也是來自精神的歷史生活，其產生是受著代代教育的指導，有深邃的內在需要性和時尚。這種在教育上有努力的目標，所採取的方法，人們可加以選擇。這種現象就是「教育風格」（註一三）。

教育風格，在基本上，是有「思想結構」（Gedankenkonstruktion）的，跟「類型」（Type）有關。教育風格的特色爲：

(1)教育風格與教師之人格特質有關，因爲教育之「基本的可能性」（Grundmöglichkeit）是由教師來促進，而教師的人格對學生有很大的影響。

(2)教育風格的形成，歷史上所發生的教育運動發揮很大的影響。

(3)教育風格的意義，就是「教育形成的可能性」（die Möglichkeiten der Erziehungsgestaltung）。

(4)教育風格是具有時代精神的（同註一三）。

二、教師的職業道德

教師的職業道德，也是角色道德，因爲教師扮演了他的角色，相對地，就帶來了責任，而他要負起責任，就必須具有道德。

培養教師具有強烈的責任感與義務感，有其必要性，因爲有強烈的責任感與義務感，才會產生職業道德，否則教師的職業道德無由產生，對於教育的工作也就不是積極了。過去的教師職業道德是提倡教師應有奉獻的精神，這是很有價值的想法，然而隨著時代的變遷，職業的觀念也在改變，現在的新觀念對於教師的職業道德更注重教師的責任感與義務感，也就是只是奉獻還不足，更積極是要負責任、盡義務。

(一)教師職業道德中的責任與義務

教師所負的責任是爲事、爲學生或爲團體（大小不定），甚至爲整個民族，所以責任相當重大。也就是說，教師有無法捨棄的責任。教師負責任應先有「教育的責任意識」（Erziehung zum Verantwortungsbewußtsein），它是教育最重要的一面，它是「義務」（Pflichten）與「顧慮」（Rücksichten）所交織而成的。關於這方面的意義，斯普朗格認爲：教育責任的目的價值只有一個，即如何使一個開始只有遊戲、夢想、遊蕩的兒童，能成爲一個有責任意識的人（註一四）。

教師應先具有責任意識，然後才能教導學生也具有責任意識。

關於以上情形，或許人們會問：在民主國家的教育，是採用自由的教育方式，那麼：

1. 教學講求自由，教師還要負什麼責任？
2. 如何訓練兒童有可能負責任？

關於以上的問題，是值得省思，不過它們可以作這樣的闡釋：

1. 在自由的領域中還是有責任，因此自由與責任是不可分的，所以教師在自由的情境中教學，還是要負責任，否則學生的行爲有差錯誰來負責導正？

2.當兒童時代，兒童不知道對與錯，他只是用直覺的方式去分別，及至逐漸長大時，對所發生的事情才能思考或作決定。此時，斯普朗格認爲：教師應給予學生良心的考驗，將一些責任加予學生身上，並告訴學生說：「成人是生活在責任的世界裡，你們將來要遵守法律，其次就是負責，及了解責任的一般意義、性質、作用、範圍等。」（註一五）

(二)教師的責任引導

教師從事教育工作是一種教育行爲，在教學互動系統中佔有重要的地位。尤其教師的責任引導，更發揮了引導責任。也就是教師在教導學生時，是以責任爲出發點，負責把學生教好。德裔的瑞士教育家鄂爾克爾斯（Jürgen Oelkers）提出了「趨善的教育」（Erziehung zum Guten），認爲教育應該建立善的理念，這種理念應該是教育的普遍要求和把握（註一六）。

教師對學生的教導負起責任來，希望學生的行爲向善，這種「趨善的教育」是教育學的基本形式。德國著名的教育家什萊亞瑪赫（Friedrich Daniel Ernst Schleiermacher）說：「教育必須能發生作用，人要有這樣的發現，透過這樣作用，有可能使善的理念被形成。」（註一七）他的倫理學思想包括了「善的理論」（Güterlehre）與「義務的理論」（Pflichtenlehre）（註一八）。

在教學互動系統中，德國教育家高爾登（C. W. Gordon）將這種互動系統分成「外在系統」（äußeres System）與「內在系統」（inneres System）兩種。這兩種系統發生互動，而教師扮演「引導者的角色」（Führungsrolle），在意義上，他成了目的與手段關係的建立者。在引導時，固需有引導能力，還需有責任意識（註一九）。

依照高爾登的意見，教師在學校班級中所扮演的角色，有如社會領導人所扮演的角色一樣，具有領導的作用，也具有責任感。

㈢教師的道德自我

責任，除法律行爲所應負擔者外，其餘的便是屬於道德的範圍。要重視道德必須先從重視自己做起。所以如果有人問：如何尊重道德？用最簡單的一句話說就是：「重視您自己！」（Achte auf dich selbst）也許有人會問：對誰負責？爲什麼負責？這兩個問題的答案是：爲自己負責。即有大能力的人負大的責任，能力小的人爲自己負責。就教育方面所應負的責任而言，教育在培養「道德的自我」（sittliches Selbst）。「我」在未受教育之前，就如斯普朗格所形容的，像一株野草，是低賤的，但是「道德的自我」是高貴化了「我」，文化化了「我」。在以上情況下的「自我」，是能思想、能體驗、有客觀的世界觀。同時也安排有目的、有作用、有責任，這種思想的、理性的、意願的「自我」，斯普朗格稱它爲「責任的負荷者」（責任的承擔者）（Träger von Verantwortung）（註二〇）。

從以上的論點可以了解：在未受教育之前的「我」就像是野草，惟有受教育才能成爲鮮花。可以說，教育高貴化了「自我」，而教師的責任就是去培養「鮮花」，即使學生有高貴的「自我」和人格，使學生成爲完美的人。

1.「自我」的內涵具有精神與道德的性質，在主觀上獲得尊嚴。每一個人都在追求「自我」與肯定「自我」，而且人有「自我肯定」的本質。教師對學生的自我應予肯定，也就是先肯定學生有學習的能力，然後才能教導他。

2.教師對於「責任」與「義務」應該有清楚的了解，不斷地吸收新知和應用新知，用新知來教導學生，並用人格來陶冶學生的行爲，盡到所應盡的責任，且把所要完成的義務看成是教育的重要課題。

3.教師應該將「自我」與「責任」結合起來，使成爲如德國哲學家雅斯培（Karl Jaspers）所說的「自我責任」（Selbstverantwortung），這種「自我責任」是師生所要共同負擔的，它的特色爲：一爲教師在各方面應該成熟；一爲教育應該講求科學倫理（註二一）。

三、教師道德與教育規範的合一

教育規範是教育道德，近幾年來，規範教育學（Normative Pädagogik）興起以後，更加重視教育規範。教育規範指的是教育現象和教育過程中，所固有的、本質的、客觀的行爲規準，這種行爲規準可以做爲範式，是教師從事教育工作的法則。教育規範是客觀的，不以人的主觀而轉移，教師只有在教育的施爲中認識和遵循教育規範，才能收到良好的教育效果。

教育規範既然具有客觀性，那麼教師道德就應與其配合，否則就會發生衝突的現象或產生雙重標準。在教育中同一種行爲而有雙重的標準並不是好現象。

在過去的社會裡，教師的道德要求特別嚴格，教師除了擔任教學的工作外，有時還擔任仲裁者的角色，如果本身不具道德威望，這種角色就難以扮演。由於有這種關係，教師道德成爲教育規範的一部分，也反映了教育規範的一些要求。然而現在時代的變遷，過去的教師道德缺乏科學的、世界觀的指導，造成過去的教師道德再也無法全面實施於現代社會中的學校。

由於以上的原因，現代的教育規範的改變，符合了時代的潮流。因此，教師道德就應該與其配合，才能把握教育規範。教師道德如帶有世界觀的色彩，並以世界觀爲取向，這樣才有助於在教育施爲中，實現了教師道德要求和教育規範的一致性的理想。教育道德的實踐，也就是完成義務與責任。

第三節　教師的基本道德

教師是專業人員，應具有專業道德，但是教師本身也應具有基本道德。教師在道德與責任的約束下，必須盡職，這是教師的專業道德，也是基本道德。

教師具備基本道德也是起碼條件。教師具備基本道德有利於學生行爲的與心靈的感化。過去所說的師道，對於學生的感化甚有幫助，例如春風化雨的概念，就是教師人格的感化。

教師在盡職時所應具備的基本道德有：

一、在態度方面有尊嚴與盡責

一位教師應有尊嚴，也就是有職業尊嚴，對於自己的職業感到驕傲。尤其教師要履行自己的職責。為什麼應履行自己的職責？這個問題，英國的倫理學者普里查（H. A. Prichard）認為可以採取兩種形式去回答：一為這樣做是為了幸福；一為這樣做是為了實現某種善。在以上的情形下，這兩種觀點結合在一起，意味著幸福就是所要實現的善。而且「善」和「我所應當實現的行為」兩者互相配合（註二二）。

尤其是英國著名的倫理學者謨爾（G. E. Moore）用善定義了職責，因而認為：關於善的理解總是進了一步，超出了對一個事物的其他性質的理解。把對事物的理解與善的理解是兩相分離的（註二三）。

關於以上兩位學者的論點，加以推演，可以發現：

普里查認為善是一種職責的性質，具有神祕性，不可分析，同樣地，義務也是不可分析。但應把義務看成是一種行動，一種可以面對困難的行動。

謨爾認為把善歸諸於任何事物的陳述，都是不可證明的，應該付諸行動。但應把義務當作一個可直覺的性質。

教師在教育過程有職業尊嚴，才不會看輕自己的職責。而教師負責任、盡義務，其目的就是在嘉惠學生。因此，教師最基本的道德就是對得起自己的良心。

教師責任與義務的負荷，在日常生活中就應有體認，體認到自己的角色與職能的關係，這是一個無法分離的交互關係。因此，教師應該以「來自愛」（aus Liebe）與「來自義務」（aus Pflicht）的心情去面對學生。所以教育責任的完成，不只是愛的事實，而且也是教師所應該去盡的義務，兩方面皆應兼顧。

二、能自我控制

倫理的情緒主義（ethical emotionalism）是倫理學中的重要理論，把情緒看成是一種力量。美國倫理學家史提文森（C. L. Stevenson）認爲倫理學和語言有密切的關係，那就是要正確地闡明人們在作倫理陳述所使用的語言。尤其是幾乎任何一個語詞都能夠具有一種情緒力量，而且人們應該了解以某種方式成爲其意義的語詞所具的情緒力量（註二四）。

史提文森與教育家杜威（John Dewey）是好朋友，思想互相影響，杜威的有關道德理念是得自於史提文森的思想。

道德被認爲與情緒有關，是美國的倫理學家的主張，他們是受到美國心理學家詹姆士（William James）的情緒理論的影響。因而情緒的控制成爲需要掌握的因素。

人的情緒與能否自我控制有密切的關係，可以分爲下列兩方面：

㈠**積極方面**

教師情緒的自我控制，就是在教室經營中，情緒能拿捏得恰當，尤其最重要的是忍讓，因爲學生的行爲常會惹教師生氣，此時教師只有忍讓，否則情緒失控，過當的體罰學生而造成悲劇！如果能忍一時之氣，則海闊天空。

㈡**消極方面**

教師情緒的自我控制，在消極方面是禁於未發，也就是某些情緒不讓其表現。它包括有：

1. **不矯情**　不違背人情以示清高，讓學生不敢接近，也不强詞奪理，讓學生不敢表達意見。
2. **不情緒低落**　教師沒有悲觀的權利，也不能把愁緒帶到教室，影響教室的學習氣氛。
3. **不暴躁**　教師不能暴跳如雷，動不動就發脾氣，讓學生對他感到害怕。

三、儘量做到公正

教師要做到公正是一件很不容易的事情，就一般情形而言，教師對於好學生比較偏愛，對於壞學生則比較不喜歡，於是造成了對學生的偏見。這種偏見造成對學生期望的偏差，即形成好學生獲得鼓勵，越來越進步；壞學生被放棄，越來越退步。

教師的公正，做到「我心如秤」，事實也有困難，因爲人不是機器，人有主觀性，也有喜好與厭惡，所以不容易做到公正。基於以上論點，教師應該秉持著自己的良心從事教育的工作，尤其是要做到「有教無類」，以公平的待遇去對待他的學生。

教師應從道德的出發點，以其人格爲基礎去進行：

1.**給予學生適當的幫助**　把教育看成是發展的幫助，即教師幫助學生發展。同時教師也是生長的提攜者，對於那些需要幫助者給予適當的幫助。這種幫助之所以具有道德的成分，因爲它不求回報。

2.**激發學生的榮譽感**　教師應以其職業爲榮，把教職看成是一種神聖的工作，從這個觀點出發，教師應該激發學生的榮譽感。學生有榮譽感，學習起來就會比較認眞，尤其學生會珍惜自己的名聲，近善避惡。

四、講求誠信

教師對學生應該講求誠信，如果連教師都不講求誠信，又如何能要求學生也講求誠信?所以誠信的講求應該從教師做起。

學生對教師會有一些請求，教師接到請求，以其經驗判斷可否答應其請求，一旦答應其請求就必須做到，或實現其諾言，於是教師應「一諾千金」。

外國有一句名言:「誠實爲上策」（Honesty is the best policy.）。亞里斯多德認爲誠實是值得稱讚的。他認爲：誠實的人，並不是指一個人在訂合同或契約的時候，把自己的條件一一的提出來的那種人，也並不是把正義有關的事情指出來的人，因爲這是屬於另外一種德性。所謂誠實的人就是在言語上、行爲上是誠實，因爲誠實成了他的第二種天性。這樣的人，很難說他不是好人。因爲一個誠實的人，他在許多與自己的誠實無關的事情上，也是眞誠的。因爲一個人在遇見違反道德的、虛假的事情上，一定會謹愼的抵抗的，這樣的一個人値得喝采（註二五）。

亞里斯多德認爲誠實就是不自誇、不說謊，而且大多數的自誇者都是說自己在某些職業上有才幹。從亞里斯多德的論點可以了解到：教師在其職業上應該是不自誇、不說謊，知之爲知之，不知爲不知，這樣才能獲得學生的尊敬與稱讚。

第四節　教師道德的基本職能

教師道德就是直接要把握教育規範作爲重要的道德要求，而教師的職責是要培養能夠適應現代化社會需要的人才。爲了達到以上的要求，就應要求教師了解教育科學，掌握教育規範，認識倫理原則等，否則就難以完成時代的使命。教師在職業的領域內，恪守以上要點，既是從教的必要前提，又是必備的素質修養。在今天這個時代，教師應該自覺到把握教育規範的道德價值越來越重要。以上的情形，教師只有在職業中使自己的教育行爲符合教育規範的要求，才能不斷地提高教育的效率，使學生能受益。

教師道德的要求和教育規範的遵守，在教育實踐的基礎上是相互配合的。由於教師道德的產生和教育規範要求的反應，將隨著教育事業的發展而日趨能發揮其職能。

教師道德的基本職能有：

一、促進學生個人的自我實現

學生到學校受教育，除了充實自己以外，還有自我實現。教育是從個人開始，然後再擴及社會。也就是說，教育首先要健全個人，然後才能健全社會。

德國教育家威爾曼（Otto Willmann）認爲：教育是由成熟的人，以保護的代理者的態度，指導學生努力，導之進於道德狀態，傳遞社會固有之德智的生活內容於後繼者之一種作用（註二六）。

威爾曼很重視教師道德的基本職能，他的著作著重在教化學的探討。認爲教師對學生的教育是一種教化的工作，而教化就包括了知識與道德。他的思想很受德國著名的教育家赫爾巴特（Johann Friedrich Herbart）思想的影響，因爲赫爾巴特提倡「教育性教學」（erziehender Unterricht），這種教學是包括知識與道德，尤其是養成學生的「德性的堅强品格」（die Stärkscharakter der Sittlichkeit），是屬於道德的範圍。赫爾巴特在這方面對威爾曼造成很大的影響。

教師的教化，也就是「陶冶」（Bildung），在使學生能完美的發展。學生之所以需要教師，就是在於由教師來促其發展，而有所成就。教育是在追求成就的，每一位教師都希望自己的學生有所成就，而自我實現便是成就中的一部分。教師在促進學生個人自我實現的職能有：

㈠教學與感化並行

教師應該是經師與人師，把豐富的學識教給學生，使學生能吸收更多的知識，因爲人的知識不嫌多，越多的知識，越豐富其人生。教師的人格與風範具有感化學生的潛在力量，也就是在無形之中，變化學生的氣質。如果一個學生具有所應該具有的知識及高貴（文質彬彬）的氣質，那就是自我實現的最高的理想。

㈡在要求學生之前先要求自己

教師並非只是發號施令的人，他應該也是一位能身體力行及能切實實踐的人。爲了能切實實踐，必須要求自己，即自己先能做到，然後才要求學生也能做到。尤其教師在受專業訓練時，必須先有這樣的體認。

有一些教師常忽略這樣的要求，例如他要求學生不要抽菸，但是他在教室卻抽起菸來，不能以身作則。這種行爲就不合乎要求。

㈢盡心盡力

教師在教導學生時應該盡心盡力，毫不保留地教給學生，如果盡了力，也就對得起自己的良心，因爲教育是良心的事業，教師是憑自己的良心教學。一位教學認眞的教師比較會獲得學生的愛戴，對於促進學生自我實現也比較容易達成。

有些教師在課堂上課會有一些保留，或者在教學時不十分認眞，這些情形都是不恰當的，有違德國教育家斯普朗格（Eduard Spranger）所說的「教育精神」（Geist der Erziehung）。

從以上的論點可以了解：教師的基本道德是施之於學生的，因爲道德是在一定條件下，個人自我實現的一種必要形式。而且教師的責任行爲是教育的中心問題，榮譽是學生期望去獲得的，但學生的自我訓練是不夠的，應該由教師督促其完成必須完成的工作。在學校的團體中，增強其道德力量，逐漸習慣爭取榮譽的觀念。在這方面應該避免放任、散漫（laissez-faire, laissez-aller）（註二七）。

教師教學所面對的是每一個學生，因此，教師的職責要了解每一個學生，針對其個別差異而實施教學，努力地把學生教好。

二、符合社會的要求

教師道德要符合社會的要求，也就是教師個人的發展要符合社會的要求。因爲教師的職業是一種「社會的重要職業」（ein gesellschaftlich-wichtiger Beruf），所以他所負的責任重大。

教師的職業所承擔的責任有兩方面：一爲其職位是理性的安排；一爲其職業是用來啓示的作用。基於以上的責任觀點，教師的職責是負起「人的幸福的責任」（Verantwortung für das Wohl der

Menschen）（註二八）。教師的道德不是「文化的帝國主義」（Kulturimperialismus）、「價值的帝國主義」（Wertimperialismus）、「倫理的帝國主義」（Ethikimperialismus），而是尋求對於文化、價值、倫理的了解。

對於以上論點，德國教育家奇恩（Hans Küng）提出了「穩固的善」（das konkrete Gute）的觀點，用來衡量實際的行爲，而教師的基本道德要符合社會的要求，必須是「中庸的理性之路」（vernünftiger Weg der Mitte）才可以。爲此，他提出了「世界倫理的方案」（Projekt Weltethos）（註二九）。

㈠符合社會要求的基本概念

教師道德要符合社會要求，主要是指導教師在教育工作中確立崇高的社會理想和職業理想，熱愛教育事業，爲社會有所貢獻。在爲社會貢獻時，並實現與肯定其所努力的價值。

㈡配合社會活動

教師道德要符合社會的要求，就要配合社會活動，而且教育也是一種社會活動。在人的生活中，其重要功能爲：人有能力爲文化做一些事情，而且也必須爲文化做一些事情。因爲人可以產生能力，這種產生的能力可以發展出來，所以教育的觀念是一種從環境（社會）去影響青年的觀念，而且是一種有計畫的作用。這種計畫當然是要考慮到社會的因素，尤其是社會的要求方面。例如教育是培養國家社會有用的公民，這成爲普遍的要求。

教育也是由老一代的人爲年輕的一代樹立責任意識的「圖像」（Bild），而且老一代人的行爲成爲兒童或青年人在概念中的「典範」（Paradigm）。在典範中將不難發現有社會道德圖像的影子。

教師的教學是一種教育行爲，這種教育行爲含有社會所要求的因素，因爲每一位教師都有其生活的社會背景，他很可能會將他所認同的社會事物觀念教導給學生。此外，教育不只是「資訊」（Information）或「表象」（Vorstellung）的傳遞，也不只是好的計算能力的養成，也不是安置一種唯一的目的。教育應包括三方面：

1.發展的幫助（Entwicklungshilfe）。

2.傳統文化的傳遞（Überlieferung der traditionelle Kultur）。

3.喚醒（Erweckung）。

教育一方面要帶來以上所述的三方面的性質；一方面也要附帶有社會生活的內涵，即那些能與社會文化配合的東西或在社會文化中的成果，能作必要的體驗。此外，在社會活動中所需要的規範，教育過程中必須將它做爲主要課題去認識。

所謂「社會的要求」，雖然是依社會的性質與需要而定，但是比較具體的還是社會規範的遵守，因爲社會規範本身就隱含社會的要求在內。

㈢教師的社會職責

教師也是社會的一分子，當然有社會的職責，過去的學校好像象牙塔，遺世而獨立，今天的學校再也不能像過去一樣，只管研究學問，不管人間事。今天的教育是走入社會，教育的事務大家來參與，尤其是學校社區化，社區學校化以後，學校與社會的關係更爲密切。

對於以上的論點，可以了解到：教師的職責，除了對兒童與青少年的關心外，其角色不應只界定在擔負教育工作的狹義範圍，而是應有更爲寬廣、更爲深遠意義、更富挑戰性的社會責任（註三〇）。

教育是一種社會活動，當然教師對社會具有教育的社會責任意識，即對社會、對文化的發展，產生責任感，產生關心；對學生的社會適應產生關懷、並給予幫助。

對於以上的基本道德，教師責無旁貸的是：不但要獨善其身，而且也要兼善天下，對於社會上的事情，不能認爲與自己無關，而棄之不顧，相反地，更要以其專業知識與專業道德的特長積極地參與。

第五節　教育人員信條的遵守

教師應該遵守教育人員信條，這是屬於道德方面的，教育人員信條與教師法有些不同，前者是經過立法程序的，强制性很高；後者是由教育人員共同訂定，强制性較低，但希望教師能遵守。

從事教育工作的教師希望有遵守的信條，奉爲圭臬，銘記於心，以做爲教育行爲採行的標準。

今天已進入規範的時代，也就是人們常說的：每一種行業都有行規。這種行規有時並不一定有法律基礎，但是它流傳於行業之中，成爲有效的規範，其效率有時並不輸給法律。教育信條是要教師信守的，成爲教師的道德範式與在教育施爲中的規準。

一、我國的教育人員信條

我國的教育人員信條爲：全國教育學術團體於民國六十六年十二月二十五日，通過中國教育學會所提「教育人員信條」，分別列學教師所應盡的職責與需達成的使命，作爲全國教育人員專業修養的依據：

教育乃百年樹人之大計，凡從事教育工作者，對於學生、學校、家庭、社會、國家、民族，以及世界與人類，均有神聖莊嚴之責任；且對於自身之專業修養，應與時俱進，不斷充實，以提高工作效率。我教育界同人爲期堅定信念，自立自强，善盡職責，達成使命，通過「教育人員信條」共同遵守：

㈠對專業

1.確認教育是一種高尚榮譽的事業，在任何場所必須保持教育工作者的尊嚴。
2.教育應抱有高度工作熱忱，學不厭、教不倦，終身盡忠於教育事業。
3.不斷的進修與研究，促進專業成長，以提高教學效果。
4.參加各種有關自身的專業學術團體，相互策勵，以促進教育事業之進步，並改善教育人員之地位與權益。

㈡對學生

1.認識了解學生，重視個別差異，因材施教。
2.發揮教育愛心，和藹親切，潛移默化，陶冶人格。
3.發掘學生疑難，耐心指導，啓發思想及潛在智能。
4.鼓勵學生研究，循循善誘，期能自發自動，日新又新。
5.關注學生行爲，探究其成因與背景，予以適當之輔導。
6.切實指導學生，明善惡、辨是非，並以身作則，爲國家培養堂堂正正之國民。

㈢對學校

1.發揮親愛精誠之精神，愛護學校，維護校譽。
2.善盡職責，切實履行職務上有關之各項任務。

3.團結互助，接受主管之職務領導，與同仁密切配合，推展校務。

4.增進人際關係，對新進同事予以善意指導，對遭遇不幸之同事，應予同情，並加協助。

(四)對學生家庭與社會

1.加強學校與家庭之聯繫，隨時訪問學生家庭，相互交換有關學生在校及在家之各種情況，協調配合，以謀兒童之健全發展。

2.提供家長有關親職教育方面之知識，以協助家長適當教導其子女。

3.協助家長處理有關學生各種困難問題。

4.鼓勵家長參加親師活動，並啓示其善盡對社會所應擔負之責任。

5.率先參加社會服務，推廣社會教育，發揮教育領導功能，轉移社會風氣。

(五)對國家、民族與世界人類

1.實踐中華民國教育宗旨，培育健全國民，建設富強康樂國家，並促進世界大同。

2.復興中華文化，發揚民族精神，實踐民主法治，推展科學教育，配合國家建設，以完成復國建國之使命。

3.堅持嚴以律己，寬以待人，剛毅奮發，有爲有守，以爲學生楷模，社會導師。

4.闡揚我國仁恕博愛道統，有敎無類，造福人羣。

二、大陸的教育人員信條

大陸的教育人員信條大致情形爲：

㈠教育人員信條所提出的理想

强調教師應當全心全意地熱愛學生，若把教師的生命放在學生的生命裡，把教師和其學生的生命放在大衆的生命裡，才算是盡了教師的天職。因此，應該把教書育人作爲教師的神聖職責，把育人作爲根本目的。

㈡教育人員信條條文

教育人員信條是由陶行知所提出，稱爲「我們的信條」，其條文爲：我們深信：

1. 教育是國家萬年大計。
2. 健康是生活的出發點，也就是教育的出發點。
3. 教育應當培植生活力，使學生向上成長。
4. 教育應當把環境的阻力化爲助力。
5. 教法與學法做法合一。
6. 師生共生活、共甘苦，爲最好的教育。
7. 教師應當以身作則。

8.教師必須學而不厭，才能誨人不倦。

9.教師應該運用困難，以發展思想及奮鬥精神。

10.教師應該做人民的朋友。

11.最高尚的精神是人生無價之寶，非金錢所能買得來，就不必靠金錢而後振作，尤不可因錢少而推諉。

12.如果全國教師對於兒童教育都有鞠躬盡瘁，死而後已的決心，必能爲民族創造一個偉大的新生命（註三一）。

大陸的教育人員信條條文共十二條，理想的色彩甚濃，實際性較少。不過，陶行知的信念是：

1.教師的職務是千教萬教，教人求眞。

2.學生的職務是千學萬學，學做眞人。

註 一：見 Ludwig Kerstiens: Ethische Probleme in der Pädagogik, Deutsches Institut für Bildung und Wissen 1989, S. 37–38.

註 二：見 Hans Lenk: Technik und Ethik, Stuttgart 1987, S.112ff.

註三：見沈六：道德人本論，蒐於臺灣師大主編：學術講演專集，第九輯，民國八二年校慶出版，第二〇七頁。

註四：見同註三，第二〇八頁。

註五：見 Jürgen-Eckardt Pleines: Autonomie und vernünftiges Handeln, in: Wissenschaftliche Pädagogik, 72. Jg. 1996, Heft 2/96, S.163.

註六：見同註三，第二〇八頁。

註七：引自 Michael Foucault: Was ist Aufklärung? in: E. Erdmann/R. Forst/A. Honneth (Hrsg.): Ethos der Moderne. Foucaults Kritik der Aufklärung, Frankfurt am Main 1990, S.47.

註八：見 Wolfgang Neidhardt: Kinder, Lehrer und Konflikte, Vom psychoanalytischen Verstehen zum Pädagogisches Handeln, Juventa Verlag München 1977, S.139.

註九：見 Wilhelm Ebert (Hrsg.): Lehrer Gefängener oder Gestalter der Schule, Vorwort bei Wilhelm Ebert, Moderne Verlag München 1979, S.7–8.

註一〇：見 Wolfgang Einsiedler: Wissensstrukturierung im Unterricht, Neue Forschung zur Wissensrepräsentation und ihre Anwendung in der Didaktik, in: Zeitschrift für Pädagogik, 42. Jg. 1996, Heft 2, S.167.

註一一：見 A. Krapp: Interesse, Lernen und Leistung, in: Zeitschrift für Pädagogik, 38. Jg. 1992, S.750.

註一二：引自 Eduard Spranger: Grundstile der Erziehung, 1951, in: Geist der Erziehung, Hrsg. von Gottfried Bräuer und

Andreas Flitner, Quelle & Meyer Verlag Heidelberg 1969, S.209.

註一三：見同註一二之書，第二〇八頁。

註一四：見 Eduard Spranger: Erziehung zum Verantwortungsbewußtsein, 1959, in: Philosophische Pädagogik, hrsg. von Otto Friedrich Bollnow und Gottfried Bräuer, Quelle & Meyer Verlag Heidelberg 1973, S.339.

註一五：見同註一四。

註一六：見 Jürgen Oelkers: Die Erziehung zum Guten: Legitimationspotentiale Allgemeiner Pädagogik, in: Zeitschrift für Pädagogik, 42. Jg. 1996, Heft 2, S.236–254.

註一七：引自 Friedrich Daniel Ernst Schleiermacher: Erziehungslehre. Aus Schleiermachers handschriftlichen Nachlasse und nachgeschriebenen Vorlesungen, Hrsg. von Carl Platz, Berlin 1849, S.27.

註一八：見 Friedrich Daniel Ernst Scheiermacher: Ethik (1812–13) mit späteren Fassungen der Einleitung, Güterlehre und Pflichtenlehre. Hrsg. von H. –J. Birkner, Hamburg 1981.

註一九：見 C. W. Gordon: Die Schulklasse als ein soziales System, in: Ernst Meyer (Hrsg.): Die Gruppe im Lehr– und Lernprozeß, Frankfurt am Main 1970.

註二〇：見同註一四之書，第三四一頁。

註二一：見 Till Kinzel: Wissenschaft als Lebensform: Freiheit und Verantwortung, Überlegungen zur Bildung in einer Zeit der Orientierungskrisen, in: Wissenschaftliche Pädagogik, 72. Jg. 1996, Heft 2, S.210.

註二二：見 H. A. Prichard: Moral obligation, Essays and lectures, Oxford University Press, 1949.

註二三：見 G. E. Moore: Ethics; Home University Library, Thornton Butterworth, 1912, Oxford Paperbacks University Series, Oxford University Press, 1966.

註二四：見 C. L. Stevenson: Ethics and language, Yale University Press, 1964.

註二五：見高思謙譯：亞里斯多德之宜高邁倫理學，臺灣商務印書館發行，民國六八年四月初版，第九三頁。

註二六：見雷通羣：西洋教育通史，臺灣商務印書館發行，民國六九年三月臺一版，第三二三頁。

註二七：見同註一四之書，第三四四頁。

註二八：見 Dieter-Jürgen Löwisch: Das Dilema von Menschenrechtserziehung, Weltweiter Geltungsanspruch von Menschenrechten mit ihren Wertgrundlagen und das Recht auf kulturelle Andersartigkeit-Gibt es einen Minimalkonsens über die Werte der Menschenrechte? in: Wissenschaftliche Pädagogik, 72, Jg. Heft 2, S.237.

註二九：見 Hans Küng: Projekt Weltethos, München, Zürich 1992, S.82–83.

註三〇：見葉啓政：大學教授的角色和使命，載於：當代雜誌，第七三期，民國八一年五月一日出版，第一六頁。

註三一：見陶行知：教育文選，教育科學出版社，一九八一年出版，第四九至五〇頁。

第七章 教師道德與教育規範

教師應有專業道德，是一件可以確認的事實，在教育倫理學中，把教師道德視爲研究的重點，認爲教師應以其專業道德做爲教育的主導，這樣教育才有理想的成果呈現。因爲教育是在追求成就的，所以教育應有成果出來，不管是有形的成果或無形的成果，都是教育的重要目標。

教師應該具有專業道德，但同樣的情形，教育的本身也應具有教育規範。有了教育規範，師生能夠遵守，教師的專業道德更能發揮潛移默化的效果。此外，有了教育規範，教師在教學時，有可遵循的準則，在教學過程比較能掌握其原理原則，教學比較能順利成功。因此，教師道德與教育規範有密切的關係。

第一節　教育規範的重要性

自從德國的規範教育學（Normative Pädagogik）建立以後，教育應具備教育規範的觀念，已經在教育中大爲强調，並且大多數的教育家也主張教育應有規範，於是教育規範的重要性大爲增加。教育規範等於教育的原理原則，也是道德的法則，有其存在的必要性。

規範教育學又稱爲「行爲指導的教育學」（Handlungsorientierte Pädagogik），這種教育學的理論，顧名思義，可以了解它是著重在人的行爲指導方面，也就是著重道德的價值，以道德來規範人的行爲。

一、規範的意義

規範除前述是一種原理原則、法則的意義外，也是一種守則。這種意義顯示了：一件事情的開始常常是紊亂的、不規則的、無秩序的，因此需有規範來做爲指導，才能使其趨於正常，規範成了調整器，經其作用的發揮，使一切儘可能地上軌道。教育某些地方也有這種現象。

(一)由規範教育學到教育規範的產生

規範教育學起源於康德（Immanuel Kant）的道德理論，與二十世紀的新康德學派（Neukantiane

Schule），包括馬堡學派（Marburger Schule）及德國西南學派（Südwestdeutsche Schule）的思想有密切的關係。康德的「實踐理性的批判」（Kritik der praktischer Vernunft）一書的內容，所談的就是道德的問題，因爲道德是用來實踐的。

道德問題在教育中是重要的問題，教師需有教師道德，學生應教給道德，發展其德性，自古及今均爲教育的主要目的。教師首先應具有道德，再以其道德去影響其受教者，成爲教育的重要任務之一。道德問題與教育的關係既是如此的密切，而討論教師道德對學生有如何的影響，在教育倫理學中，不僅重要，而且必要。

規範教育學自然重視教育規範，因爲教育規範是合乎教育法則性的，能從教育中表現出一種普遍法則。而這普遍法則是合乎道德的善，爲教師所認可，且爲教育施爲的依據。除了普遍法則外，爲了使行爲更完美，有時尚要强調道德的最高規範，使每一位教師或學生因有此强調而產生更高尚的行爲。

㈡道德行爲的形成應依據法則

道德行爲著重在行爲的合法性或合法原則，也就是道德意志不是被任何目的所決定，而是完全被法則所決定。於是道德行爲的善，乃是尊重法則。

康德的道德觀念就是建立在以上的基礎上，那麼在實踐上也和觀念一樣，有其法則性（亦稱爲「公理」），其情形爲：

1. 如果公理只對主觀有效，則稱之爲「準則」或「行己律」。
2. 如果公理只對客觀有效，則稱之爲「命令」。又如果命令無條件地在一切可能的條件或情況下有效，則稱之爲「無上命令」（kategorische Imperativ），一切道德法則都是「無上命令」。

以上的論點，無論是準則也好，或命令也好，都是道德法則。而道德法則是人人所應該遵守的。

康德的道德理論也重視義務，道德因具有一種「命令」的性質，所以也是一種「當爲」。從嚴格主義的立場出發，合乎道德的善，並非出於任何快樂或幸福的追求，而是由於「當爲」，由於「合乎道德的善」。所以他在「實踐理性的批判」一書中特別讚揚「義務」這一偉大而崇高的名詞（註一）。

法則可以慢慢形成規範，於是教育的法則就慢慢地形成教育規範，成爲與教師道德配合而施之予教學的重要方法。

(三)失序需要規範來維持教學的運作

在工業社會中，傳統的道德已經式微，而新道德並未建立，使著一些要具備道德表現於行爲上的人（每一個人都應有道德，但不一定要表現於行爲上，如果對他人有影響力者，道德一定要表現於行爲上），有不知何去何從之感！要恢復固有的道德，怕固有的道德已不能適應於現代的社會，而新道德又不知如何訂定才有效。在這眞空的情況下，社會失序了！

以上的情形，的確造成很大的影響，就連受過專業訓練的教師，有時也不知道其道德行爲是否能契合現代的社會道德，於是喪失了信心。

德國的規範教育學思潮的產生就是針對社會道德的喪失，青少年行爲的偏差，應予行爲指導的理念而發展。規範教育學思潮同時也將康德學說中有關道德的部分，以新觀念加以闡揚，使其具備新理念。

在這失序的時代，就需要有規範來維持各方面的運作，教育也是一樣，現代的校園倫理已經失序，更需要教育規範來維持教學的運作。

二、教育規範在教育施爲中的重要性

要使教育能順利進行，就應有可遵循的教育規範，因爲有了教育規範，就可以按照教育規範去做，這樣比較不會有差錯。教育規範在教育施爲中的重要性有：

(一)使人的行爲作規範性的安排

有了教育規範，教師便於處理教育問題，尤其是使學生的行爲透過能施予之材料作規範性的安排，而能形成合乎規矩的人。但如果教師強迫學生達到目的或目標，而不使學生具有判斷力，這便是錯誤的（註二）。

㈡責任在教育中所佔的重要地位

「責任」在教育中佔有很重要的地位，假如教育實際是經常注意學生的行爲表現，那就要賦予教師責任，做爲施教之特別方法。同時也要根據基本法則或規範作要求，以提升受教者的責任意識。因爲正確的教育實際是充滿意義的，如果失去了意義或責任，便會成爲放任。教育應有實際的行動與理論，這種行動的考量接受批評（依據規範或規準去批評），它的反應在辨明疑難時，要用「需要性」來證明。這種「需要性」的原則，在科學的教育學中是教育學的實質關係（註三）。

教師在教導學生時是負有責任的，這種加諸於身的責任，是學校、家長與社會的託付，應該奮力去完成。於是把學生教導成人，成爲教師無法推卸的責任。

教師的責任如果能依教育規範去承擔，則教師的責任就會更明確。教師的職責如果不清，就無法放心去教學。

㈢了解與遵守規範行爲才能合乎法則

規範教育學理論是爲了「闡明」（Aufklärung）對人的要求及其道德表現，以及知識的獲得的原理原則。人必須學習，爲了價值能成爲他所追求的目標，伴有價值的規範，用來判斷與辨明疑難。又爲了了解與遵守規範，行爲必須合乎法則。教育學應該建立系統，有了系統才能合乎規範的原則。教師道德也應合乎規範的原則，一切講求規範，有助於教育目的的達成。教育目的在於獲得良善的行爲、秩序及道德與「道德的自主性」（sittliche Autonomie），也就是道德的自律（註四）。

(四)教師道德行爲可用於教育引導

進行教育引導時，師生需要彼此了解雙方的對話，如只事先施予一些規範的材料，那只能較易地達到合乎法則性，而沒有具有德性，所以教師絕不能捨棄價值行爲，尤其是教師更應該秉持這個原則，也唯有如此，他們的行爲才有可能做爲教育引導。關於這方面工作的實現，其目的爲在個人中找尋規範，以找出可以共同認可或遵守的規範。所以這種引導又可稱爲「對話的引導」（dialogische Führung）（註五）。

教師的道德行爲，以它來作爲引導時，除了表現的方式外，也常用對話的方式，因爲引導如果能用語言來闡明，將會更淸楚，所以很多行爲如何去表現，用語言去說明，將會表現得更好。

三、形成教育規範的四項重要因素

形成教育規範的四項重要因素爲：

(一)訓練

所謂「訓練」（Disziplin）就是在訂定教育規範時要經過訓練，這樣所訂出來的教育規範才能適用，師生也較容易遵守。

㈡保持

所謂「保持」（Haltung）就是對所訂定出來的教育規範要能實踐，在師生的態度方面要保持教育規範能繼續實行，不受破壞。

㈢合法性

所謂「合法性」（Legalität）就是指在訂定教育規範時應具有合法性，其情形爲：

1. 不能與法令牴觸，也不能違反公序良俗。
2. 不能違背良善的經驗法則。
3. 不能繁瑣而不切實際，應以明確易實踐爲原則。
4. 不能違背教育的原理原則。
5. 不能脫離價值的範疇。

㈣道德

所謂「道德」（Moralität）就是指所訂定的教育規範應隱含有道德的成分，尤其是要與教師道德能夠密切的配合，在運作上應用自如。

道德發展的目標就是在培養人們具有品格的行動力量，道德教育不只在教導人們遵守許多道德的規條，而應是在人們的身上培養出一種力量，這種力量是能夠刺激人們去產生一種「生動」（生命的律動）。因此，良好道德教育的結果，往往就會使得人們自己去產生一種力量，而在日常生活中去參與一些有意義、有價值的活動。

文化學派的教育家認爲教育就是有價值的文化活動，而文化也含有道德的成分。

四、形成教育規範的原則

形成教育規範是有原則的，教育規範的形成並不是隨意的、偶然的、單方面的。教育規範的形成應該是：

(一)依據教育原理而規劃

教育規範的形成，一定要根據教育原理，否則所形成的不是教育規範，且不能用於學校教育中。教師要了解教育原理，才能訂定教育規範，原因在此。

(二)教育規範應有層次

教育規範應有層次，因爲它要滿足與追求。

就一般情形而言，教育規範的層次爲：

1. **基本的層次**　根據教學的基本需要而訂定的教育規範，起碼它是合乎教育目的，以滿足教師的基本需要或希望，甚至成爲教學時的基本守則。

2. **認識的層次**　有了教育規範，才能有認識學校教育和社會的標準。也就是說，有了教育規範，最起碼是有校規，學生固然要遵守校規，教師也應遵守校規。此外，教師是社會的一分子，並成爲社會的楷模，所以他要認識社會的各項標準，或遵守社會的許多規條，將自己融入社會之中，不能成爲社會的反抗者。

3.良心的層次　最高的層次就是良心的層次，教師的內心受社會或理性的制約及監督，如果做了一件違背自己良心的事，自己會受到良心的責備。教師的職業道德，除了法則以外，也秉持著良心在教學。

教育規範是與道德有關的，人類的道德是從無律到自律，到能自律時間並不長，瑞士心理學家皮亞傑（Jean Piaget）認爲人大概在八歲左右就可以自律。如果是如此，則教師與學生當在規範的原則之下，達到教與學的互動目的。

第二節　教育規範的取向

教育中規範、價值、目的三方面有密切的關係，教育必須有規範，有了規範才能判斷對與錯；教育是正面價值的追求，也是優越價值的追求，所以教育應有價值觀念；教育也應有目的，教育目的是用來實現的。因此教育的過程具備了判斷、追求與實現。

一、規範的區分

價值是因人而異的，同樣一種東西或事情，價值觀就會因人而異，也就是它對某一個人有價值，但對另一個人則不一定有價值。於是有不同的價值觀，有可能會產生不同的行爲，如果能從價值之正面的、優越的觀點去規範人的行爲，似乎較能合乎教育的原理原則。

就一般情形而言，人，就如希臘哲學家普洛格拉達斯（Protagoras）所說的，爲萬物的尺度。從這個觀點出發，說明了人爲自己建立了規範。教師教育的對象是學生，因此，學校所訂出的規範是要適用於學生的，同時也要爲教師所遵守。新近興起的「環境倫理」（environmental ethics）的理論，說明了從過去到現在隨著時代與環境的變遷，倫理觀念已有了很大的改變。過去倫理學家們對於倫理規範的考慮都有一個共識，那就是以達爾文（Charles Robert Darwin 1809–1882）的觀點爲出發點，認爲「道德」與「自然」是沒有關係的，即科學是用來描述自然的歷史和一些自然的現象及定律，而倫理是用來規範人類的行爲、道德的定律。如果將兩者混爲一談，則絕對是一大錯誤。因爲自然被認爲缺少客觀價值，而人類的主觀偏好是建立價值的標準，且由此產生了對人類以外的事物該如何判斷與取捨的問題（註六）。

教育是在生活中進行的，必須生活與教育互相配合，而且教師站在服務的觀點，幫助學生解決生活問題，才能使學生安心向學。此外，在生活中，學生亦可學得社會規範，以「規範—倫理的內涵」（normativ-ethische Implikation）做爲典範（註七）。

德國教育家波克曼（Hans Bokelmann）認爲教育行爲應有尺度，而教育規範可以分爲下列兩種：

㈠意義的規範

所謂「意義的規範」（Sinnnormen）就是「教育的意義取向」（Sinnrichtung der Erziehung），透過教育來達到應該達到的地方，以實現人的可教育性。這種規範就是爲教育行爲訂定應採取的方向。

㈡實質的規範

所謂「實質的規範」（Sachnormen）就是「在實在的、可經驗的教育過程顯露之應然的要求」（Sollensforderungen, die im realen erfahrbaren Erziehungsprozess zutage treten），這種規範顯示了教育行爲是可衡量的（註八）。

以上兩種情形，說明了規範本身具有取向的作用，尤其是對教師的教育行爲具有指示的作用。因此教育規範顯示出：爲教育的理想定位。

波克曼的觀點是認爲教師的教育行爲必須具有規範，因爲教育行爲在教師與學生之間的關係是臣服於倫理的原則之下的。而且，教育行爲在倫理的範疇之下加以判斷（註九）。

無可置疑地，教育應有規範，規範的積極意義，是在使教育能按部就班實施，順利達成目標。同時，有了教育規範，教師的教學方法亦有所本，也就是有準則；規範的消極意義，在使教育過程不會脫序，避免錯誤發展的發生，同時教師的教學方法也能中規中矩。

二、倫理生活與道德規範的關係

倫理生活與道德規範有密切的關係，其主要關係爲倫理生活需要道德規範的指導，有了道德規範的指導，各人的行爲表現才能中規中矩。

倫理生活可分爲神學的、哲學的、社會學的等不同方式，但總需要有道德規範的指導。在神學中，認爲倫理生活在建立秩序；在哲學中，認爲倫理生活在建立有價值的法則；在社會學中，認爲倫理生活在建立團體規範。以上三種不同的生活方式，均不能與倫理分離。

對於道德教育極力提倡的美國道德教育家郭爾堡（Lawrence Kohlberg），提出了道德判斷的方式，認爲重要的關係點是法則與秩序，然後再去解釋普通規範的進一步發展（註一〇）。

德國教育家諾斯必希（Johannes Nosbüch）在一篇「教育學沒有規範嗎？」（Pädagogik ohne Normen?）的論文中指出了：近些年來，反權威的教育運動興起，認爲教育不必再需要規範。由規範所指導的教育，已成爲青年人的阻礙。然而眞的教育沒有規範嗎？如果是，那就無法分辨對與錯，就「意義的規範」而言，這是沒有意義的，對於教育的了解也是有傷害的（註一一）。

教育應該有規範，尤其是在生活中的道德規範，最爲重要，諾斯必希並認爲：教育規範具有積極的意義，在教育理論與教育實際之間，具有「積極的關係」（positives Verhältnis）（註一二）。

教師的意願在使青年人將來能成爲有用的人，必須使用可衡量、值得注意的規範，對青年人在行爲方面作良好的引導。

三、以價值爲基礎的規範

規範在教育中有其必要性，成爲教師所要遵守的法則，學生行爲的引導。在西洋教育思潮中解放的觀念盛行時，對教育規範的講求仍沒有放棄。

規範的價值近些年來，反而越來越受重視，因此研究者也越來越多。其價值爲：

(一)神學的基礎

西方的宗教傳統是以啓示來做爲信仰的起點，上帝有愛，人可以創造，以其創造的意志來建立秩序，依據它成爲日常生活中所必須遵守者，有宗教信仰的一些人會將此牢記於心。在西方社會，尤其是西歐國家，宗教課程成爲必修課程，宗教進入了學校，取代了公民教育或倫理教育。

德國教育家郭爾塞（Karl Golser）在其「良心與客觀道德秩序」（Gewissen und objektive Sittenordnung）一書中，是從「道德神學」（Moraltheologie）的觀點來建立良心的概念。他認爲：道德秩序是神的一項安排，它完全是根據法則的性質來訂定，是訓令、禁令、允許與勸告等的總和（註一三）。

神學的理論是重視倫理的，教義則常常強調規範，而規範的講求是常見諸於日常生活中。

㈡哲學的基礎

哲學的理論可以提出規範的價值，做爲每一個人道德生活的取向，以這種取向做爲法則或規準。經過理性的驗證顯示：普通的法則也具有價值，因爲它可以普通的能力來實現道德批判（註一四）。

站在行爲理論的觀點去看規範，可以體會到：規範可以做爲人的行爲的引導。就一般情形而言，規範是透過語言文字來表達的，包括口頭的約定與文字的規定。所以語言文字是溝通規範的工具。因此，顯現的規範有時是近乎眞理。

哲學和倫理學有不可分的關係，哲學和科學未分時，倫理學爲哲學之一部分。依哲學思想的發展史來說，倫理學是繼宇宙論之後的發展而成的（先對自然的探討而後探討到人的問題），亦爲純粹哲學之一。到了現代，如德國的哲學家文德爾班（Wilhelm Windelband 1848–1916）以普遍的價值之學，湊合了哲學與倫理的關係，他將人類學問分成三方面：

1. 以眞僞爲其研究對象的論理學。
2. 以美醜爲其研究對象的美學。
3. 以善惡爲其研究對象的倫理學（註一五）。

從以上文德爾班的學問分類，顯示出：倫理學爲重要的學問。倫理學是研究人的行爲的善惡，與目的有關，如果要進一步研究人生目的、人生的理想、人生的價值，則又從倫理學的領域進入哲學的領域。

近年來，所發展的道德哲學，是道德學（倫理學）與哲學的科際整合。道德哲學研究至善、自律、善意等根本的問題，也爲倫理學理論探討的重點，例如至善論爲倫理學所研究的主要問題（亞里斯多德的倫理學就是在研究至善）。

㈢社會學的基礎

社會學是研究社會事實與社會現象的學問，也是羣體行爲和羣體關係的研究。每一種社會制度都是與生活有關，個人不但要與社會規範認同，而且要重視生活秩序。也就是說，人的生活要根據規範與法律。社會制度必須把它當成完整性來看待，並且可以促其更進一步的發展，人們所要努力的是儘量與規範配合。社會中的每一個成員都在期待成長，和學習所能接受的角色。

社會學與倫理學有密切的關係，因爲道德行爲是在人與人關係的表現。個人不能離開社會孤立而存在，這是很明顯的事實。所以道德生活是從人與人發生關係之後而產生的，因爲「倫」者，其義爲「羣」也。就是道德行爲，也不能離開社會關係，因爲對人及處事，一切措施，皆爲社會的關係，人如不形成社會關係，則有如一盤散沙。

倫理學的問題，如至善、良心、道德標準等，皆與社會問題有關，不了解社會的功能，就難以了解道德的理想和道德判斷的標準。道德上的法則，常被認爲是社會人士一般行動的規準。社會上所流行的風俗習慣，是一種約定俗成，但也常成爲行爲判斷的標準。

欲使社會進步與繁榮，尤其是社會和諧，必須社會問題與倫理問題同時重視。社會問題的解決，有助於使社會達到理想的社會；倫理問題的解決，有助於使人生達到至善的境地。但是最重要的還是建立社會規範，在教育上，如何使學生了解社會規範，或使學生體驗到社會規範的價值。

四、規範的特性

規範是具有特性的，教育規範也具有它的特性，起碼它是學校所必需，或者具有它的價值，規範的特性如下：

(一)規範的適用性

每一種規範都有其特性，但是它在實用時，其內涵應有普遍性，因爲規範是適用大多數人的，或爲大多數人所認可的。如果有特殊的情況或創造的，那就不容易把握了。因爲它並不很固定，被以個別的道德義務來履行，而沒有其他的要求（註一六）。每個人的行動應有普遍的原則，有了普遍原則才能作倫理的決定。例如校規，應對學校的每一位學校的成員皆有遵守的義務。又如互相尊重是師生共同的要求。

規範應講求適用性，否則這種規範就沒有價值，甚至沒有用。因爲規範本來就是用來規範人的行爲的。

㈡基本規範的內涵

每一個人應該行善，這是基本規範，學生應該守校規，這也是基本規範。行善可以避免爲惡，於是規範可以制定積極地是要行善；消極地是要避免爲惡的條文。所有的人必須承認應建立團體規範，爲團體的成員所遵循。例如學校便是一個團體，校規便是一種團體規範，爲師生所遵守。因此，一所學校訂有有條文的校規，將優於無條文的成習，因它比較明確。

對於基本規範的內涵有時會可能涉及人種上或文化上的問題，對於規範的認知有差距，這種認知的差距，嚴重者會形成偏見。不過，人應該有光明磊落的行爲和帶有至善的認知，大概不會有太大的差距。

㈢基本規範的認識

每一個人都要能認識基本規範，就如學生要認識校規一樣，因爲這是做人的基本道理。人必須能認識規範，或者與人溝通時能謹守規範，才能知道待人接物的道理。要能達到這目標，必須靠教育。教師將規範告訴學生，使學生能主動地遵守規範，也就是循規蹈矩，做任何事情都不踰矩！但教師本人應該先做一個循規蹈矩的人，才能做爲學生的模範。

(四)宗教中的規範問題

宗教中的規範問題是特殊的問題，因爲它涉及到引導人們去獲得神的啓示，或信仰以後所產生的問題。在外國宗教課程亦列入學校課程。宗教中的規範問題涉及到下列兩方面：

1.「人的本質」（Natur des Menschen）問題，即能獲得多少的啓示。

2.「文化傳統」（Kulturtradition）問題，即從歷史文化的發展中去了解或解釋規範的問題。人與文化有密切的關係，兩者發生互動的作用，即人不能脫離文化生活，文化又陶冶著人，而人的信守宗教規範也與文化有關。

(五)規範與年齡的關係

規範的理論與實踐問題，應從個人的發展過程與歷史的發展過程去看，個人的發展過程是以年齡爲基準。也就是說，某些規範，對未成熟的兒童來說，是抽象的東西，他必須逐漸發展到某一年齡階段，才能使用某些規範。這種情形是在發展過程中培養其分化的與彈性的規範的意識。歷史的發展過程在於教導人獲得歷史經驗，使具有對規範的見識的能力。這一部分是屬於精神發展的部分。就一般情形而言，從歷史發展過程去體驗，十八世紀歐洲的啓蒙運動，對人們的信仰影響最大，該運動所提倡的「信仰自由」（Glaubensfreiheit）的觀點，影響至今。

對於以上的兩種發展過程，所形成規範的特色爲：

1.促使個人倫理意識的發展，這是學校所欠缺的工作，而這種意識的培養，是從教導兒童負責的態度與觀念做起。同時，也要教導兒童去認識道德的尺度。在生活引導方面，在促使規範與道德的合一。

2.歷史的發展趨勢與精神的發展趨勢有關，這種發展注意到歷史情境對人所發生的影響。在一九七〇年以後，是解放時代的來臨，使規範加諸於人的行爲限制沒有那麼嚴格。同時，認知理念和社區主義有了改變，使著規範也有了改變。因此，歷史傳統也在動搖之中。

(六)倫理和良心的配合

良心是每一個人行動的指導；倫理是社會的規範。本來兩者並不是很有關係，但假如良心成熟以後，可以透過歷史性、相關性去認識傳統的規範。因此，這種結合是可以表現出批判的、改變的，是毋庸懷疑的與無條件的（註一七）。

五、規範倫理學的建立

探討規範的意義、內涵、功能、應用等，有助於建立「規範倫理學」（Normosethik）。所謂「規範倫理學」是指針對成熟的人有關其行爲規範的探討。因爲成熟的人，是可以也必須遵守規範、法則、禁令等。基於以上論點，規範倫理學的建立有其必要性。

規範倫理學也是價值倫理學之一，尤其是「規範倫理學」中的「倫理的善」（ethische Gut）的實現，不只是對個人有價值，對社會也有普遍的價值。人們或學校師生可以對這種普通的行爲規範加以把握。

規範倫理學的思想是來自希臘時代有關於風俗的概念，因爲風俗有規範人的行爲的作用。到了現代，社會學的理論興起，有關風俗的觀念仍然受到重視外，還重視秩序，也就是社會秩序。

規範倫理學理論應用在學校方面，也是秩序的講求，一所學校的運作，不得不講求秩序，如不講求秩序，校務就無法上軌道。此外，規範倫理學的理論也應用在師生關係的講求方面，如何建立良好的師生關係，也常借重規範倫理學的理論做爲南針。

教育規範的取向應是朝善去發展，使每個人有善行，成爲有用的人及守法與守分的人。教師信守教育規範則其教育工作較容易進行。德國教育家布爾諾（Otto Friedrich Bollnow）認爲有了教育規範，大家信賴教育規範，就會形成「可信任的氣氛」（vertrauenswürdige Atmosphäre），減少衝突的發生（註一八）。

以上爲消極性的，更積極的應該如德國教育家布雷新加（Wolfgang Brezinka）所說的：教育規範就如打開了教育之城的大門讓「特洛伊的木馬」（trojanische Pferde）（木馬屠城記）進入一樣（即學校如教育之城，教育規範如木馬一樣，進到學校之中）（註一九）。

以上情形，人所建立的規範，人能獲得教育的幫助，就是人能自我實現；教師以其職業道德的應用完成教育的目標；學生遵守規範養成有道德的行爲。

第三節 教師道德與教育規範的關係

教育規範與教師道德有密切的關係，即有了教育規範，教師道德的施爲更容易掌握；有了教師道德，教育規範更容易被遵守。因此，兩者是相輔相成的。

規範與價值必須互相配合，這樣才能形成基本規範與基本價值的合一。在複雜的環境中，善與惡之行動的決定，在教育領域中，必須先能衡量後再作決定，而衡量的工具就是規範，並不是以個人的喜好爲準。

教師道德也是要有可衡量的規範，並不是憑教師個人的喜好去處理學生的問題。教師是專業人員，他應該具備專業道德，有了專業道德才能把教學工作處理得順順當當與井井有條。

一、在多元化社會中的教育規範

諾斯必希認爲：在多元化的社會中，更需要有規範，如沒有規範，一切將顯得混亂，莫衷一是。因此，他提出了教師對多元化社會的教育規範所持的理念：

(一)知識

教師應該具有認識規範價值的知識，用以處理教育問題，有了以上的知識，對於規範的表象可以進行討論，也可促成互爲主體性的溝通有結果，對應然之事能把握。而且知識可以打開教師的眼界，將眼光移往「理想的價值領域」（idealer Wertreich）。

㈡容忍

教師處於多元化的社會中，會有許多批評指向他，或者一些不確定的因素困擾他，甚至學生的行爲會觸怒他。在以上的情況下，教師只有「容忍」（Toleranz）。因此，「容忍」成了規範把握與價値把握的另一種性質。把容忍看成是一種能力，一種自我實現的能力（註二〇）。

在多元化的社會中，規範常有兩種取向：一爲倫理的相對主義（ethischer Relativismus）；一爲「規範的決定論」（Normenentscheidungstheorie）。前者需要基本規範的進一步引導；後者可以說是一種義務。不過，這兩種取向應該是互相關聯的。哲學家布連塔諾（Franz Brentano）從道德知識的起源的觀點去探討，也提出相同的主張（註二一）。也就是指明了：義務是最高的規範的結合，而人之所以能發展成人，對人要承擔義務的觀念應予肯定。

二、教師的職業道德的重視

德國教育家奧塞爾（Fritz Oser）於一九九三年的一篇「更進一步的信任：論教師的職業道德」（Trust in advance: on the professional morality of teachers）的論文中提出：在教學過程中需要職業倫理，對於那些會引起衝突的因素，作實際的討論，以尋求能作實際應用的職業道德發揮功能（註二二）。

依據奧塞爾的論點，認爲教師的職業倫理還是以「責任」（Verantwortung）與「規則」（Vorschriften）兩方面最爲重要（註二三）。他所說的「規則」，實際上也包括了規範。因此，使得教師道德與教育規範兩方面發生了密切的關係。爲明瞭起見，茲用下圖表示：

教師職業道德行爲的決定

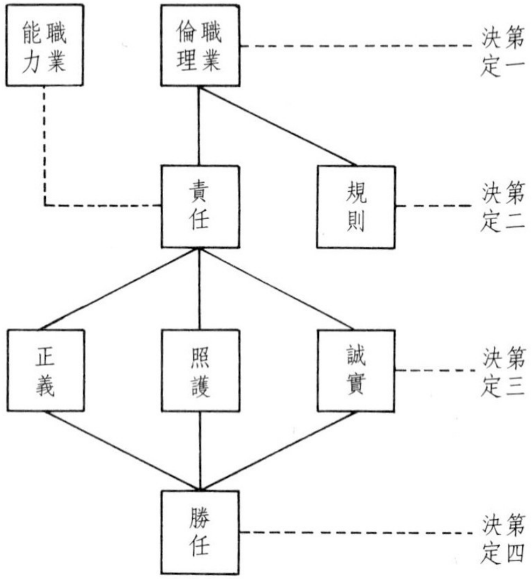

（註二四）

由上圖顯示出：

㈠責任的重視

教師職業道德行為特別重視責任，即教師的道德責任，有了責任才能承擔義務。就義務的觀點而言，教師的重要義務就是照顧學生。

㈡勝任的重視

教師職業道德行為也特別重視是否能勝任愉快，這種勝任是需要職業能力的。如果從質的方面去分析，可以把「勝任」的情形分為五種形式：

1. 對於所承擔的責任有完整的認識，能直接地承擔其應負的責任。
2. 對於間接責任的承擔必須是與其職務有關的，而且他能夠獨力處理的。
3. 對於教育的施為能作正確的決定，對於所作成的決定是否合適有敏銳的感覺。
4. 對於教育的措施，在決定之前能作充分的討論，對於每一種情況也有充分的了解。
5. 對於教育施為無法取得平衡時，就應有所選擇，並能以更精確的方法承擔教學的義務（註二五）。

以上五種形式的應用在於解決問題並建立規準，同時也有助於倫理觀念的改變。

三、教師道德與教育規範的配合

教師應有職業道德，這是最起碼的條件；教育應有教育規範，這是最起碼的要求。然而教師道德應與教育規範配合，尤其是教師道德不能牴觸教育規範。

㈠切合理想的應然

教師有道德，教育有規範，二者配合，是切合理想的應然，也就是教育的理想目標應如此。

教師應以如孔子所說的「君子」自居，以仁存心，以慈愛人，這才合教師倫理。其教、學、訓、輔等功能才能發揮。同時，教師的倫理應該是傳道、授業、解惑並重，教書也教人。因此，教師應該有一顆優美的心，盡職的德，把教育當成是心愛的事業。

教育規範也可以說是一種教育的規準或準則。當教育經過一段較長時間的發展，人們從事教育工作之經驗的累積，就會形成教育規範，成爲教育的原理原則，教師應該了解。

基於以上之論點，可以得知：教師有道德，教育有規範，則是教育最美好的理想。

㈡教育人生的境地

在教育的領域中，可能會有一連串的問題縈繞於教師的心目中，如什麼是教育人生？什麼是職業道德？什麼是工作倫理？從以上那些問題可曾捫心自問或自省過：「我的存在有意義嗎？」「我的工作日日有進步嗎？」「我已盡了力嗎？」從那些問題中，爲了獲得較清晰的概念，套用法國哲學家笛卡兒（René Descartes）的一句話：「我思，故我在」（I think, therefore I am.），改爲「我教，故我在」（I teach, therefore I am.），就會感覺出：我如果一日不教或不盡力，就覺得虛度一日，未曾存有（註二六）。

從以上的論點導引出「教育人生」的理念，一個教師是平凡的教師。因此，他的教育人生也是平凡的，但是，作爲一個負責盡職的平凡教師，必定自得其樂，自覺此生不虛度，這就是孟子所說的「得天下英才而教育之，一樂也。」的人生境界！

今日的教師雖然不必像孔子所說的「飯疏食飲水，曲肱而枕之，樂亦在其中矣！富且貴，於我如浮雲。」（論語述而）但是教師的爲人如果能做到「樂以忘憂」（論語述而）也就是教育人生的最高境界！

㈢盡分守分的實現

教師從事教育工作，應該盡本分與守本分，實現自己的教育理念。在教師道德的實踐方面應該盡分；在教育規範的遵守方面應該守分。

教師在實踐教師道德時，應該常自問：我是否已經盡了力？我是否努力教學？我是否以良心在教育下一代？這一些問題提示了教師應該盡其道德本分。

教師對於教育規範的遵守應該守分，因爲任何一個校園都有紀律存在，以維持校務與教務正常的運作，假如沒有紀律，學校就會鬆散。規範就如同紀律一樣，不按照規範來，一切就會脫軌。

教師在把握教育規範時，應該常自問：我這樣做是否已經踰越教育規範？我是否心中如秤？我是否兼顧積極引導學生向正面價值去活動及防患反價值活動？這一些問題提示了教師應該守其規範本分。

教師具有職業道德，又能把握教育規範，才能促成盡分與守分的實現。然後教學才能勝任順利，奧裔的英國哲學家波柏（Karl Raimund Popper）對他的學生說道：「發展『批判理性主義』（Kritischer Rationalismus）的理論，其基本命題就是經驗的指導。」（註二七）的確，今天的教師道德與教育規範，對於教師而言，是「指導的幫助」（Orientierungshilfe），幫助教師成爲一個專業人員。

存在主義哲學家沙特（Jean Paul Sartre）認爲「存在主義就是人文主義」，每一個人在責任的尺度之下，應該具有「完整的人性」（ganze Menschheit）（註二八），教師何獨不然？

註一：見王文俊：二十世紀之道德哲學，載於陳大齊主編：二十世紀之科學第八輯：人文科學之部——哲學，正中書局印行，民國五六年出版，第一八二至一八三頁。

註二：見 Marian Heitger: Die Bedeutung des Normativen für den Begriff der pädagogischen Führung, S.112–113.

註　三：見 Marian Heitger: Über den Begriff der Normativität in der Pädagogik, 1968, S.38–39, Jetzt in: Ders. (Hrsg.): Pädagogische Grundprobleme in transzentalkritischer Sicht, Bad Heilbrunn/Obb., S.96ff.

註　四：見 Marian Heitger: Pädagogik, Wissenschaftliche Buchgesellschaft Darmstadt 1972, S.54.

註　五：見同註二之書，第一一五頁。

註　六：見周儒：環境倫理的探討，蒐於國立臺灣師範大學主編：學術講演專集第九輯，民國八二年校慶出版，第二三二頁。

註　七：見 Martinus Jan Langeveld: Studien zur Anthropologie des Kindes, Max Niemeyer Verlag Tübingen 1968, S.131.

註　八：見 Hans Bokelmann: Maßstäbe pädagogischen Handelns. Normenkonflikte und Reformversuche in Erziehung und Bildung, Würzburg 1965, S.32–33.

註　九：見同註八之書，第一九六頁。

註一〇：見 Lawrence Kohlberg: Kognitive Entwicklung und moralische Erziehung, in: Lutz Mauermann/Erich Weber (Hrsg.): Der Erziehungsauftrag der Schule, Verlag Auer Donauwörth 1978, S.108.

註一一：見 Johannes Nosbüsch: Pädagogik ohne Normen? in: Wissenschaftliche Pädagogik, 54. Jg. Heft 1, 1978, S.25–27.

註一二：見同註一一之文，第二五頁。

註一三：見 Karl Golser: Gewissen und objektive Sittenordnung, Zum Begriff des Gewissens in der neueren katholischen

Moraltheologie, Wien 1975 (Winer Beiträge zur Theologie, Bd. 48), S.19.

註一四：見 Immanuel Kant: Grundlegung zur Metaphysik der Sitte, Ausgabe der Philosophische Bibliothek Meiner, hrsg. von Karl Vorländer, 3. Aufl. Leipzig 1954.

註一五：見范錡：倫理學，臺灣商務印書館印行，民國七七年臺九版，第三〇頁。

註一六：見 Wilhelm Korff: Norm und Gewissenfreiheit, in: Handbuch der Christlichen Ethik, Bd. 3, Freiburg, Gütersloh 1982, S.66.

註一七：參閱 Ludwig Kersteins: Das Gewissen wecken, Gewissen und Gewissensbildung im Ausgang des 20. Jahrhunderts, Verlag Julius Klinkhardt, Bad Heilbrunn/Obb. 1987, S.31–34.

註一八：見 Otto Friedrich Bollnow: Die pädagogische Atmosphäre. Untersuchungen über die gefühlsmäßigen zwischenmenschlichen Voraussetzungen der Erziehung, Heidelberg 1965.

註一九：見 Wolfgang Brezinka: Die Pädagogik der Neuen Linken, Analyse und Kritik, Stuttgart 1972.

註二〇：見同註一一之文，第三八頁。

註二一：見 Franz Brentano: Vom Ursprung sittlicher Erkenntnis, Hamburg 1955, S.30.

註二二：見 F. Oser/W. Althof: Trust in advance: on the professional morality of teachers in: Journal of Moral Education 3 (1993), pp.253–276.

註二三：見 Fritz Oser (mit Arbeitsgruppe): Der Prozess der Verantwortung. Berufsethische Entscheidungen von Lehrerinnen.

Schlußbericht. Pädagogisches Institut der Universität Freiburg 1991.

註二四：見 Fritz Oser: Wann lernen Lehrer ihr Berufsethos? in: Achim Leschinsky (Hrsg.): Zeitschrift für Pädagogik, 34. Beiheft: Die Institutionalisierung von Lehren und Lernen, Beiträge zu Theorie der Schule, Beltz Verlag Weinheim und Basel 1996, S.236.

註二五：見同註二四之書，第二三七頁。

註二六：參閱歐陽教：從哲學觀點談校園倫理教育的實施，蒐於國立臺灣師範大學主編：學術講演專集第三輯，民國七六年校慶（六月五日）出版，第二九頁。

註二七：引自 Karl Raimund Popper: Logik der Forschung, 4. Aufl. Tübingen 1971, S.7.

註二八：見 Jean Paul Sartre: Ist der Existentialismus ein Humanismus? in: Drei Essays, Frankfurt am Main, Berlin, 1968, S. 12.

第八章 師生關係的建立

師生關係也就是教育關係，它是建立在教育者與被教育者之間的一種關係。教育的進行必須靠這種關係去維持，所以教育關係也是一種結構關係。

在很早以前，人類有教育情況發生時，就注意到師生關係問題，到了近代，教育科學還是在探討這個問題，教育專家學者對這個問題仍然有興趣，也很重視這個問題的重要性，常常成爲討論的主題。因爲它無論是在理論上、觀念上、實際上，都是重要的問題。師生關係問題是屬於教育倫理的問題，爲了達到教育的目的，應重視教育倫理。有了教育倫理的規約，師生關係的建立就容易達成，教育就容易進行。

第一節 教育接觸的基本形式

德國教育家狄爾泰（Wilhelm Dilthey）說：「教育學要成爲科學，只有從教師與學生的關係去描述才有可能。」（註一）狄爾泰的論點是認爲師生關係是發生教育接觸的基本形式，教師與學生的接觸就有可能產生教育關係或教育行爲。

近年來由於教育心理學、教育社會學與溝通科學的興起，對於師生關係的探討有很大的影響。其影響爲有關師生的研究更爲深入、更廣泛，對師生關係建立穩固的基礎了解得更多。尤其是將研究的結果應用在教學工作上。

一、教育實際中重要的接觸

師生關係的形成，始於教育實際中的接觸，這種接觸是教育中重要的接觸，有利於教育溝通及教學目標的達成。

由於時代的進步，對於教育學的研究也跟著進步，於是教育的方法逐漸在改善，傳統的教育方法逐漸在淘汰中，代之而起的是師生的互動，這種互動就產生了師生關係。

如果照以上的情形去探討，所發現的是：師生關係應是越來越密切才對，然而相反地，今日的師生關係是越來越淡薄。於是教學好像是一種知識的販賣。我國是尊師重道的國家，而西方國家對於師生關係並不重視，當西方國家的風尚傳入國內之後，國內的教育風氣也受其影響，師生關係也在淡化當中。

以上的情形，就是德國教育家巴爾特爾斯（Klaus Bartels）所認爲的：師生關係之所以淡薄，是由於師生互動沒有賦予道德的空間（註二）。

㈠學校爲師生接觸的場所

學校爲師生接觸的場所，教師與學生在學校中接觸而建立了師生關係。這種關係是由社會力量發生效果所產生的關係，在教育的參照架構下，教育接觸的作用爲：

1.在學校中的社會利益最重要的是社會利益佔有再生的地位，因爲學校爲社會公衆的事業，以社會利益爲依歸。

2.教育的事實在學校中所呈現的現象是：各種教學符合社會利益。

3.師生之間關係的互動，並不是孤立的，而是權威與利益的互動（註三）。

從以上的觀點去了解，這種論點是基於社會的利益，因爲學校是一種社會機構，教學的實施要基於社會利益，學校就是在培養社會有用的人才，當然要以社會利益爲先。

然而有一些學者並不是持以上的觀點，認爲學校是一個固定的場所，雖然與社會發生關係，但是只是一種主觀的關係，不若師生的接觸來得重要，因爲學生由教師的人格作用而獲得感召，而調整其特殊的性質，例如教師的教育風格、交往的方式、教學的情況等，對學生都會產生重大的影響（註四）。

以上雖有兩派不同的觀點，但是都在强調師生的接觸。在今天師生的接觸還是重要，因爲師生接觸是雙向溝通，這是錄影帶教學所無法取代的。今天科技發達，各種教學設備可以科技來充實，但就是無法取代學校，各進步國家仍大量投資於學校的興建，花龐大的教育經費，可見學校仍有其價值在。

學校是師生相聚的地方，也是接觸的場所，在那兒完成傳道、授業、解惑的目標。

德國著名的教育家布爾諾（Otto Friedrich Bollnow）認爲師生的接觸在於完成兩件重要的功能：

1. **教育關係（pädagogischer Bezug）** 由師生所構築而成的一種關係，它是有條件的，即兩者缺一不可，形成一種教育的情況（註五）。

2. **教育氣氛（pädagogische Atmosphäre）** 教師的教育行爲施之予學生，爲一種教育了解的實際，以達到合乎規範的教育愛，尤其是要滿足學生的期待與希望，形成良好的氣氛（註六）。

(二)教育關係爲生活關係

教育是在生活之中進行的，因此它離不開生活，於是教育關係就成了一種生活關係。在這種生活關係中，教師與學生之間的關係，必須互相的了解，只有信任，沒有猜疑，惟有這樣，才能建立良好的師生關係。

由於互相的了解，教師與學生們之間，建立了「了解的協同體」（團體）（Verstehende Gemeinschaft），這個協同體（團體）是基於教育與教習的目的而組成的。教育就是利用這種關係來做爲對話，以及以教育情況或教育氣氛來做爲媒介。教育協同體以教師與學生的組成爲主，而所謂的「了解」就是師生之間的了解，如果師生彼此都不了解，教育又如何進行呢？因此，教育的進行以相互了解爲先。

二、形成互動的作用

師生關係的建立最大的特色之一就是「互動」（Interaktion, interaction），即師生的互動。這種「互動」使著教與學的工作不斷地進行。互動是人與人之間的行爲表現，是一種社會行爲，所以對師生互動關係的研究，常從社會學的觀點做爲研究的入門（見另一節探討）。

近些年來强調師生互動，使著師生處於動的狀態中，表現得活潑。假如師生不互動，師生關係便是一種沈悶的關係，那麼整個學校也將是死氣沈沈。

三、教育關係爲偶然的關係

教育關係的建立是一種偶然的關係，而不是必然的關係，父子或父女關係才是必然的關係，永遠無法脫離，有人登報提出脫離父子關係，而實際上父子關係是無法脫離的，因爲血緣關係在，在倫理上永遠是父子。而師生關係就不一樣了，它沒有血緣的關係，只是偶然地聚集，比較特殊的性質是：它以愛做爲基礎。

師生關係的建立在偶然的情況下有兩種情況：

(一)時空的交集而建立師生關係

時空的交集而建立的師生關係是非選擇性的、非刻意的安排，只是在偶然的情況下而形成的。例如學校的隨意編班或常態編班就是這種情況。

有些學生來自天南地北，相聚一堂，互相切磋琢磨，並可能是由於同儕，而成了同學，他們與老師在未見面之前並不相識，必須經過一段時間後才能認識。像這種情形就是偶然。因此，許多同學會珍惜這種相處就是時空交集下所造成的師生之誼。

(二)基於某些原因而建立師生關係

有些學生求學會基於某些原因而找老師，而恰巧有老師能滿足他的願望，於是他們就建立了師生關係。這種事情古今中外時時在發生。

以上基於某些原因而建立的師生關係，常有「教育的意向性」（Erziehungswilligkeit）在，即學生有接受教育的意向，同樣地，教師也有教育的意向。雙方在意向性相互接受的前提下，建立了師生關係。

師生關係雖然是偶然的關係，但是一旦建立關係以後，學生受影響的程度很深。

第二節　師生的互動

在目前教育情況下，師生互動的情形並不普遍，教師互動的能力也普遍缺乏。因此，教師對於學生問題的處理，在方法也顯得不夠圓融。

有些教師以忙於教學而無時間與學生互動，而推卸與學生間的互動，其實這種說法是錯的，平時上課，教師也能與學生互動，例如教師多與學生針對某一問題進行討論，這也是很好的互動方式，因爲有討論就會有溝通，有溝通就會產生互動。

一、師生互動理論探討的開始

在談到師生互動理論時，應該要了解它是起於何時。師生互動理論研究是始於一九五〇年，當時美國學者巴爾斯（R. F. Bales）在其「互動過程分析」（Interaction process analysis）一書中，首先提出了在小團體中的互動觀察，在意義上，互動爲可觀察的行爲，每一個人的行爲可以由對方所認知與認識，因而造成反應（註七）。

以上對於互動的研究是採用觀察的方法，而研究的對象是小團體，很適合班級的研究，於是用來做爲師生互動的研究。其研究的重點包括：教師的行爲模式（Lehrerverhaltensmuster）、成就

（Leistung）、教學氣氛（Unterrichtsklima）、知覺與人格（Wahrnehmung und Persönlichkeit）、教師養成（Lehrerausbildung）等。

由於巴爾斯的研究，啓動了教育學者對於師生互動的研究與興趣，也重視師生關係的研究。

二、師生互動的社會學理論基礎

師生互動有其社會學理論基礎，因爲小團體就是社會的雛型。於是要研究師生互動也可以從社會學理論入手。從德國的社會學家薛爾斯基（Helmut Schelsky）於一九五七年提出學校與社會的功能關係理論（註八），在一九六〇年以後一些社會學家或社會教育學家致力於師生互動研究，提出了有價值的理論。有下列三種重要理論：

(一)組織社會學的觀點——韋伯及諾爾的理論

德國社會學家韋伯（Max Weber 1864–1921）對倫理學甚有研究，著有「基督教倫理與資本主義精神」（Die protestive Ethik und der Geist des Kapitalismus）、「世界宗教的經濟倫理」（Die Wirtschaftsethik der Weltreligiöneon）等書。他從組織社會學（Organisationssoziologie, organizational sociology）的觀點來探討「科層體制」（Bureaucracy）的問題，認爲在一個團體中所形成的科層體制，最重要的是互動（註九）。他的理論影響今日德國的行政體制極爲深遠，就是在學校體制方面也有影響，例如德國文化學派的社會教育學家諾爾（Herman Nohl）就受到韋伯的思想很深的影響，例如影響諾爾提出學校民主化的觀念以外，使諾爾認爲：在學校中應建立層次的形式，以產生關係，包括校長、副校長、教師、兼任教師、年輕的教師等與學生，在關係上成爲一種「精緻的形式」（subtle form）。也就是說，在教育關係的層次中，所賦予的特殊責任與控制功能，與其職位是相符的。因此，這種「互動」的現象是「向下的」（down–wards），也就是上層促進下層流動（註一〇）。

諾爾後來成爲探討師生關係著名的教育家，對師生關係的建立有深入的見解。其理論成爲師生關係著名的理論。

(二)批判社會學的觀點——哈伯馬斯的理論

德國法蘭克福學派（Frankfurter Schule）所建立的批判理論，對教育也有很大的影響，其主要代表人物哈伯馬斯（Jürgen Habermas）對教育很有興趣，也極爲關心，所提出的「知識引導的興趣」（Erkenntnisleitende Interesse），是一種著名的理論。他在一九六〇至一九七〇年間研究過去傳統的教育理論，發現過去傳統理論有一些缺點，因此提出了教育新形式：

1. 在學校中的社會興趣做爲一種最重要的再生基礎，即學校培養師生共同的社會興趣。
2. 社會興趣可以在學校的教學工作中發揮作用。
3. 師生之間的互動，不應被認爲只是個人的範疇，獨立的因素，而應該認爲也與環境有關（註一一）。

哈伯馬斯認爲：教育過程中具有互動的關聯，在教育行爲方面，師生互爲主體性。師生必須互動，才能產生「溝通的行爲」（kommunikative Handlungen）。

(三)社會階級理論的觀點——達倫道夫的理論

德國社會學家，衝突學大師達倫道夫（Ralf Dahrendorf）提出了有關社會階級與階級衝突理論，認爲：兒童如果是來自社會的低層階級，在學校中，不利的語言使學生造成負擔；高於平均數的兒童，在學校選擇的過程中，處於不利的地位；在教育實際中，對於中產階級學生的指導，在規範與價值的領域中造成不安。事實上，教師與學生是屬於不同的社會階級，因此，造成了互動的疏離。在以上情況下，阻礙了學生對教師的信念，也造成了教師對學生的不關心（註一二）。

達倫道夫的觀點是認爲：階級的特性決定了教育與教學的過程，這種現象很不利在教室中師生關係的發展。爲消除這種現象，必須設定一種教育的參照架構，這種參照架構能讓師生感覺容易實現，輕鬆地修正自己的觀點，促使那些階級的特性能「社會化」（Sozialisation），如此有助於師生互動。

三、教育參照架構的建立

師生關係的建立，最好能建立一個「教育參照架構」（pedagogic frame of reference），以做爲教育過程與教學過程中的決定因素。這種「教育參照架構」有如教育規範，可以做爲教育施爲的準繩。「教育參照架構」是由外在的關係發展而成，也是個人的關係在教室的發展。

德國教育家巴爾特爾斯對以上論點認爲：「教育參照架構」不能破壞，而且應與社會化有關（註一三）。

建立「教育參照架構」，它的功能在師生關係的維持方面，有個可以參照的標準，即教師應該守分；學生應服從，其標準在那裡，而有所規範。不過，有個條件，那就是要與實際情況配合。

教育的對象是活生生的學生，而學生是有個別差異的，因此，學生有可能在不同的情境而有不同的反應。尤其是在情緒方面更會如此，教師如何去掌握其情況，則是要靠重要的知能——認識、經驗與能力。

教師與學生之間關係的鴻溝的加大，是由於師生的對立與衝突的緣故，達倫道夫甚至認爲是師生互動的疏離。要縮短其鴻溝，只有雙方「互相移入感情」（mutual empathy），重視這項關係的存在，達倫道夫所說的「社會化」，也是有效的方法。

師生互動，談話（對話）也是有利的因素，語言是溝通的工具，哈伯馬斯認爲：透過語言可以產生溝通的行爲，再就是「工作」（Arbeit）了，因對「工作」的參與，也很容易產生互動的作用。他說：「獲得知識的過程是以工作的過程和互動做爲前提。」（註一四）

如果將以上的論點加以推演，則：

㈠談話（對話）的指導不能與教育參照架構決裂

師生對話對於學生行爲的指導與教育參照架構配合才能：

1. 形成基本的不同互動結構。
2. 有可能討論社會的與制度的規範其問題的本質。

㈡師生互動多表現於教學過程中

現在的教學過程發生問題，不能令人感到滿意，就是互動的因素沒有辦法互相配合，最近教學法的理論的貢獻則有助於在學校中師生的互動（註一五）。

四、互動系統的建立

師生互動情形通常是採用觀察的方式去了解，因爲觀察是屬於認知的範圍，比較容易了解，但如屬於社會的、情緒的範圍，就比較不容易了解。如要了解師生互動的情形，最好能使用系統較有幫助，尤其是要用最寬廣的系統去了解範疇——教師與學生的行爲表現的範疇。

師生互動系統可以分爲下列三種：

㈠認知的系統

「認知的系統」（Kognitive Systeme）是在一九六三年由美國學者貝拉克（A. A. Bellack）等人發展而成，包括三個主要範疇：

1. **教育的步驟**　教育結構、要求、答案、刺激等方面的分類。

2. **內容的分析**　教學相關的意義、教學邏輯的意義與各種範疇的分析等。

3. **概念的界定**　對於評價、潛能、活動等概念的界定，同時並沒有忽略情緒的意義（註一六）。

以上的範疇，經過阿許納（M. Aschner）等人加以應用，對於思想過程的分類很有用，包括：

1. 認知的記憶（kognitives Gedächtnis）。

2. 集合性的思想（konvergentes Denk）。

3. 散發性的思想（divergentes Denk）。

4. 評價性的思想（evaluierendes Denk）（註一七）。

以上之認知的系統，有助於師生思想上的互動，尤其是有關於思考方面的活動，以激發師生的腦力。

(二)情感的系統

「情感的系統」（affektive Systeme）是在一九四九年由美國教育家魏沙爾（J. Withall）發展而成，包括七個主要範疇：

1. 學生支持教師安排與否。

2. 學生接受教師安排與否。

3.問題結構如何？
4.教師是否中立？
5.教師的領導能力如何？
6.教師會不會責難學生？
7.教師能否自我調適？（註一八）

到了一九六三年，美國教育家費南德斯（Ned. A. Flanders）針對教師在教室裡的角色，也提出了類似魏沙爾情感系統的七個範疇：

1.教師接受師生之間感情的程度如何？
2.教師是否稱讚學生？
3.教師是否接受學生的建議？
4.教師是否常對學生提出問題？
5.教師的口才如何？
6.教師是否給予學生指示？
7.教師是否常批評學生？（註一九）

關於以上情形，美國教育家休斯（M. M. Hughes）針對教師的教育行為提出了七種功能：

1.控制教室使有秩序。

2.能負責。

3.給予學生幫助。

4.對學生所學習的內容予以擴展。

5.認眞回答學生的問題。

6.積極的導向（善方面）。

7.消極的導向（不鼓勵的事情）（註二〇）。

㈢多層次的系統

「多層次的系統」（Mehrdimensionale Systeme）是在一九五八年由美國教育家梅德雷（D. M. Medley）與米茲爾（Harold E. Mitzel）二人發展而成，稱爲「觀察程序與紀錄」（The Observation Schedule and Record，簡稱 OSCAR），將師生互動加以範疇化，並將教學活動與資料加以紀錄，包括三個最重要的層次：

1.情緒氣氛。

2.語言的强調。

3.社會組織。（註二一）

互動系統的運作是包括認知的、感情的、多層次的，所以師生的互動並不是單純的某一項要素就可以達成的，必須是各種系統的配合。這種情形就如一場遊戲一樣，教師在遊戲中扮演最主動的角色；學生在這場遊戲中最重要的課題是根據教師的要求去扮演（註二二）。一場遊戲的完成，必須主角（教師）與配角（學生）都能互動，沒有獨腳戲，這場戲才算成功。

五、師生互動應注意的事項

師生互動是相互的行爲，必須雙方互相促進才有可能，然而應該注意的重要事項爲：

(一)積極方面

教師對學生的教育應該做到：

1. **聽** 教師傾聽學生的意見，並接納學生的意見。
2. **說** 教師鼓勵學生勇於表達意見——使學生敢說、能說、會說。
3. **美** 教師讚美與增强學生不平凡的表現。
4. **觀** 教師觀察和體驗知識的奧秘，與學生共享，在教學方面儘量與生活結合。

(二)消極方面

教師對學生教育的誡律爲：

1. 不要太早對學生的意見下判斷。
2. 不要輕視學生或瞧不起學生，而傷害學生的自尊。
3. 不要太限制學生的自由。

4.不要對學生嘮叨不休。
5.不要强迫學生盲目的服從。
6.不要對學生作不合程度的要求。
7.不要排斥學生的錯誤及失敗。
8.不要只教課本上的知識，只評量死記的材料。
9.不要常常製造緊張的氣氛讓學生產生壓迫感，也不要讓學生造成過分的競爭。
10.不要懷疑，要信任學生（註二三）。

六、師生互動的事例

中外一些偉大的教育家都很重視師生互動，師生互動是達成教育目標最好的方法之一。

(一)我國

我國的孔子是採用師生互動最成功的例子，因爲孔子是採對話的方式，整部論語都是他的學生對老師言行的記載，他甚至對不同的學生說不同的話，循循善誘，讓學生與老師很接近。

(二)外國

外國也有許多師生互動的例子，例如德國的農村教育之家（Landerziehungsheim）的師生關係是最好的例子之一，在農村教育之家中，師生相處之道爲：

1.**師生成爲朋友**　師生相處所採取的是發揮「共同的功能」（Funktion der Gemeinschaft）的方式，也就是「共同生活、共同遊戲、共同工作，老師與學生成爲年輕者與年長者的朋友。」（註二四）

2.**師生當成同志**　師生相處被當成「同志」（Kameradschaft），這種「同志」是基於「友誼的範圍」（die freundschaftliche Ebene）。教師完全視學生的急難與需要而予以幫助，「教師像同志一樣地與青少年生活在一起，不必去找尋，不必去經驗那些所需要知道的。」（註二五）於是教師成爲青少年的「同志、領導人，並互相成爲朋友」（Sei Kamerad und Führer des Kindes und werdet einander Freund）（註二六）。

第三節　師生關係淡薄的原因

現代的師生關係由於缺乏師生互動，造成師生關係的不良。許多人都深深覺得現代的師生關係不如以前那樣地密切，且富有人情味。

我國過去頌揚教師的用詞，可以說是「美不勝收」，例如「師恩浩蕩」、「春風廣被」、「如沐春風」等等。由於有這些詞藻，表示了教師確是爲學生做了許多讓學生獲益良多的事，否則學生也不會如此的感恩！

早期我國至聖先師孔子過世，曾有學生廬墓三年，這種情形是「情同父子」，然而這種情形以現在的眼光來看，視同神話，誰也不會相信，學生尊敬老師會到如此的地步，師生的感情如此的濃厚。

然而現在由於時代的變遷，社會的轉型，人際關係日趨複雜，人與人之間的關係也產生了疏離，過去人情味濃厚的社會，現代已逐漸變爲冷漠。這種情形影響到教育界，連帶教師的形象也受到影響。所謂「師表羣倫」，已不復爲人所稱道，因教師的職業收入不高，導之而來的社會地位也不高，那就不爲人所尊敬了。加之，部分教師缺乏專業精神，沒有專心致力於自己的工作，甚至隨時準備轉業，也就沖淡了師道的尊嚴，忽略自己對教育所能貢獻的價值。

師生關係的淡薄，帶來許多校園倫理的問題，使學生不知道尊敬老師，連老師都不知道尊敬，將來到了社會又怎麼知道要尊敬別人，自然會失去「敬人者，人恆敬之」的道理，於是造成了社會的混亂。

造成師生關係淡薄主要的原因如下：

一、教育品質的商業化

教育品質的商業化，是把學校看成是販賣知識的場所，教師到學校出賣知識，換取微薄的薪水。學生則有兩種情形，好學生則認眞吸收知識；壞學生則連知識也不吸收。前者就如人們進入商場，付了錢買了一些物品；後者就如逛商場空手而回一樣。

在過去，相當多的家長對教師非常的崇敬，見到教師必恭必敬，把子女教育之事，完全託付，希望教師能好好地教其子女。然而在今天質變以後，家長視教師爲其子女成龍成鳳的墊腳石；教師則將學生看成搖錢樹。於是家長將子女送入明星學校，一窩蜂地往明星學校擠，或選名牌教師；教師對升學班與放牛班的劃分，前段班與後段班的分班方式，無不充滿了商業氣息和手段。教育一旦成爲商業交易，怎麼不會變質？

教育品質商業化造成的原因：

㈠商業氣息的瀰漫

社會工業化以後，隨之而來的是商業的發展，因爲由工廠生產的產品必須在市場上交易，於是交易的觀念在社會上擴展，不免也影響到學校。從很多學校辦學的方法去看，這種現象很顯著，自然會影響到學生的觀感。

㈡社會富有以後的副作用

本來社會富有是一種良好的現象，民衆生活改善了，教育普及了，然而在富裕中，尚有大富與小富之別，使著教育平等的觀念喪失，過去大家皆窮時的平等觀念不復再有！激進主義的教育家伊立希（Ivan Illich）認爲現在的學校已經失去了公平性，實施英才的選擇而忽略了大多數人，這種現象在工業化國家甚爲普遍。學校教育具有「資本主義的性質」（kapitalistische Eigenschaft），資本是可累積的，而且可作更多的累積。這種情形成了一項原則，那就是富與貧的產生是依此（註二七）。伊立希的批評雖然較嚴苛，但也有些近乎事實。

教育成爲商品以後，師道當然蕩然，受害的是學生，受傷的是整個社會！

二、教師人文精神的漸失

教師應有如德國教育家斯普朗格（Eduard Spranger）所說的「教育精神」（Geist der Erziehung），還要有人文素養。這種人文素養就是要表現於師生關係之中的，使師生關係充滿著人文色彩。

教師應該成爲一個教育家，教育就是在教學中透過互動來達成目的（註二八）。一個能夠與學生發生互動的教師是遇到事情能作有責任的決定，具有理性、道德意識和精神價值，並具有人文素養和以共同生活爲目的（註二九）。

具有人文素養的教師在培養學生使其成爲健全而具有人性的「人」，指導學生了解周遭社會文化環境變遷的人文意義，並從人類文化的精神遺產（如古典名著）去陶冶學生的人生觀與歷史使命感，進而充實生活中的內涵，提升生活的境界（註三〇）！

對於以上的教師的人文素養可以說是逐漸喪失，因爲現代的教師在科技與功利夾縫的社會中生存，不太重視人文主義的內涵，認爲他們的工作也是屬於一般的行業之一，並沒有值得傲人的地方，於是人文精神喪失。

造成人文精神喪失還有以下的原因：

㈠學校忽略了學生的品格陶冶

學校最重要的課題之一，就是學生的品德陶冶，然而現在對這方面卻忽略了，就是教師再也不去强調這方面的重要性。

㈡教師難以其人格去影響學生

在傳統的教育中，教師是權威，其影響力甚大，但是到了現在，教師的人格影響力逐漸式微，能與學生建立友情的關係的情形已經不多了。

三、功利主義思想的抬頭

現代教育學理論，對於教育施為所著重的是以「事」爲主，師生關係自然也以「利」爲主，換句話說，就是基於功利主義的思想，認爲師生關係的建立在於以利教學，容易達到管理或溝通的目的。把師生關係當成只不過是一種教學上的組合而已！

功利主義思想抬頭以後，影響到師生關係的淡薄，是由下列因素所造成：

㈠基於技術利益的觀點爲出發點

師生關係的構成基於教育實際和教學實際之「改善的需要」（Verbesserungsbedürftigkeit），也就是以改善教育實際與教學實際而建構。有了以上情形，教育與教學比較容易改善，而且在方法上或技術上，學生最有可能達到完善的管理。這是基於「技術的利益」（technische Interessen）的觀點爲出發點。

㈡基於實際利益的觀點爲出發點

師生關係的構成基於反應出教學時要理論與實際的配合，尤其是要特別注重實際，因爲教育實際是使師生關係建立之「有可能的基礎」（Ermöglichungsgrund）。而師生關係的建立是爲了構成教育團體，使團體中的教師與學生彼此之間有更廣、更深的了解。這是基於「實際的利益」（praktische Interessen）的觀點爲出發點。

㈢基於溝通過程利益的觀點爲出發點

師生關係的構成有助於教育行爲的發生，教育行爲在團體中應該發生互動，將教育視爲在團體發展過程中及團體範圍以內的一種「社會現象」（gesellschaftliche Phänomene）。因此，教育的課題反應出以社會實際而產生影響的過程，也就是「教育的溝通過程」（edukative Kommunikationsprozeß），這樣一來，教育行爲就是一種「溝通的行爲」（kommunikative Handlungen）。這就是基於「溝通過程的利益」（Interessen von Kommunikationsprozessen）的觀點爲出發點（註三一）。

從以上的論點可以發現：現代教育學理論中有關於師生關係部分，是依據利益的觀點爲出發點，所以功利主義的色彩很濃厚，造成師生關係的淡薄。

第四節　師生關係的重建

師生關係逐漸淡薄，師道逐漸喪失，教育倫理逐漸沈淪，這種「教育的實際性」（Erziehungswirklichkeit）有它的價值在。德國教育家安德烈阿斯・佛李特納（Andreas Flitner）呼籲：將「失去的實際性找回來」（auf der Suche der verlorenen Wirklichkeit）（註三二）。

基於以上論點，要找回失去的教育實際性，就必須重建師生關係，發揚師道精神，提升教育倫理。

師生關係本應具有濃濃的情誼，它存在於教師與學生的心靈之間，具有無形的力量，可以促動教與學的進行。本來現代社會人與人之間的關係已經夠疏離了，如果師生關係再疏離，那麼社會就更成爲疏離的社會。

一、師生關係必須重建的原因

師生關係越來越淡薄，幾乎到了在教室才是師生，出了教室便不相識的地步。碰到熟識的人還點頭微笑，而學生碰到教師竟成了陌生人。顯然師生關係已成爲教育上嚴重的問題。

唐代的韓愈曾經說過：「由漢代以來，師道日微，然猶時有授經傳業者，……今則無聞矣。」（師說）道盡了師道的衰微，可以猜度的是：今日的師道不會優於唐代。韓愈有意振興師道，著「師說」，以「師者，所以傳道、授業、解惑也」，主張「道之所存」，即「師之所存」，期望師道能得以昌明於世。韓愈對師道的重建有强烈的感覺，相信今天的教育界對師生關係的重建亦有强烈的感覺。

師生關係發生以後所建立的團體稱爲「關係團體」（Bezugsgruppe）。這種「關係團體」的建立是安置有目的的，當然它的教育目的是由學校所安排，也是一種教學組織，最重要的是師生的合作，爲了學生將來有所成就（註三三）。

師生關係的重建，最重要的是回歸到學校所安排的「關係團體」中，師生共同合作，使學生因在團體中所受的教育，在將來有所成就。

師生關係重建，才能產生和諧的關係，有了和諧的師生關係，教師才能努力教學；學生才能順利學習，雙方配合得完整無缺，在教育目的達成下，共同發展。

師生關係的重建應不能把它視爲復古，應視爲教育發展的重新出發。

二、中外有關師生關係的理念

中外有關師生關係的建立的事例，足以做爲師生關係重建參考者甚多，茲舉出下列重要事例爲證：

㈠我國强調師生關係的事例而成爲美談者

宋代程明道與程伊川兄弟爲理學大師，講學於河洛之間，門下著籍者甚衆。但二人性情不同，「明道和易，伊川親切」，故所顯示的師道形象亦有所別，如「明道先生每與人講論有不會者，則日更有商量；伊川則直曰不然。」以此，當年程門弟子多親明道而不敢近伊川。朱光掞見明道於汝州，歸來謂人曰：「某在春風坐了一月。」（此爲「如坐春風」一詞的由來）而伊川嘗瞑目靜坐，游定夫、楊龜山二人立侍不敢去，及退，門外之雪深一尺（此爲「程門立雪」一詞的由來）。不僅如此，伊川又曾充宋神宗侍講，史傳載其「入侍之際，容貌極莊，於上前不少假借」，明道嘗感慨的說：「異日能使人尊嚴師道者，吾弟也；若接引後學，隨人才而成就之，則予不得讓焉。」此乃是二人在師道方面不同表現與貢獻的最好寫照（註三四）！

㈡外國强調師生關係的事例而成爲美談者

德國的文化學派是最講求師生關係的一個學派，這個學派由狄爾泰（Wilhelm Dilthey）所建立。這個學派的教育家認爲教育必須首先從建立師生關係著手。狄爾泰甚至將女兒嫁給學生密希（Georg Misch），成爲學術上的一段佳話。如此顯示了狄爾泰對師生關係的重視，他認爲師生關係是教育家探討的重點之一。

狄爾泰的學生諾爾（Herman Nohl）更將其老師的理論加以推演，而認爲師生關係是「教育實際的結構」（Struktur der pädagogischen Wirklichkeit），它是以「教育實際的事實」（Tatsache der

Erziehungswirklichkeit）做爲基礎，並且可以發現它是與「文化制度」（Kultursystem）發生關聯的。它有三種基本關係：一爲師生關係；二爲母子關係；三爲父子關係（註三五）。從以上三種基本關係中的師生關係而言，所謂「教育的實際」，就是教師要把學生當成一個實際的人來看待，也就是重視學生的人格。在教學過程中，學生除了獲得經驗以外，尚獲得教師的人格的薰陶。

諾爾把師生關係看成是基本關係，它與父子關係或母子關係同列，有其基本的重要性。

諾爾又認爲：所有的教育工作都要與客觀的世界或環境相配合，但是每一個受教育者，不但有他自己的目標，而且有他自己的義務。教師要爲他們負起責任來（註三六）。也就是在客觀的環境裡（指的是社會或國家），要顧及「教育事實」，並且教師不要忽略每一個學生的個別差異與個別需要，負起責任來照顧他們，用「教育愛」（pädagogische Liebe）來照顧他們。

狄爾泰的另一個學生斯普朗格（Eduard Spranger）也是非常重視師生關係的教育家。雖然斯普朗格在求學過程中偷偷地更換了老師狄爾泰所給的博士論文題目，也換了指導教授，但是當狄爾泰看了斯普朗格其他的著作以後，主動地要求與斯普朗格恢復師生親密的關係，日後的師生關係就如父子關係那樣地密切。

斯普朗格認爲：學生代表著被教育的一代，立於精神關聯之中，而精神關聯是建立在他們所處的環境的精神內涵上。當他們仍是年輕時，教師應該使他們了解並體驗，甚至去參與由社會所建構的文化世界。所以教育應該促使兒童、少年、青年等，與其他的人發生關聯，並輔導他們發展，在文化世界中去發現已經形成了的道德與價值的意義（註三七）。

在斯普朗格的觀念裡，師生關係的建立應該以倫理道德為基礎，所以他特別提倡教育倫理學，認為在師生關係中，教學所要達到的目的是：使青年人成為社會中有用的人，並具有良好的人格。

三、師生關係重建的方法

師生關係越來越淡薄，造成許多問題，最嚴重的為校園問題，使整個校園的教學工作無法和諧的進行，使國人都感到擔憂。為了解決問題，必須從師生關係的重建入手。而重建師生關係重要的方法為：

(一)經常舉辦團體活動

師生關係是一種教育實際，在日常生活中實踐，所以師生關係等於在日常生活中建立起來的一種互動關係。最能夠產生互動關係的方式就是團體活動。因此，在舉辦團體活動時，教師應該儘量參加，與學生相處在一起，就如德國的農村教育之家的教育方式一樣，師生成為朋友、成為同志（見前述），此時師生沒有明顯的疆界，只是互相融合的一個活動團體。

教師參加團體活動有兩種情形：

1. **垂直性的關係**　也就是指導性的關係，即蒞臨指導。這種情形，通常是帶有些學術性的氣息，學生想聽聽教師的意見，以做爲參考。像展覽或競賽方面的活動均屬之。參加這種活動，教師應多予以學生鼓勵，如果雙方都能認同此活動的價值，那麼師生關係就容易建立。

2.**平行性的關係**　也就是非指導性的關係，即進入活動的過程中。這種情形，通常是非學術性的活動，教師成爲學生團體中的一員而其地位與學生相同。例如體育活動就是屬於平行性的活動。參加這種活動，教師必須與學生合作，才能完成這種活動的目的。這種師生「玩」在一起的方式，無形中拉近了師生間的距離。

以上的情形，其活動常是把團體和班級合而爲一，於是慢慢地成爲班級活動，因爲班級是學校的基本單位。

法國新教育的教育家洛布羅（Michel Labrot）很重視師生關係的建立，他表示：「制度教育學」（pédagogie institutionelle）的影響逐漸擴大，儘管這種把團體和班級合爲一體的主張的教育學，批評了新教育學（制度教育學的前身），但是制度教育學的學者主張在教師和學生之間建立一種新關係時，還是實現了新教育的某些觀念，尤其是師生關係方面（註三八）。

基於以上論點，他對師生關係的建立提出了兩點積極性的主張：

1.班級與學校團體必須合一，一般的工作才有可能進行，一種組織在工作的推動方面，必須有計畫與其配合。

2.假如威權關係對教育關係有所破壞的話，那麼個人就因這種關係作自我的疏離，於是只剩下最基本的關係，那就是師生關係（註三九）。

洛布羅的師生關係的觀點在新教育中，是較為進步的主張，也是有價值的主張。

要重建師生關係，經常舉辦團體活動是有效的方法之一，因為活動是互動的觸媒。

(二)把快樂帶入教學中

教師沒有悲觀的權利，教師應該帶著笑容進入教室。教師如果帶著快樂的心情進入教室，教室中的學習氣氛馬上為之一振，學生的學習興趣也會提高。因為教師的心情會影響教室的氣氛。

教師應有威嚴，但是也應該有適度的幽默感，這樣才能使師生歡笑在一起。因為現代的學校跟過去傳統的學校不同了，也跟過去的教學方式不同，程伊川可以在課堂上正襟危坐，甚至把眼睛閉起來，現在就不行了。過去傳統的學校採用嚴格的管教，甚至有嚴厲的體罰，使學生望而生畏，現在如果再採用這種方式，將會造成學生不願上學。因此，傳統的教育方式與現代的教育方式，有很大的不同，這或許是社會變遷所造成的。

現代的學校用以吸引學生的方式，就是把學校布置成快樂的學習的場所。

一位有幽默感的教師，必能受到學生的歡迎，因為有幽默感的教師，往往會被學生認為是和藹可親的，學生願意與其接近。學生如願意與教師接近，是建立良好或密切師生關係最好的方法。

獨立國協的教育家蘇霍姆林斯基（W. A. Suchomlinski）著重學校與教學的改革，因此他的學校以「快樂學校」而知名，在學校，兒童有學習的熱情，而且這種熱情能夠在整個學校生活中維持不衰；教師應該把心奉獻給兒童，建立了良好的師生關係，達到有效的學習。除了達到有效的學習以外，兒童必須經歷在工作中克服困難，而又不斷地獲得成功的愉快。這種情形，也就是從成功的學習中帶來快樂（註四〇）。

把快樂帶入教學之中，除了提升學生的興趣以外，還可以拉近師生的距離，有助於良好師生關係的建立。

以上的情形，闡明了「教育的興趣」（pädagogische Interesse）與「教育的喜悅」（pädagogische Freude）有不可分的關係。而這種關係就是建立在師生關係上，即教師發揮「教育的興趣」於教育工作上，努力教學，而又從學生那兒獲得成就的喜悅，也會體會到學生之生命的躍動！而學生也在呼喚著教師予以愛的協助。教育愛有如朝陽，它在教育的地平線上發出了光芒！那種黃色的光芒就是「教育的黃金」（das pädagogische Gold），於是教育的努力就獲得了精神上的報酬，也使著師生關係充滿著溫馨（註四一）。

㈢從教育誠信與信任的交互作用去把握

在師生關係中，教師也要講求誠信原則，因爲教師要成爲學生模仿或學習的對象，如不講求誠信，則其權威（知識與道德方面的權威，也就是以學問及道德服人）就無法確立。因爲有一些教師沒有把心力放在教學上，此是對其事不誠；也有一些教師信口開河，對學生的承諾無法實現，到時侯以「忘了」兩個字加以搪塞過去，此是對人不誠。久而久之，學生對他們的觀感就會轉變。雖然學生對他們不能苛責，但是內心就會不服。

我國古代的人是最講求「誠」的，認爲「誠者，天下之道也。」（中庸）又認爲「誠之者，人之道也。」（中庸）「誠」用之於人道，爲一切學問、道德之根源。而不誠無物，無法發生作用，而至誠乃能感化人，所以說：「至誠而不動者，未之有也；不誠，未有能動者也。」也就是說，「精誠所至，金石爲開」。教師如果能以「誠」對待學生，則學生未有不感動者，就是比較頑劣的學生也會感動，使行爲變好，也更會感謝教師。

我國古人也是講求「信」，因爲「民無信不立」，教育也是要講求信的原則，「信」的功能才能發揮。

基於以上論點，教師應該講求誠信，以眞誠對待學生；學生應能信任教師，接受教師的引導。

「信任」也就是不懷疑，即學生對教師不懷疑，如果學生對教師產生懷疑，那麼師生關係就無法建立。

德國著名的教育家布爾諾（Otto Friedrich Bollnow）認爲「信任」能應用在教育上，主要的它有兩種功能：

1. **教育關係構成的條件** 在教育關係的理論中，認爲師生關係建立於實際的教育情況，在實際的情況中進行教學的工作，如果彼此都不信任，教學如何進行（註四二）。

2.教育行為的賦予　教育行為來自「教育氣氛」。在「教育氣氛」中，「信任」成為教育了解的實際，使教育行為具有規範的與法則的背景（註四三）。

在師生關係中，「信任」的觀點可以有效的應用，使著師生關係更為和諧，不容有猜忌的情形發生。如果師生之間存有猜忌，可以想像得到的是：這是一種不良的師生關係。

要建立和諧的師生關係，必須從教師對學生的誠信，學生對教師的信任去把握，這種相互的關係可以發生功能，使師生成為互信的良好關係。

註　一：引自 Wilhelm Dilthey: Pädagogik, Geschichte und Grundlnien des Systems, in: Gesammelte Schriften, Bd. 9, 1960, 2. Aufl. S.190.

註　二：見 Klaus Bartels: The personal dimension in teaching, the neglect and critical rediscovery of this dimension in modern theories of teaching (translation), in: Education, vol. 21, Institute for Scientific Cooperation Tübingen 1980, p. 37.

註　三：見同註二之文，第三八頁。

註　四：見 Alfred Schäfer: Vertrauen: Eine Bestimmung am Beispiel des Lehrer-Schüler-Verhältnisses, in: Pädagogische

Rundschau, Verlag Hans Richarz Sankt Augustin 1980, S.725.

註　五：見 Otto Friedrich Bollnow: Die pädagogische Atmosphäre, Quelle & Meyer Verlag Heidelberg 1964, S.11.

註　六：見同註五之書，第一〇八頁。

註　七：見 R. F. Bales: Interaction process analysis. Cambridge, Massachusetts: Addison-Wesley Publishing Co., 1950, p. 203.

註　八：見 Helmut Schelsky: Schule und Erziehung in der industriellen Gesellschaft, Würzburg 1957.

註　九：Max Weber: Die legale Herrschaft mit bürokratischem Verwaltungstab, in: Wirtschaft und Gesellschaft, Teil I, Köln, Berlin 1964.

註一〇：見同註二之文，第三八頁。

註一一：見 Jürgen Habermas: Technik und Wissenschaft als "Ideologie", Suhrkamp Verlag Frankfurt am Main 1976, 8. Aufl. S.22.

註一二：見 Ralf Dahrendorf: Soziale Klassen und Klassenkonflikt in der industriellen Gesellschaft, Stuttgart 1957, zit. Art. Soziale Klasse, in: Lexikon der Pädagogik, Verlag Herder Freiburg 1970, Bd II, S.449f.

註一三：見同註二之文，第三九頁。

註一四：引自同註一一之書，第二九頁。

註一五：見 W. Popp (Hrsg.): Kommunikative Didaktik, Verlag Beltz Weinheim 1976.

註一六‧‧見A. A. Bellack et al.: The language of the language of the classroom: Meanings communicated in high school teaching. U. S. department of health, education and welfare, office of education, cooperative research project no. 1947, New York, Institute of psychological research, Columbia University, 1963, p. 200.

註一七‧‧見M. Aschner/J. McCue: The analysis of verbal interaction in the classroom, in: Theory and research in teaching, vide A. A. Bellack, New York (Bureau of publications, teachers college, Columbia University) 1963, pp.53–78.

註一八‧‧見J. Withall: The development of a technique for the measurement of social-emotional climate in classrooms, in: Journal of Experiment Education 17, March 1949, pp.347–361.

註一九‧‧見Ned. A. Flander, E. Amidon: The role of the teacher in the classroom: A manual for understanding and improving teacher's classroom behavior, Minneapolis Minn. (Paul S. Amidon & Associates), 1963, p.68.

註二〇‧‧見M. M. Hughes: Utah study of the assessment of teaching, in: Theory and research in teaching, ed. by Arno A. Bellack, New York (Bureau of Publications), Teachers College, Columbia University, 1963, pp.25–36.

註二一‧‧見D. M. Medley, H. E. Mitzel: Measuring classroom behavior by systematic observation, in: Handbook of research on teaching, ed. by N. L. Gage, Chicago: Rand McNally & Co., 1963, Chap. 6, pp.247–328.

註二二‧‧見Edmund Amidon und Anita Simon: Lehrer-Schüler-Interaktion, in: Norbert Kluge (Hrsg.): Das Lehrer-Schüler-Verhältnis, Forschungsansätze und Forschungsbefunde zum pädagogischen Interaktionssystem, Wissenschaftliche Buchgesellschaft Darmstadt 1978, S.68.

註二三：見陳龍安：如何啓發學生的創造力——點石成金：談創造思考教學的要領，載於：中國教育學會臺灣省分會主編：教育文獻集刊第二集，臺灣省教育廳出版，民國八三年十二月二十日，第一四〇至一四一頁。

註二四：見 Hermann Lietz: Zitiert in: Die deutsche Reformpädagogik, 2 Bände Hrsg. von W. Flitner/G. Kudritzki, München /Düsseldorf 1961, 1962, Bd, I, S.74.

註二五：見 Paul Geheeb: Koedukation als Lebensausschauung, Abgedruckt in: Erziehung zum Humanität Paul Geheeb zu 90 Geburtstag. Hrsg. von den Mitarbeitern der Odenwaldschule, Heidelberg 1960, S.122.

註二六：見 Hermann Lietz: Ziel, Mittel und Grenzen der Erziehung, in: Ders.: Schulreform durch Neugründung, Ausgewählte Pädagogische Schriften, Verlag Schöningh Paderbonn 1970, S.81.

註二七：見 Ivan Illich: Schulen helfen nicht, das mythenbilden Ritual der Industriegesellschaft, Rowohlt Taschenbuch Verlag Reinbek bei Hamburg 1980, S.26.

註二八：見 Ernst Meyer: Erziehung durch Interaktionsförderung in Unterricht-Konsequenzen für Ausbildung des Lehrers zum "Erzieher", in: Wolfgang Mitter (Hrsg.): Kann die Schule erziehen? Erfahrungen, Probleme und Tendenzen im europäischen Vergleich, Deutsches Institut für Interationale pädagogischen Forschung Frankfurt am Main 1984, S.267.

註二九：見 Ch. D. Ovans: Behind the looking glass: Toward the education society, Vancouver, Canada, no jear, p.77.

註三〇：見郭爲藩：富裕之後的倫理教育課題，載於其所著：科技時代的人文教育，幼獅文化事業公司印行，民國七八年十月二版二刷，第五三頁。

註三一：見 Heinrich Rombach (Hrsg.): Wörterbuch der Pädagogik, Verlag Herder Freiburg 1977, Bd. 2, S.339–340.

註三二：見 Andreas Flitner: Eine Wissenschaft für die Praxis? in: Zeitschrift für Pädagogik, 24. Jg. S.183.

註三三：見 K. Dimitriadu: Wie die griechischen Lehrer ihren Beruf wählen, Eine empirische Untersuchung, Thessaloniki: Kyriakides, 1982.

註三四：見伍振鷟：中國傳統的師道及其重振，載於：中國教育學會主編：教育組織與專業精神，華欣文化事業中心出版，民國七一年十二月出版，第一七〇至一七一頁。

註三五：見 Herman Nohl: Das pädagogische Verhältnis, in: Die pädagogische Bewegung in Deutschland und ihre Theorie, Frankfurt am Main 1961, 5. Aufl. S.119.

註三六：見同註三五之書，第一二八頁。

註三七：見 Eduard Spranger: Umrisse der philosophischen Pädagogik, 1933, in: Otto Friedrich Bollnow und Gottfried Bräuer (Hrsg.): Philosophische Pädagogik, Quelle & Meyer Verlag Heidelberg 1973, S.31.

註三八：見 Michel Lobrot: La pédagogie institutionelle, Paris 1966, p.4–6.

註三九：見同註三八。

註四〇：見 W. A. Suchomlinski: Die geistige Welt des Schülers, Moskau 1961, S.84；或見 W. F. Connell 原著，孟湘砥、胡若愚主譯，張文庭、周定之校：近代教育史（A history of education in the twentieth centry world），五南圖書出版公司印行，民國八二年三月初版，第七一四頁。

註四一：見 Arnold Schäffler: Über den Erziehen, Aloys Henn Verlag Ratingen 1964, Pädagogische Taschenbücher 7, S.53.

註四二：見 Otto Friedrich Bollnow: Die pädagogische Atmosphäre, Heidelberg 1964, S.11.

註四三：見同註四二之書，第一〇八頁。

第九章 師生關係的落實

師生關係是一種實際關係，建立在教育與學習的基礎上。爲了達到教育與學習的目的，師生關係必須落實，也就是形式的關係與實質的關係都要兼顧。因爲學校是實施教學的，有教學就有老師，有教學的形式，就有師生形式的關係存在；有教學內容的傳授，就有師生實質的關係存在。

師生關係在於創造一個「了解的協同體」（Verstehende Geminschaft）與「倫理的協同體」（Ethtische Gemeinschaft），這意謂教師與學生之間必須基於了解與倫理的關係來維持。在建立師生關係時，師生相互的了解與教育倫理的講求，成爲不可或缺的要素。

第一節　師生關係的維持

一般人認爲：一種事業的建立容易，但守成難。其實在教育關係中，師生關係的建立是不容易，師生關係的維持也困難。這種情形，從事教育工作的人都有這種體認。因爲事業是以事爲主，只要按部就班去做，一切就會有條不紊，但是人有個別差異，要維持良好的師生關係，教師就要花點心思了。

師生關係建立以後，師生都應珍惜這種關係，好好地加以愛護，才能使這種關係維繫於不墜。精神科學（人文科學）理論的探討，便認爲它是探討人際關係的科學，而教育倫理學是人文科學的一種，自然也在探討人際關係——師生關係，如何去維繫師生關係也成爲重要課題。

一、維持師生關係的重要性

要使教育工作能順利進行，就要維持師生關係的和諧，在很自然的情況下，完成教育的任務。師生關係建立以後，其中最重要的事情之一，就是要實施「人性教育」(Menschenheitsbildung)。所謂「人性教育」，就是以教育來陶冶人的本性，也就是教師教導學生如何做人，同時也是陶冶學生的生活態度和道德品格。

德國自由學校區（Freie Schulgeminde）教育的創辦人魏尼鏗（Gustav Wynecken）認爲當時的德國教師與學生互相對立，這種現象不利於師生之間關係的維繫與意見的溝通。因此，他的自由學校區內，校長、教師、學生都是平等的，都是學校區的一員，教學採用交談的方式，生活規則是共同決定，由共同開會討論實際生活所應採取的措施。他又認爲道德教育要藉各種教材來推進，例如技術訓練可以養成合作品性；商業教育可以養成信用誠實；自然科學可以養成人服從自然律，其他如歷史、藝術諸科也有助於道德教育的實施（註一）。

以上所敍及的「人性教育」，是探討人對人的教育，及人對人的關係，這也就是人類學的觀點。師生關係的探討應以人類學的理論做爲基礎，這是因爲人類學理論是探討人性及人的本質，以及如何促使人的本質發生改變與形成的緣故。而師生關係的形成在於探討正確的教育方式，這是重要的課題。

維持師生關係的重要性如下：

㈠達到雙贏的目的

維持良好的師生關係，才是雙贏的關係，每一個人都贏，才是一種新趨勢的致勝觀念。在師生關係中，一方得到心靈上的滿足，並不代表另一方的損失。反而是雙方共同解決問題，從彼此的互動關係中有所收穫。

師生關係的維持其重要性是在積極創造一種情境，使雙方同時能建設性地運作，進而求取彼此的共同價值——教學相長。

㈡追求共同的理想

在教育關係中，教師有教育理想，學生也在追求教育理想，他們認同所共同追求的理想。在這種情況下，他們有了共同的目標，於是教育就是在這共同的教育理想下，使教師與學生雙方在實踐教育施爲時沒有困難。

要倫理能實踐，認同教育理念也是極爲重要，能認同教育理念，師生關係才能顯得融洽，如果一個由師生關係所組合而成的團體，其中分子有太多不同的理念，很顯然地這個團體將不會太和諧，那麼就難以達成該團體所欲追求的目標。

㈢互動與流動的達成

師生關係的維持，在體制上，必須使關係趨於一致，爲達到以上目標，必須使師生能互動，因爲一個團體不互動，歧見永遠存在，關係就難以一致。況且由互動而達到一致的關係時，需要繼續的重複工作過程來達成，但必須學習需要的知識與技術來掌控。

在師生關係中，教師在教育關係的層次中，教師所賦予的特殊責任與控制的功能，與其職位應是相符的。在以上的情況下，師生互動的現象是「向下的」（down-wards），也就是上層促進下層流動，也就是教師促進學生發生流動；在學生方面，學生亦應了解教師是從不同的角度來促進他們的流動，例如資料、宣示、作業、指定的書籍、上課時間表、問卷、報告等，做爲促進流動的方法。

二、維持師生關係的方法

師生關係建立以後，應該要努力去維持所建立的關係，德國教育家莫倫豪爾（Klaus Mollanhauer）認爲要維持師生關係，必須具有「互動的結構」（Struktur der Interaktion）、「人際關係的行爲」（interpersonelles Handeln）、「認同的觀念」（Identität–Konzept）（註二）。在莫倫豪爾的理念裡，要維持良好的師生關係就是保持不斷地互動，因爲「教育就是互動」(Erziehung als Interaktion)。除了每個人要有溝通的能力外，還要有「規範的情況」（Normalfall）可做爲選擇，以它來做爲典範。

維持師生關係重要的方法有：

㈠互動的角色模式

德國教育家克拉普曼（L. Krappmann）提出了維持師生關係最基本的規準爲「互動的角色模式」（interaktionistische Rollenmodell），這是一種很有意義的互動，其主要論點爲：

1. 角色規範不但要嚴格的界定，而且還要透過角色的夥伴能做主觀的解釋。
2. 角色夥件在互動的過程中，不但要實際的、正確的掌握其所接受的角色，而且要接受更廣泛的角色。

3.師生所共同訂定的原則，雙方都應解釋與了解，在一般的情況下，如無法達到目標，也就無法要求。

4.互動的角色模式應是個人需要與制度化的價值表象的互相配合。

5.在互動的進行中，角色夥伴應有能力維持各自的穩定，各種不同的需要能在補充的情況下獲得滿足。

6.在師生關係裡，成員應主動地實踐規範，這種實踐被當成穩定來看待，而且每一個成員對於所賦予的規範都能掌握，並滿足在互動中之自己的需要（註三）。

克拉普曼的觀點認爲師生關係要保持互動，這種關係是對事務要共同決定，以維持保持師生關係發展的方向。

(二)互動的兩條運河

德國教育家瓦茲拉維克（P. Watzlawick）提出了維持師生關係的兩條「運河」（Kanäle），它主要的意義在溝通而產生互動，其論點爲：

1.**語言的表示**　對於實際情況用語言來告知，它又有兩種情形：一爲用語言來刺激，但不能傷害對方；一爲用語言來否定，也就是對於某些行爲表現的禁止。

2.**非語言的表示**　教師只是默默地幫助學生，讓學生可以感覺出來，而不必用對話的方式去告知學生（註四）。

瓦茲拉維克認爲維持師生關係應由教師主動，因爲教師才有能力將有關瓶頸的問題，使之如「運河」一樣地暢通。他又認爲要維持良好的師生關係，應該是教師告訴學生：「來到我身邊」（Komm zu mir）！而不是「離我遠一點」（Bleib mir fern）！

(三)行爲的期待

德國教育家米德（G. H. Mead）提出了維持師生關係的「行爲的期待」（Verhaltenserwartungen）的觀點，認爲它是成功的互動的好方法。其論點爲：

1. 教師與學生都是互相的期待，教師期待學生變好；學生期待教師指導。這種相互的期待，擴大成爲「社會期待」（soziale Erwartungen）。
2. 期待依規則而言，成爲一種「規範的互動」（normale Interaktion），具有重要的意義。
3. 個人行爲在情境中具有明顯的期待，尤其是成功的期待爲然。
4. 成功的互動是有夥伴的期許，以及互動夥伴的指導。
5. 成功的互動的前提，就是能讓雙方感到滿足（註五）。

米德的觀點認爲師生關係的維持要靠相互的期待，這樣才能形成成功的互動。教師總會有一顆期待的心去對待學生，學生總會期待受指導，在知識與道德方面都有長進。因此，行爲的期待，成了一種相互期許，維持教學運作的動力。此外，米德也非常强調「符號互動」的價值。

三、維持師生關係的運作

師生關係要能達到成功的互動，是一件不容易的事情，必須靠師生好好的經營，才能成功地維持下去。因爲要維持師生的互動，教師也應具備「互動的經驗」（Interaktionserfahrung），這種經驗可以用來處理師生關係問題，所以一位有經驗的教師，可以把師生關係維護得井井有條。

在維持師生關係的運作方面，應該做到：

(一)教師把學生當成普遍化的他人

教師對待學生儘量做到公平，除非學生有特別的原因而予以特別照顧外，應該做到公平，否則容易爲學生誤認老師「偏心」，造成學生心理的不滿。因此，教師應該把學生看成是「普遍化的他人」（verallgemeinerte Andere），把個人當成團體中的一分子，這種做法才能使學生做到「社會的認同」（soziale Identität），也就是認同班級或學校，並接受教師的指導。應該做到：

1.在師生關係維持的互動中，每一個人所表現的關係行爲，都應該具有實用的意義，而且每一種互動都有意義關聯，它是在生活的世界中構築的。

2.符號與角色有密切的關係，因爲這種關係是透過反應而表現出來。符號是包括語言及語言符碼，即教師所使用的語言，對於師生關係的維持造成很大的影響，而且什麼樣的角色，說什麼樣的語言，應合乎倫理規則。

3.根據尺度來進行人際活動，尤其是語言，更是社會行爲表現的工具（註六）。

教師在師生關係中，他是主動者，也是推動者，他指引學生跟著互動。

(二)學生把教師當成指導者

學生對教師能信任，產生信心，願接受教師的指導，學生在師生關係中的角色，除了接受教師的指導外，還要遵守規範。學生應該做到：

1.在教育關係中有期待，例如幫助的期待、成就的期待、指導的期待。

2.學生期望需要的滿足，例如在團體中希望獲得他人的認同、希望獲得教師的讚揚等。

3.學生需要互動的規則，有了互動的規則，才能有所遵循，例如公約的訂定、教室中的規定等。

學生在師生關係中，他是被動者，也是被指導者，他踏著教師的步伐而起舞。

第二節　師生的溝通

人要營共同生活，必須合羣，而且這個世界是羣體的世界，人與人之間的關係是不能避免的。而且學習的基本原則就是要愉快，也就是快樂學習。基於以上原則，對於不能避免的事，就應該儘量把它做好，又如果能把師生關係維持得很好，發生良好的溝通，是一件快樂的事情。

在大衆傳播的理論中認爲：任何一種單向的灌輸，都比不上雙向的溝通有效！師生的溝通就是一種雙向的溝通，也就是一種有效的溝通。教學本身就是知識、資訊、道德認知的溝通。爲了使溝通有效，就應該促進師生雙向的溝通，況且現代是溝通的時代，意見、知識、資訊都隨時在溝通。

一、溝通的基本概念

德國法蘭克福學派（Frankfurter Schule）的重要代表人物哈伯馬斯（Jürgen Habermas）所提出的「溝通行爲理論」（Theorie des kommunikativen Handelns），成爲二十世紀的顯學。他認爲在溝通活動中，參與者事先假定他們知道對彼此提出的有效性要求的相互認可意味著什麼，又如果他們能依靠某種共享的情境界定，並因此而交感式地進行活動，則這種溝通行爲是有效的。

(一)理解與認同

在溝通的過程中，達到理解是：一個在可相互認可的有效性所要求的前設基礎上，導致認同的過程，在日常生活中，人們是從屬於溝通的團體的，於是產生了兩種情形：

1. 相應的有效性獲得滿足，所獲得的意見能爲所有參與者所認同，這種溝通便算成功。
2. 如果參與者的努力失敗了，溝通行爲就不可能繼續。於是他們面臨兩種選擇：

(1)轉向：原有的溝通中斷，從別的方向去進行溝通。

(2)重新開始：溝通從頭來，以達到理解爲方向的活動。

(二)有效性要求

溝通應合乎有效性要求，才能達到溝通的目的，否則溝通是無效的。有效性要求必須做到：

1. 說者和聽者確實有某種溝通，以達到理解的目標，那就合乎有效性的要求。
2. 雙方都實際的滿足了溝通的先決條件，那麼他們就能驗證有效性的要求。
3. 任何被提出的有效性要求都已經兌現（可領會）或是能被兌現（真實性、正確性），那麼被表達的意向，使適宜的條件得到滿足（註七）。

(三)溝通的基本定義

「溝通」的英文字是 Communication，德文字是 Kommunikation，沒有多大變化，只是把 c 改成 k 而已，它是從拉丁文 communis 演變而來，具有「普遍」的意義。英國學者威廉斯（R. Williams）解釋「溝通」的意義：「這個字最早的意義，簡單地說，就是將理念、資訊、態度等由一個人傳至另一個人，但是溝通後的意義是：透過線或管道由一地傳至另一地。到了工業革命以後，溝通的性質有更大的改善，甚至包含了旅行與攜帶的方法。」（註八）到目前，「溝通」具有「告知」（Mitteilung）、「連結」（Verbindung）、「交往」（Verkehr）的意義，有些大衆傳播學者又加入了「關聯」（Zusammenhang）、「了解」（Verständigung）等意義。

「溝通」的涵義由於被廣泛的應用，也被應用到教育的領域裡來，於是在德國建立了「溝通教育學」（Kommunikationspädagogik），像夏勒（Klaus Schaller）教授，就是此方面的專家。

溝通應用在教育方面有兩大作用：

1.行爲的改變（Verhaltensänderung），這種改變是可以被認同的。

2.行爲的影響（Verhaltenbeeinflussung），這種影響是有事實的根據（註九）。

瓦茲拉維克的觀點是偏重在以上的第二個論點，他認爲「溝通」與「行爲」在應用上，幾乎是同義字。「溝通」與「行爲」之間的關係爲：「溝通」不但對「行爲」發生作用、解決問題、發生改變，人在行爲方面能自我把握，兩者之間的交往，甚至到了一個已經睡著的人也可被稱爲他在「溝通」呢（註一〇）！

二、師生關係中的溝通理念

德國教育家夏勒建立了溝通教育學，而另一個德國教育家克拉夫基（Wolfgang Klafki）則將夏勒的理論進一步地推展，將其應用在師生關係的探討上。克拉夫基認爲：站在溝通的觀點去看教育關係（師生關係），這種關係是一種交互作用的關係，教師一開始就要促進學生學習，使學生能成爲自立與成熟的人（註一一）。

克拉夫基的觀點是認爲：精神科學的教育學（Geisteswissenschaftliche Pädagogik）理論最重視師生關係，每一位教師在教學時都要與學生保持關係，稱爲「結合」（Bindung）。而這種「結合」是靠

「溝通」來達成的。

關於以上論點，莫倫豪爾提出了「溝通的教育行爲理論」（Theorie kommunikativen pädagogischen Handeln），建立了教育學的溝通理論基礎，把教育行爲視爲是互動的與溝通的，認爲溝通理論的進一步發展，有助於建立師生關係（註一二）。

師生關係要保持活潑、和諧、動態等狀況，則溝通是不能免的一件重要事情！

溝通重要的方法爲：

(一)討論

「討論」應該是溝通最好的方法，連哈伯馬斯也認爲討論是溝通最好的方法。他認爲「討論」在於：

1. 提出並說出某種可理解的東西。
2. 提供給聽者某種東西去理解。
3. 由此使自己成爲可理解的。
4. 達到與另一個人的默契。

將上述四個論點展開就是：言說者必須選擇一個可領會的表達，以便說者和聽者能夠互相了解。而且說者必須有提供一個事實陳述的意向，以便聽者能分享說者的知識。說者必須眞誠地表達他的意向，以便聽者能相信說者的話，也就是能信任他。最後，說者必須選擇一種本身是正確的話語，以便聽者能夠接受，從而使說者與聽者能在以公認的規範爲背景的話語中達到認同。不但如此，一種溝通行爲要達到不受干擾地繼續，只有在參與者相互提出同題的有效性要求已得到驗證的情形下，才有可能（註一三）。

就以上理論，如果把它應用在師生關係中有關討論方面，則達到「理解」（Verständigung）的目標是導向「認同」（Einverständnis）。「認同」則是國內人們所常提到的「共識」。這種「共識」歸於相互理解、共享知識、彼此信任、兩相符合的「互爲主體性的相互依存」（intersubjective muturality）。而且「共識」是可以領會的，具有眞誠性、眞實性、正確性這些相應的有效性。

在師生關係的維繫中，討論是簡便且有效的方法，隨時可以舉行，在教室中、野外、樹下，都可以爲之。教師鼓勵學生多提意見，然後進行討論，如有效後（有效性），就可以達到共識。「討論」對於公約的訂定是最好的辦法。

(二)陳述

「陳述」也是溝通的方法之一，在師生的溝通中，「陳述」就是一種「表露」，就是把心裡的話說出來。因爲「思想是無聲的語言」，如果不透過語言文字符號把它呈現出來，教師或學生的一方都無法了解。陳述的過程中，最好不要帶有論斷性的表現，否則將很容易使陳述中止。

1. **在教師方面**　教師可以陳述其對教育的願望，對學生的期望，這些教師應該把它們說出來，學生才能了解老師的想法。因此，沈默寡言的老師，不是一位好老師。過去的老師，可以是一位嚴師，不苟言笑，整天繃著嚴肅的臉，學生對他的教學是「只能意會，不能言傳」（即不能把它說出來），對教師的道德品性是「仰之彌高，鑽之彌堅」，是「高不可攀的樣子」；現在的老師，應是一位和善的老師，笑容掛在臉上，整天快快樂樂地，學生對他的教學是「力求甚解」，對教師的道德品性是「信任有加，深信不疑」，並且是可以親近的人物。

教師主動的陳述，有助於學生對他的了解，教育本來就是尋求師生的相互了解，如果一位教師讓學生莫測高深，只能增加學生對他的神祕感，對於教學方面沒有什麼幫助，徒增拉大師生的距離！

2. **在學生方面**　學生可以陳述其對教育的期望，這是教師了解學生的想法獲得資訊最有效的來源。孔子告訴學生說：「盍不各言爾志？」就是這種情況最佳的寫照！中外學生對於陳述一件事情的態度不同，外國學生如遇有讓其發言的機會，舉手的學生非常多，而我國學生總是不喜歡表示意見。在以上情況下，只有教師鼓勵其發言，也就是教師採用讚賞的方式，以獎勵其發言。

因爲我國學生不喜歡發言，因此，教師對於學生的發言，應該要傾聽，不要有不耐煩的樣子，因爲如果顯得不耐煩，學生更不願意陳述下去。對於學生的請求，教師應該記下來，不管能否做得到，都要給學生詳細的說明，讓學生能了解。

㈢對話

「對話」是溝通有效的方法之一。在師生的溝通中，「對話」就是一種「交往的語言」。人具有「在規則範圍性質的對話」（regelkreisartige Dialoge）的能力，也就是在規則、範圍、性質三方面的領域內，所知道的事物與知識，可以做爲對話的體裁。

德國人類學家羅倫斯（K. Lorenz）說：「對話原是來自人與物的交互作用，現在則是發展成爲人的一項成就，例如語言，只有高級動物的人才有，人的成就也是植基於語言，而語言使著人們能問與答。這種能力是可以透過成功的觀察而獲得的，與人相近的一些高級動物，則幾乎完全缺少這種能力。」（註一四）

從以上人類學家的觀點，可以了解：對話是人類所具有的特殊能力，自然是特殊能力，就要好好地利用。

教育家的看法也跟人類學家的看法相近，如德國解放教育學家蘭伯特（Wolfgang Lempert），也是非常重視對話，他認爲：人的語言，做爲交流的語言，已經喪失了一部分重要的功能（例如清晰功能的喪失），而使著對事物的了解有缺失，如能使語言活潑化，就能使語言成爲活的語言，也就能靈活的運用。能夠使語言靈活的運用，就可以造成互動。每一個人應與他人互動，或與教育機關互動，這樣才能進一步地加以輔導，尤其是教育機構的教學，更有互助的作用（註一五）。

從以上教育家的觀點，可以了解：師生之間的對話有助於互動。學校本來就是一個互動的機構，每天都在進行著互動的活動，而且教師上課時都在不斷地使用語言，讓學生對教材及做人處世的原則有所了解。但教師與學生的話應該是雙向的溝通，這樣才能夠達到互動的目標。

一般所了解的：對話是要靠語言，也就是不斷地使用語言與他人對談，以達到溝通的目的。但是一般人卻忽略了表情、姿勢、動作等，也可以達到溝通的功能。

值得注意的是：對話如有良好的語言表達能力，其效果將會更好，因爲對話者需要：

1.語言清晰，雙方都能正確地了解，也都能懂對方的語言，對話沒有困難。

2.能把握所要表達的涵義，讓對方能夠很清楚地了解。因此，對於語言使用的把握與駕馭能力應該具備，並且經常地練習，這樣才能駕輕就熟，能正確地使用語言。

在師生的溝通中，對話是很好的溝通方式，在古代時就在採用，希臘時期的柏拉圖（Plato），其教學方式就是採用對話的方式。我國的孔子更是採用對話的方式來教學，孔子的對話教學還因人而異，注意到學生的個別差異，是成功的教學方式。近代的教育家裴斯塔洛齊（Johann Heinrich Pestalozzi）也是採對話的方式來教學之著名的教育家。

教師與學生的對話，主要是在教室爲之，於是教師就要講求技巧，營造良好的教育氣氛，謀求和諧的態度來進行，也就是依照規則、有範圍（不是漫無標準與目的）、合乎教育的性質，這樣才算是良好、有效的對話。

從以上所述的討論、陳述、對話三者，爲師生溝通有效方法。現代是溝通的時代，一切講求溝通，就連師生關係的維持也不例外，學校教育也應體認這種時代潮流，配合時代的腳步來進行。德國社會學家哈伯馬斯的「溝通行爲理論」之所以會受到重視，其原因在此。

師生關係應該維持在活潑、生動、互動等動態的情況，就要講求溝通，有溝通才有活水，師生的互動才能生生不息！

不容易建立起來的師生關係，就要好好地維護，能有良好的維護，師生同處於良好的學習團體之中，才能促進教學相長。

三、師生溝通障礙的消除

師生溝通會遇到障礙，這是無可避免的事，因爲任何一種溝通都會有障礙，否則人類的誤會、猜忌、誤解等，就無由發生。

師生溝通障礙的因素主要有：

㈠主觀方面

主觀方面指的是個人的因素，因爲學生的個性不同，不容易與教師溝通，這種情形主要是害羞與恐懼。在害羞方面是個性內向，不善與人溝通；在恐懼方面，德國的教育家曾經做過學童之「學校恐懼」（Schulangst）的研究，認爲學童本身對學校產生恐懼感，以致不願意或害怕上學，自然造成溝通的困難。

㈡客觀方面

客觀方面指的是環境的因素，因爲有很多的教師不願意學生發問，怕被學生難倒，以致學生沒有發問的機會，久而久之養成習慣，學生就會以爲：別人都不發問，我爲什麼要發問？形成大環境都是如此，我爲什麼要比較特別？於是環境影響到個人之溝通的意願。

綜合以上兩種情形，尚有下列情況：國小低年級學生因爲怕老師，不敢跟老師說話。甚至在一般的學校，由於大班級的關係，一個學期下來，許多學生沒有跟老師說過話，這是一種教育制度上的缺陷。

消除師生溝通障礙主要的方法有：

(一)教師與學生對話採取主動

教師與學生對話採取主動，可以克服學生恐懼的心理，同時由於教師的誘導，有溝通的方向與溝通的內容，溝通的障礙就比較容易消除。

此外，教師應多利用機會，創造溝通的時機。由於較多的溝通時機，這樣對於師生關係的維持將更有幫助。

(二)教育制度的改善

由於大校大班制，在師生溝通方面會產生一些困難。因此，現在世界上教育進步的國家，在進行教育改革，使成爲小校小班制。尤其是降低班級中的學生人數，這樣能使教師更容易了解學生。如果教師能多了解學生的個性與能力，儘量想辦法接近學生，則對溝通的障礙也比較容易消除。

第三節　師生關係的功能

師生關係的維持在於教學目標的達成，有助於陶冶功能的發揮，也就是因教學而組成的目的團體，能發揮教化的功能。教育是人教人的工作，如何把人教好，是一件極爲重要的事情。在人教人的工作中，教人者，教師也，受教者，學生也。

韓愈著「師說」一文，說道：「師者，所以傳道、受業、解惑也。人非生而知之者，孰能無惑？惑而不從師，其爲惑也，終不解矣。」又說：「師道之不傳也久矣，欲人之無惑也難矣！」又說：「愛其子，擇師而教之，於其身也，則恥師焉，惑矣。彼童子之師，授之書而習其句讀者，非吾所謂傳其道、解其惑也。句讀之不知，惑之不解，或師焉，或不焉，小學而大遺，吾未見其明也。」從以上所引，可知韓愈在師說中的傳道、受業（授業）、解惑，最重視解惑。因此，師生關係的功能建立在發揮傳道、授業、解惑上，然最重要的功能則是解惑。

師生關係所要發揮的主要功能爲：

一、完成教學目的

師生關係的組合，是一種有目的的組合，也是爲了完成教育與教學的目的而組合。德國教育家皮策特（Alfred Petzelt）認爲：師生之間所組合而成的關係，應被視爲教育與教學的新統一，首先應該做到如此，教學才有可能。教學的行爲是一種事實的行爲，而這種師生關係只能發生於單一的領域之中，無法以其他領域來取代。因此，師生關係的建立，成爲教育方法方面的根本。在這種情況下，師生關係成爲教育與教學的根本事務（註一六）。

德國著名的教育家赫爾巴特（Johann Friedrich Herbart）對於教育與教學之間的關係有深入的研究，而提出了「教育性的教學」（erziehende Unterricht）的理論。也就是將教學與教育揉和在一起，教育性教學才是眞正之教學。而這種教育性教學，根據他的論點而認爲：「對於教育性教學來說，一切都取決於其所引起的智力活動。教學應該增加而不是減少這種活動，應當使他高尙而不是變壞。」又說：「並非一切教學都是教育性的，例如爲了利益，爲了生計或出於愛好而學習，這時將不必關心透過這種學習會使一個人變好或變壞，不管他是怎麼樣的一個人，不管他的目的是好是壞，或不好不壞，只要他有學習這些事物的意願，對於他來說，那種能準確地、迅速地和吸引人地教給他需要的人便是一位合適的教師。」（註一七）

依據赫爾巴特的觀點，師生關係是建立在教育性教學上，教師與學生在以上的原則之下，完成教學的目的。

要完成教學目的，教師所扮演的角色爲：

㈠教師是教育功能的負荷者

教師是教育功能的負荷者，他可以依據法規，也可以與其他教師商量如何負責或共同負責。他遵守法規與應用法規，雖然有些主觀，但是他還是要信任他所採取的方式。也就是說，教師雖然是法規的遵守者，但是還是有客觀的限制，最起碼是不能違反教育原則。

教師由於是教育功能的負荷者，因此他對學生的行爲有所要求。誠如德國教育家魏倫道夫（F. Wellendorf）所認爲的：教師的角色是對學生的行爲有所要求，但是這種要求先要透過同儕行爲的表現方式做嘗試，獲得「認同」（Identität）以後再做要求，以指示學生的行爲取向（註一八）。

㈡教師是教育行進的舵手

教師在教育關係中所負的責任最大，他是領導學生的。因此，他是教育行進（進行）的舵手，同時舵手也是穩定一條船的進行的人。因此，一位好的教師必須很穩定，對於學生的行爲關心，尤其對學生要信任，對學生會變好有信心。此外，教師對學生要基於認知的考量，期待學生行爲能合乎規範，同時也要合乎教學目標。

㈢教師是發現問題與解決問題的人

德國文化學派的教育家最重師生關係，尤其是重視教師的教學價值，並且認爲教育是在不斷地發掘問題與解決問題的過程。基於以上觀點，教師是一個有能力爲學生解決問題的人。在教育的過程中，教師以其專業的能力，可以去發現問題。因此，及早發現問題，爲學生解決問題，師生關係就可以融洽；除了建立良好的師生關係外，也有助於達到教學的目標。

二、促進學生的成熟

師生關係的建立，具有互爲主體性的功能，即教師在經驗方面的成長，學生在身心方面的成熟，此所謂「教學相長」也。

學生在和諧的師生關係中，是比較容易成熟的，因爲有教師之成熟人格的影響，以及同儕的互相影響的緣故。學生接受教育，受教師的影響很深，因此，觀念主義的教育家强調教師的重要性，認爲教師不但要了解學生的學習階段，而且也要關心學生學習的最後目的。教師是促使學生改變的人，即透過教育而使學生作良好的改變。尤其是教師幫助學生去掌控整個學習過程，不要使學生變成一個思想不成熟者或無知者。

促進學生成熟，可分爲下列兩方面：

㈠個人的成熟

教師教導學生，期望學生能成熟，成爲一個成熟的人，而成熟有下列重要的三種：

1. **認知的成熟**　教師幫助學生進行「認知學習」（kognitives Lernen），使學生獲得知識，有了豐富的知識，就是在認知方面也逐漸成熟。所謂「認知」，就是知覺、記憶和思想的綜合，它是直接的，但是每一個人接受的程度不同，特別要強調的是他對於資訊的接受、累積、轉移、應用的性質的差異。從以上的接受程度而言，是讓人具有認知的能力，而這種能力可因學習而成熟（註一九）。

2. **道德的成熟**　教師幫助學生進行「道德學習」（moralisches Lernen），這也就是道德教育，即教師將道德理念教給學生，使學生認識道德，以達到能實踐道德的理想。學生有了道德成熟的行爲，對於自己的行爲合乎善行方面能作自我決定。

3. **人格的成熟**　教師幫助學生進行「角色學習」（rolles Lernen）。人格是發展的，而且是慢慢形成的，德國現代著名的人格心理學家艾爾文・陸特（Erwin Roth）認爲：人格是人在生活中的行爲與反應，從有機體的機械運動到有系統的力量作用，不能與外在條件斷絕關係（註二〇）。人格是人內在特有的角色，是結構的，人必須與其「角色認同」（Rolle–Identifikation）。人有其實際性，他一方面是自然的自我控制，具有獨立性；一方面是一種關係，一種與環境的關係。在人的生活表現裡，人格的意義，不只是「我」的限定，而且是能溝通與互動的（註二一）。人格是可以被陶冶的，教師可以其方法來陶冶學生的人格，使學生具有完美的人格。

(二)社會的成熟

師生關係的保持，有助於促進學生的「社會成熟」（soziale Reifung）。一般的情形是：教師幫助學生進行「社會學習」（soziales Lernen），使學生能認識社會，容易與人相處。德國教育家華爾茲（U. Walz）認爲：在學校中，師生關係建立以後，最顯著的現象是班級的形成，此時的教學是團體教學或團體工作，而團體教學或團體工作具有社會教育的意義，它有助於促進學生的社會成熟（註二二）。

欲使學生社會成熟必須做到：

1. **從生活中去實現教育理想**　學生在學校中能成熟，必須接受教育，未來社會理想的實現，則必須講求生活關係。成熟，在事實上，是在學校的現成關係中所促進的，因爲學校在促進學生能在未來時的社會成熟，等於是提升了教育理想，並且闡明了將來學生能過完整生活的可能性的理念（註二三）。

教育是在生活中進行的，與生活有密切的關係，而生活方面，社會生活最爲重要，因爲人是要營共同生活的，學生及早社會化，對於社會成熟也是極有幫助的。

2. **引導學生從事社會學習**　師生關係的維持有助於促進學生成熟，其中社會成熟是發展的結果。因此，社會成熟是社會化發展的結果。學生在學校中，爲了達到社會成熟，「社會學習」是教師教學的重要課題，因爲它有助於社會化的達成。學生遲早是要走入社會的，提早社會化，是有助於將來的社會適應。

要發揮師生關係的功能，最好的方法是教師多與學生相處，從相處中完成教學的目的與社會成熟的目標，這是師生關係中重要的課題。

3.教師主動與學生相處 現今教育受到社會變遷的影響，產生了人與人之間的冷漠，於是許多教師受了這種現象的影響而與學生隔離起來，不願主動地與學生相處，再加上有些學生對教師存有恐懼的心理，使著師生關係更不調和，這是不好的現象。

如果教師願主動與學生相處，學生會十分的歡迎，並能相處得愉快，因爲學生不知如何縮短師生之間的距離，甚至不知如何去解開人與人之間所經常存有的孤立感的心結。

三、促進學生的成就

教育本來就是在追求成就的，那怕是一點點的成就，學會一些小東西，獲得一些零碎的知識也是成就。所以教育不能沒有成就，否則師生只是白忙一場，這種白忙終究不是在教育過程中所要見到的。

師生關係的建立可以促進學生在各方面的成就，有如下的理論：

㈠成就的表現

學生的成就是要表現出來的，也就是說，這些成就是可以觀察的，也可以判斷的。德國教育家艾爾雷邁耳（Norbert Erlemeier）認爲：學生的成就是教師的期待，這是教師職業所要發揮的角色功能。雖然學生的成就是有選擇的，即依據不同的能力而表現不同的成就，但是教師要以複雜的認知能力去予以分類與解釋（註二四）。

基於以上論點，教師的期望與學生的成就有密切的關係，例如「比馬龍效應」（Pygmalion Effect），期望行爲產生了良好效果，但教師應該避免「月暈效應」（Halo Effect）對於學生成就的判斷產生誤差。

㈡社會倫理責任的養成

學生的成就是多方面的，知識的、技術的、道德的，如有成就，也都是成就的範圍。不過，如從廣義及教育倫理學的觀點去看，如果具有「社會倫理的責任感」（Sozialethische Verantwortungsgefühle）的意識，也是一種成就。

德國著名的兒童心理學家克羅（Oswald Kroh）就是做以上主張的學者，他在其名著「國民學校兒童心理學」（Psychologie des Grundschulkindes）（一九二二）一書中，在理論方面强調：兒童在學校中（尤其是在班級裡）能夠養成共同生活之完滿關係，也就是具有「社會倫理的責任」的觀念的重要性。兒童在班級中接受教育的重點，是基於「增多」（zunehmende）的原則，然而「增多」在新的行爲表現、價值的保持、成就方面，並不是立即見分曉，而是逐漸發展的、繼續的，就如從種子的開始發芽而達到高級的形式的情形一樣。由於有這種「繼續性」，從事科學的研究而言，是富有意義的。因爲兒童的發展是按照循序漸進的方式，所以其發展過程可以顯現出來。與發展並行的是教育，教育爲兒童帶來成就（註二五）。

學生的學習成就應是多方面的，教師依學生的才能予以充分的發展，使其有專長的一面能夠充分的發展，發展的結果，同樣地，也帶來成就。

學生大部分會面臨下列兩項問題：

㈠成就的壓力

學生所面臨的「成就壓力」（Leistungsdruck），大部分是由父母、教師、學校所賦予的，他們希望自己的子女與學生有所成就。這是一種期待，因此某些人的期待也會給年輕人帶來壓力。

㈡成就的阻力

學生也會面臨「成就阻力」（Leistungsstörungen），這種阻力是與學習有關，如學習能力、學習方法、學習環境等，都會造成成就的變數。教師就是在幫助學生排除成就的阻力，使學生在學習過程中遇到的阻力最少，帶來最大的成就（註二六）。

學生追求成就的方法為：

㈠以辛勤換來代價

成就是要靠努力，只有努力才能成功，因為天下沒有不勞而獲的東西，也沒有白吃的午餐，只有辛勤才能換來成就的甜美。

㈡應有教師的助力

學生所遇到的阻力或問題，如由教師來協助排除或解決，將會迅速而有效，使著學生不斷地再去追求成就。

第四節　理想的師生關係

建立理想的師生關係，不但可以達到教學的理想，而且也可以促進師生之間的溝通與互動。從大處去看，可以使整個學校活潑生動起來；從小處去看，可以使整個班級具有良好的教育氣氛。就前者而言，學校是學生生活與活動的場所，總不能讓它死氣沈沈，阻礙了教育的進步；就後者而言，班級是學生組合而成的小團體，關係最密切，是共同學習的地方，總不能讓它氣氛凝重，阻礙了學習與成長。

爲了達到以上的理想，教師必須是價值的實現者，也是價值的賦予者。從事建立理想的師生關係的努力，是教師刻不容緩的工作。

一、建立理想師生關係的前提

建立理想師生關係的前提可以分爲下列兩方面來探討：

(一)消極方面

師生關係經過時代與社會的變遷，變得淡薄，其原因爲：

1. **傳統的師生關係已經變質**　傳統的師生關係原本也是相當溫馨的人際倫常，師道建立在對

「生命的崇敬」與「關愛」的基礎上，教師在這基礎上作育英才。家長對教師更是信任加上感恩，使整個社會因師道的存在而產生了祥和。然而現在在整個大環境急速的變化下，曾幾何時，師道已經變質，雖然社會上還有不少可敬可佩的教師堅守崗位，但是在大嘆「世風日下」的比率卻越來越高。

2. **新的師生關係尚未建立**　傳統的師生關係，一般的百姓都可以朗朗上口地說出是：「尊師」與「敬師」，然而現在如有人問：新的師生關係是什麼，大概不太容易答得上。這是新的師生關係理念尚未建立的緣故。於是形成了如何維持理想的師生關係，是一片模糊！

3. **教育品質的商業化**　在師生關係變質以後，許多人都會覺得學校教育商業氣息越來越濃厚，尤其許多私立學校這種情形越來越顯著。因此，教師的教學態度不免也會受到影響。其影響最大的是教學熱忱，對不同的學生有不同的教學熱忱，如對某些學生的教學過於熱忱；對某些學生又過於放任。在以上的情形下，師生關係的品質變質情形就可想而知了。

㈡積極方面

師生關係也有積極的一面，也就是健康的一面，其情形爲：

1. **教師應成爲教育家**　德國教育家巴特（Helmut J. Patt）說：「教師不願只是屈就於教書匠，爲此，他應根據科學的教育學的理論，首先從倫理做爲出發點，願意成爲教育家。」（註二七）教書匠與教育家是不同的，從事教育工作的人，在積極方面應成爲教育家。

2.教師應成爲學生的引導者　德國教育家韓恩（Wilhelm Hahn）說：「對教師來講，是需要賦予青年人的引導圖像。」（註二八）教師也常成爲年輕人模仿或學習的人物，成爲心儀的對象。

二、理想師生關係的推動原則

師生關係的建立和運作，才能完成學校的教育功能。在學校教育中，教師往往是主動在推動教育工作的人。教育就如前進的一部列車一樣，沒有人駕駛是不行的，就是一列全自動的列車，沒有人駕駛，還是會出問題的。所以當學生發生行爲上的問題的時候，如列車的駕駛的人的教師，不能說他沒有責任。

基於以上的論點，理想的師生關係，就如保持一列列車的繼續前進，快速而平穩。現代的學生，就如乘客，亦有與駕駛人配合並維護安全的理念。每一個學生都應有意願去與教師接觸或保持關係。基於這個理念，學生接受教育必須與教師對話，如此可從教師那兒學得東西。這種方式成爲教育施爲的重要課題。

理想的師生關係應合乎下列的原則：

㈠教育的發生應合乎教育的意義

教育的發生也可以說是教育的開始，所謂「好的開始，是成功的一半」。因此在教育的發生時，就應有好的開始與好的安排，這樣師生才能建立信心。

教育的發生是始於教育關係的建立，一般人所謂的「教育關係」也就是指「師生關係」。當教育行爲發生時，其重要的意義是促使人的本質發生改變，這種改變爲教育人類學所探討的課題，也是一般教育與陶冶的課題。因爲教育與陶冶就是在幫助成長中的人，能夠形成他自己，尤其是生活能力的形成爲然。而且說得明白一些，教育活動本身，就含有意義，於是教育或陶冶成爲「意義孕育的一件事情」（Sinn trächtiges Geschäft）（註二九）。

對於以上情形，德國教育家烏里希（Dieter Ulich）把美國社會學家派深思（Talcott Parsons）的理論應用到學校班級經營的觀點上，烏里希在一篇「學校班級的社會角色」（Die gesellschaftliche Rolle der Schulklasse）一文中說道：「派深思明白地表示：學校班級是有空間的，正式教育這件『事情』必從此開始，團體的社會生活應在這樣的安排下才有意義。」（註三〇）

德國教育家達納（Helmut Danner）更將前述的觀點做更進一步的推演，也就是精神科學的教育學（Geisteswissenschaftliche Pädagogik）的觀點去探討師生關係，認爲每一位教師在實施教育時，多多少少會採取喚醒的方式，根據固定的教育目的，採用指導的方式，對他的學生的學習作正確的事先安排（註三一）。

教師與學生關係的形成，處於教育發生時，具有如下的意義：

1.在教育發生時，教師常常是扮演著引導者的角色，學生最好是服從教師的引導。不過，這種引導，絕不是採用壓迫的方式，而是一種對話的關係。

2.師生感情建立時，就開始要從事感情交流，慢慢地培養教育方面的感情，從而建立教育愛。

3.教學應具有意義，即以意義爲出發點，假如教學不是具有意義，這種教學就不具有價值。因爲意義的指示性是一種力量，當這種力量發揮時，對於教學趨向目標具有促進的作用與指導的作用。

關於以上的論點，德國教育人類學家維爾特（B. Welte）下了最好的註腳：「人的生活和人的所做所爲，必須是充滿意義的，無意義的生活和做法是不應該存在的。」（註三二）尤其是德國文化學派的教育家斯普朗格（Eduard Spranger）在其名著「天生教育家」（Der geborene Erzieher）一書裡，對師生關係的意義提出了最好的說明：「只有在愛的溫暖裡，教育才能成功，影響人的內心，在教師與學生相處的時候，愛的力量透過情感而發出光芒！」（註三三）

教育愛是教師對於學生幫助，一開始就要付出的，具有重要意義。

(二)教育過程應有倫理的隱含

在教育過程中，確認道德是可以教導的，這樣才能使教育與道德發生關係。德國教育家貝爾特拉姆（Hans Bertram）提出「道德的意志陶冶」（moralische Willensbildung）觀念，認爲它可以在學校中傳布，有助於教師養成「明察的能力」（Einsichtsfähigkeit）；學生養成「批判的能力」（Kritikfähigkeit），在自我實現方面，都可以達成（註三四）。

有關道德教育方面，皮亞傑（Jean Piaget）的「道德發展認識論」，對道德的認知在教育方面有深入的探討，然後郭爾堡（Lawrence Kohlberg）根據皮亞傑的理論提出了道德發展的階段理論，這種道德發展的階段論，是可以應用在教育過程中的。

在教育過程中應有倫理的隱含，主要在於教師應有專業道德，能守分，把他的道德理念應用在教育當中。同樣地，學生也以「禮」來尊敬教師，現在的學生不識禮及不執禮久矣，因此使著整個過程不能順利的進行。在以上的情況下，教師的「德」，學生的「禮」，構成兩項不可或缺的要素。

在教育的過程中，師生關係自身埋藏著「善」的規範價值內容。因此，師生關係就隱含著倫理因素在。也惟有隱含著倫理因素，才能發揮它的理想。假如不隱含倫理因素，必然會形成價值的紊亂。

教育過程中的師生關係隱含倫理的要素，其重要性如下：

1.沒有教育就沒有道德，沒有道德就沒有教育（註三五）。

2.在師生關係中，雙方都在找尋價值與理想，找尋能「超越的事情」（überholte Dingen），其他如勇氣、友愛、正義等，成爲顯現於人眼前的圖像，於是師生都在爲眞、善、美的理想而奮鬥（註三六）。

3.在教育過程中，教師要教給學生個人道德，同時也要教給學生社會道德。因爲前者是道德的表現；後者是倫理的隱含。然無論是個人道德或社會道德，表現在教育行爲上，其最後或最高的目的均是善。

從以上的論點可以了解到：教育過程是離不開倫理的，倫理成爲維繫師生關係的有利因素，任誰也不敢否認倫理在此方面的價值。

(三)教育的結果應有成就的展現

師生關係的維持，經過教育過程的倫理實踐，其結果應是：達成所期望的行爲，即合乎計畫的推行所能預料者。整個教育過程具有「有效性」（Effektivität），其結果是「能衡量的成功」（Meßbarer Erfolg）（註三七）。

教育是追求成就的，在師生關係中，包括了學生的請求，即請求各方面的幫助，因爲教育是發展的幫助；教師的要求，即教師依據期望要求學生去履行，大部分是知識與道德方面的。這種「請求」與「要求」的相互作用，在於共同來完成教育的理想。

成功的教育結果，有賴於理想的師生關係來達成，而理想的師生關係爲：

1.師生的互動關係良好，雙方處於和諧的狀態，教師負起教育責任，學生認眞地學習。

2.完成「人的活動的理性組織」（die vernünftige Organisation der menschlichen Aktivität）的形式，强調師生關係是一個理性的組織，學校或教育的實際推動者信賴教師的引導，就是「教育的轉換」（pädagogischer Transfer）也是透過教學來完成（註三八）。

3.「教育的合作」（Erziehung zur Kooperation）互相配合良好，把師生關係認爲是合作關係，教師與學生「共同工作」（Zusammenarbeit），成爲「互動的夥伴」（Interaktionspartner），爲他們帶來的成就（註三九）。

從以上的論點可以了解到：師生關係的理想，不管是把它看成互動關係良好、理性組織結構健全，或教育合作良好，都有著共同的理想，也就是爲教育的理想——眞善美聖的實現，攜手共同努力，以帶來更大的成就。

三、理想師生關係的實現

理想的師生關係，除了前述之推動的原則以外，還需做到：

㈠消除冷漠

目前的師生關係，一般人的見解是：冷漠。也就是師生之間冷漠相對。這種現象由來已久，主要的原因是除了西風東漸的影響外，還有國內社會變遷的影響。說得更清楚一點，就是由外國所帶進來的風氣，衝擊著我國固有的師生倫理，使我國的固有師生倫理潰散，再加上我國社會工業化所形成的影響，造成人與人之間的冷漠。

㈡移入感情

由於師生關係的冷漠，所以需要移入感情，以增加教師與學生之間的感情交流，產生更多的互動。這種「感情移入」（Empathie）的理念，就是把「心」放在師生關係之中，讓雙方來認同「移入感情」這件事情的重要性。師生關係雖然沒有辦法做到「水乳交融」，但起碼是沒有衝突存在。

從以上的論點，可以了解到：師生關係的建立與維持都應秉持著理想。有人主張要重振師生倫理，有人主張要加强師生互動，有人主張要教育愛。這些都是十分貼切的做法。今後的師生關係應該邁向理論與實際的配合，促使教育理想的實現。

註一：見 H. Harless: Von Hermann Lietz zu Paul Geheeb, aus: "Erziehung zur Humanität–Paul Geheeb zum 90. Geburtstag", hrsg. von Mitarbeitern der Odenwaldschule, Verlag Lambert Schneider Heidelberg 1960, S.50–58. Oder: in: Theo Dietrich (Hrsg.): Die Landerziehungsheimbewegung, Verlag Julius Klinkhardt Bad Heilbrunn/Obb. 1967, S.92.

註二：見 Klaus Mollenhauer: Erziehung als Interaktion, in: Norbert Kluge (Hrsg.): Das Lehrer–Schüler–Verhältnis, Forschungsansätze und Forschungsbefunde zum pädagogische Interaktionssystem, Wissenschaftliche Buchsgesellschaft Darmstadt 1978, S.260.

註三：見 L. Krappmann: Neuere Rollenkonzepte als Erklärungsmöglichkeit für Sozialisationsprozesse, in: Familienerziehung,

Sozialstatus und Schulerfolg, hrsg. von der b:e Redaktion, Weinheim 1971, S.169.

註　四：見P. Watzlawick/J. H. Beavin/D. D. Jackson: Menschliche Kommunikation, Formen, Störungen, Paradoxien, Bonn/Stuttgart 1969, S.196.

註　五：見G. H. Mead: Geist, Identität, Gesellschaft, Frankfurt am Main 1968, S.196f.

註　六：見E. A. Weinstein: The development of international competence, in: D. A. Goslin (ed.): Handbook of socialization theory and research, Chicago 1969, p.753f. or: M. M. Lewis: Sprach, Denken and Persönlichkeit im Kinderalter, Düsseldorf 1970.

註　七：見哈伯馬斯（Jürgen Habermas）原著，沈力譯：溝通與社會化，結構羣文化事業公司發行，民國七九年元月二十五日出版，第四至五頁。

註　八：引自R. Williams: Communication, London, 2. ed. 1966, p.17.

註　九：見Agnes Schoch: Vorarbeiten zu einer pädagogischen Kommunikationstheorie, Suhrkamp Verlag 1979, S.17.

註一〇：見同註四之書，第二三頁。

註一一：見Wolfgang Klafki: Das pädagogische Verhältnis, in: Wolfgang Klafki u. a.: Erziehungswissenschaft, 3 Bde. Fischer Taschenbuch Verlag, in Zusammenarbeit mit dem Verlag Julius Beltz Weinheim 1979, Bd. I, S.65.

註一二：見Klaus Mollenhauer: Kommunikationstheoretische Grundlagen der Erziehungswissenschaft. Unveröffentlichte Diskussionsunterlage für Gliederung und inhaltliche Orientierung des Seminars, Frankfurt am Main, WS 70/71, S.5.

註一三：見同註七之書，第三頁。

註一四：引自 K. Lorenz: über tierische und menschliches Verhalten, 2 Bde. München, 1965/1966, Bd. 2, S.237.

註一五：見 Wolfgang Lempert: Leistungsprinzip und Emanzipation, Suhrkamp Verlag Frankfurt am Main 1971, S. 301.

註一六：見 Alfred Petzelt: Die Lehrer–Schüler–Relation, in: Ders.: Grundzüge systematischer Pädagogik, W. Kohlhammer Stuttgart 1955, 2. Aufl. S.40–73. auch in: Norbert Kluge (Hrsg.): Das Lehrer–Schüler–Verhältnis, S.18.

註一七：引自赫爾巴特（Johann Friedrich Herbart）原著，李其龍譯：教育學講授綱要（Umriss pädagogischer Vorlesungen），五南圖書出版公司出版，民國八〇年六月初版，第三〇至三一頁，第五十七條與五十九條綱要。

註一八：見 F. Wellendorf: Schulische Sozialisation und Identität, Weinheim 1973, S.158.

註一九：見 N. Kogan: Educational implications of cognitive styles, in: G. S. Lesser (ed.): Psychology and educational practice. Glenview Illinois, Scott & Foresman, 1971, p.244. Or: Paul B. Baltes (Hrsg.): Entwicklungspsychologie der Lebensspanne. Klett–Cotta Stuttgart 1979, S.245.

註二〇：見 Erwin Roth: Persönlichkeitspsychologie, Verlag W. Kohlhammer Stuttgart, Berlin, Köln, Mainz 1974, 4. Aufl. S.33.

註二一：見 Heinrich Rombach (Hrsg.): Wörterbuch der Pädagogik, Verlag Herder Freiburg, Basel, Wien 1971, Bd. 2, S.343.

註二二：見 U. Walz: Soziale Reifung in der Schule. Die Sozialerzieherische Bedeutung von Gruppenunterricht und Gruppenarbeit, Hermann Schroedel Verlag Hannover 1960.

註二三：見 Deutsche Universitätszeitung: Hochschuldienst, Jg. 1978, S.43.

註二四：見 Nobert Erlemeier: Zur Frage der Wirkungen von Lehrererwartungen auf das Schülerverhalten, in: Zeitschrift für Pädagogik, 19. Jg. 1973, Heft 4, S.537–552.

註二五：見 Oswald Kroh: Psychologie der Grundschulkindes 1928, 1944, 22. Aufl. 克羅在梯賓根大學（Universität Tübingen）任教時，從事發展心理學及人格類型學的研究，著作甚豐。「國民學校兒童心理學」一書爲名著，到一九四四年時，共再版了二十二次。

註二六：見 H. C. Thalmann: Verhaltensstörungen bei Kindern im Grundschulalter, Verlag Klett Stuttgart, 2. Aufl. 1974.

註二七：引自 Helmut J. Patt: Nachdenken über Selbstverständliches. Mut zur Erziehung, in: Academia (München), 71 (1978), Heft 3, S.12.

註二八：引自 Wilhelm Hahn: Gedanken zur Pädagogierung der Schule. Bildungspolitiker als Anwalt des Kindes, in: Johannes Leclerque: Job oder Vorbild sein? in: Academia (München), 71 (1978), Heft 3, S.1.

註二九：可參閱 Martinus Jan Langeveld: Die Schule als Weg des Kindes, S.15; Josef Derbolav, Clemens Menze, Friedrich Nicolin (Hrsg.): Sinn und Geschichtlichkeit, Werk und Wirkungen Theoder Litts; Klaus Mollenhauer: Die Pädagogische Feld als Sinnzusammenhang, in dessen Buch "Theorien zum Erziehungsprozess", S.27–31.

註三〇：引自 Dieter Ulich: Die gesellschaftliche Rolle der Schulklasse und ihre soziale Organisation, in: Norbert Kluge (Hrsg.): Das Lehrer–Schüler–Verhältnis, S.183; Ders.: Gruppendynamik in der Schulklasse. Möglichkeiten und Grenzen sozialwissenschaftlicher Analyse, 5. durchges. und erw. Auflage (Unterricht, Erziehung, Wissenschaft und Praxis) München: Ehrenwirth Verlag 1975, S.36–49.

註三一：見 Martinus Jan Langeveld / Helmut Danner: Methodologie und "Sinn" – Orientierung in der Pädagogik, Ernst Reinhardt Verlag München 1981, S.139.

註三二：引自 B. Welte: Zeit und Geheimnis, Verlag Herder Freiburg 1975, S.124.

註三三：引自 Eduard Spranger: Der geborene Erzieher, Quelle & Meyer Verlag Heidelberg 1962, 3. Aufl. S.22f.

註三四：見 Hans Betram: Moralerziehung–Erziehung zur Kooperation, Zur Bedeutung von Theorie moralischer Entwicklung für Bildungsprozesse, in: Zeitschrift für Pädagogik, 25. Jg. 1979, Heft 4, S.534.

註三五：見 Johannes B. Torelló: Erziehung und Tugend, in: Ferrando Inciarte/Johannes B. Torelló/Manfred Spieker (Hrsg.): Grundwerte der Erziehung, Adamas–Verlag Köln 1979, S.62.

註三六：同註三五。

註三七：見 Marian Heitger: Kritische Anmerkung zur Weiterentwicklung der Pädagogik des Curriculums, in: Dietrich Benner (Hrsg.): Aspekte und Probleme einer pädagogischen Handlungswissenschaft, Festschrift für Josef Derbolav zum 65. Geburtstag, Aloys Henn Verlag Kastellaun 1977, S.65.

註三八：見 Karl Brose: Die kritische Theorie im Unterricht, Beobachtungen im Geschichtsunterricht der Sekundarstufe, in: Pädagogische Rundschau, 31. Jg. 1977, Heft 12, S.1071.

註三九：見同註三四之文，第五三三頁。

第十章 結論：教育倫理學綜觀與應用

教育倫理學所探討的是偏重在教師的責任方面，也就是教師的職業道德。這個問題，過去探討得很少，就是現在探討得也不多。因爲一般人通常是把教育的對象——學生，視爲是研究的對象，成爲教育研究的重心，而以爲教師是要求學生的，學生才是事事都要被關注的。因此，教師是權威的、是完美的，不需要再探討教師會發生的問題。其實這種觀念是錯誤的，因爲教師也是人，凡人皆會有問題存在，教師也不例外，所以教師也可能有問題存在。

教育倫理學理論的觀點，近些年來採用「互爲主體性」的論點，認爲教師與學生都是可研究的主體，不像過去只是以學生爲所要探討的主體。這樣一來，教師也有可能成爲被研究的對象。要有好的學生，必先有好的老師，所以健全師資成爲必然的要求。

教育倫理學理論重視倫理道德、良心、教育愛等，這一些均與教師的行爲表現有關，也是在教育過程中所要實現的事項。然而在今天的教育中，這些事項都逐漸被忽略，以致於造成校園倫理的重大問題。特別是功利主義教育思想、實用主義教育思想及行爲主義心理學興起後，教師的倫理觀，再也沒有人去重視它，這實在是一件很不幸的事情！

開放社會的來臨，人們尋求解放，以爲人的行爲越少受到束縛越好，也就是要有更多的自由，而道德或倫理被認爲是自由的約束，於是對於教師倫理的提倡，也就沒有那麼積極了。

當一件事情發展到極致的時候，或者問題發生了，不良後果造成了，人們才會考慮到這件事情是否過了頭，該否回頭再看看，或者需要檢討。這是「物極必反」的道理。

教育倫理學就是在以上的情況下而發展起來的，它之所以會被重視，是有以上之原因。而且欲從事教育工作，也必須對自己的職責有所認識。

第一節　教育倫理學綜觀

教育倫理學的綜合觀念是揉合了該學門中的各種理論而成，提出比較適中及具體的觀念，使有助於教師對於這門學問的了解。尤其是每一位教師都應該了解教育倫理，對於教學才有幫助，因爲現代已不是不知而行的時代！

教育倫理學理論所探討的爲：

一、教師的職業道德

教育倫理學理論的探討是以教師爲中心，然後再擴及師生關係。教育是要講求倫理，殆無疑義，如不講求倫理，就是教育不按規矩來，那麼教育如何進行？「無規矩，不能成方圓」，就是教育倫理實踐的重要概念。尤其是教育本來就是教人守規矩的，如果連教育的實施者——教師都不守規矩，那麼培養出來的人又如何能夠守規矩？

同時，教師也要守分，也就是守本分，即在其職責內或分內的規定一定要遵守，如果踰分，則有失其職業道德。也就是說，教師的職業道德應該具有最高的善，因爲教師要成爲學生行爲的模範，及教師執行其本身的工作必須有道德要求。有了以上的道德要求，才能完成教學的理想。

基於以上的論點，可以了解到：教師的職業道德是良好的道德與最高的善的融合。

教師的職業道德也是學習而來的，而且是慢慢養成的，其情形爲：

(一)建立職業道德的觀念

教師在養成的過程中，要引導其建立職業道德的觀念，而且教師是「倫理團體」（Ethosgruppe）中的一分子，他在團體中所凸顯的意義是能有成功的教學，恪守倫理原則，達到正確的結果（註一）。

教師應有正確的職業道德觀念，有了這種觀念才能表現於他實際教育行爲之中，誠如德國教育家華塞爾（Paul Fauser）所認爲的：在教師養成過程中，要從事「實踐的學習」（praktisches Lernen），培養正確的職業道德觀念，然後建立規準（註二）。

(二)職業道德學習的條件

教師職業道德學習的條件爲：

1. **材料**　必須事先準備，如看錄影帶，或與有經驗的人交談、訪問，在準備時要考慮到複雜的程度並作安排，如係資料要事先閱讀或學習。

2. **程序**　選擇採用演繹或歸納的程序，首先對整個情形有所認識，然後再以理論方面的知識去對照，這些理論必須與整個情況有關，能應用在實際的情況上。

3. **方法**　分析教育活動的情況，對於重新建構、解構、結構等進行分析。除了分析以外，還要採取批判的方式，舉例說明及角色扮演等。

4. **行爲**　在教學的過程中，想教學成功，必須做到：

(1)把教學當成藝術。

(2)團體中的衝突必須一一去處理。

(3)學生在教室中的問題應該謀求解決，並依計畫而行，每一問題的解決，應該以理論去衡量。

5. **評鑑**　程序意識的改變與職業倫理的堅持，必須以經驗去衡量，對於改變的情形，必須作系統的觀察（註三）。

以上的論點爲教師職業道德學習程序最起碼的要求，然後才能做到：

1. 有明顯的效果。
2. 能做實際的討論。
3. 建立正確的觀念。

(三)教師職業道德的實踐

在教育倫理學中所提出的教師職業道德的實踐的要點爲：

1. 教師對於本身所從事的教職應該敬業，對於所選擇的職業應該忠於自己的選擇，不要再有牢騷與不滿，這樣於事無補。惟有忠於自己的選擇，才能至誠忠於自己的職務。
2. 教師的爲人處事，不問在學校之內，或在學校之外，均可爲人之模範。
3. 教師應努力於自己的修養，使能被認爲是文質彬彬及有風度的人。教師的行爲表現，絕不能表現出是一種粗暴及亂發脾氣的人。
4. 教師與同事相處應和氣，不能有驕矜而看不起人的態度。
5. 教師應自己率先遵守校規，做爲學生的模範。
6. 教師對於兒童的訓育應秉持父母心，即以父母心去對待兒童。

7. 教師應自省，調整自己的心態，眞摯地去對待自己的學生，不得有虛僞。

8. 教師對訓導的各項技術精熟，隨時能作有效的應用，達到行爲改變技術的目標。

從以上論點可以了解：教師的職業道德在執行（實踐）方面，有如心中的一把秤，以其良心去衡量，所以他對於道德的拿揑，應出於良心，如不出於良心，則可能會失去平衡，因爲人有個別差異，各人的行爲有不同的表現，對於教育問題的處理，除了專業道德以外，還需要教師的教育智慧。因此，有良好的職業道德，才有良好的教育行爲表現。

二、教師的教育責任

教育倫理學是强調教師的教育責任的，教師依其職能而產生責任，也就是有職位就有責任。教育倫理學家邊寧（Alfons Benning）說：「教育倫理學是一種行爲科學（廣義的），反應出在教育中的倫理責任的作用。」（註四）德國教育家勒維希（Dieter-Jürgen Löwisch）也說：「教育倫理學的課題是教育責任。」（註五）

從以上所引就可以了解：教育倫理學理論所重視的是教育中的倫理責任。於是，教育倫理學的實際，就是倫理責任的發揮。

(一)教育責任是一種功能倫理

勒維希提出了「責任倫理學」（Ethik der Verantwortung）的概念，那就是教師具有倫理責任，也要教導未來的一代具有倫理的判斷能力，他認爲這是現代的責任，也是未來的責任。尤其是「功能倫理」（Funktionsethos）的發揮最爲重要，所謂「功能倫理」是一種外在責任，它的重點是對教育行爲作安排，即主觀的行爲必須在理想的法則下作安排，並以良心爲基礎（註六）。

(二)教師重要的倫理責任

教師負有教育的倫理責任，才能在職務中盡義務，他要完成教育的工作，必須盡其職責。教師重要的倫理責任爲：

1. 教師選擇他的職業，就要爲自己的選擇負責，因爲選擇與責任是互爲相關的，所以教師在選擇以後就要忠於自己的選擇。

2. 教師有職位就有責任，也就是職位與責任也是互爲相關的。這是教師在執行其職務時所應該負有的責任。

3. 教師應該了解引導的行爲規範，賦予對學生的教育目的與教育尺度，也就是實施「價值指導的教育」（wertorientierte Erziehung）。

4. 教師的教育責任不能有「教育的眞空」（pädagogisches Vakuum）存在，也就是不能釋放出其所有的責任，我行我素，好像責任與其沾不上邊似的。相反地，教師還應不斷地吸收資訊，充實其所應負責任的理論內涵，好讓其在執行責任時有更深的認識。

5. 教師的教育責任應把它視爲具有實用的性質，對於教育責任理論的認識固然重要，但對於教育責任實際的作用也是重要。

6.教師應該具有「預防倫理學」（Präventionsethik）的概念，把它視爲「責任的新倫理學」（neue Ethik der Verantwortung），嘗試著作「保護責任」（Heger-Verantwortung）的目的安排。

從以上論點可以得知：教師具有無法免除的教育責任，這些責任，尤其是倫理責任，應由教師承擔。就一般情形而言，每一種行業所負的責任大小不一，但總有一定的限度，然教育責任有時跟良心摻雜在一起，有時小到教師只要對學生交待一聲就可以，也可以大到無窮，那就是可以賠上生命。

三、教師的教育行爲價值

把教育倫理學視爲是價值科學，是該學科的重要性質。就一般情形而言，教育活動是有價值的活動。站在教育倫理學的觀點去看，教師的教育行爲也是有價值的，否則其教學將是無意義。這樣一來，教育倫理學也就是價值倫理學。

德國哲學家謝勒（Max Scheler）在其重要著作「倫理學中的形式主義與質料的價值倫理學」（Der Formalismus in der Ethik und die materiale Wertethik）一書中，揭示了價值倫理學的理念，認爲價值倫理學在强調心靈生活的體驗，尤其是「價值體驗」（Werterlebnissen）最爲重要，因爲它是內在的心能與外在經驗的合一。倫理學除了本質的把握以外，還有體驗的基礎（註七）。

(一)教育行爲價值觀

教師的教育行爲是有意義的，有意義才會有價值，無意義必無價值。尤其是教師的教育行爲具有意向性，企圖完成教育的目標。教師在教學時，能夠體認到「道德事實」（moral fact），也能以「道德認知」（moral cognition）去配合，使整個行爲深具意義，又具有倫理價值。

(二)教師在教育行爲方面所應掌握的價值倫理

教師從事教育工作，在教育行爲方面所應掌握的價值倫理爲：

1. 教師的人格形成應是善的，一位教師如果所形成的人格是惡的，那他就不配爲教師。
2. 教師應具有道德能力與道德意願去指導學生的行爲，使學生在某種情境中「準備去行動」（a readiness to act）。
3. 教師可能會有情緒反應，不過，這種情緒反應不踰越應守原則的限度。
4. 教師應注意到「道德的事實」，這樣道德的價值比較能了解。
5. 教師的教育行爲應以善爲出發點，也是在教導學生向善。
6. 教師的教育行爲除了自行認定有主觀價值外，還應符合客觀的價值。

從以上論點可以了解到：教師應重視倫理價值，教育本來就是價值的傳遞，於是教育就是教師要將那些有價值的教給學生。而且教育倫理學是一種有價值的學科，其內容所强調的教育價值（包括教育行爲的價值）成爲理論的中心，而教師的教育行爲應該是歸趨於教育價值中心的。

教育以價值做爲出發點，比較不容易發生偏差，因爲有價值，總有目標，而教育如能按目標去進行，有一個方向，較不會迷失！

四、師生關係

教育倫理學理論自然要探討教育的倫理關係，而師生關係自然是倫理關係，這種倫理關係在教育過程中必須維持。雖然西方國家對於師生關係看得比較淡薄，沒有像過去那樣地重視，但是教師對學生的影響還是存在的。

(一)教育倫理學理論爲教育關係作分析

德國教育家加姆（Hans-Jochen Gamm）認爲教育倫理學在於嘗試教育關係的分析，而師生關係就是一種教育關係（註八）。他是把教育倫理學的重點擺在師生關係的分析上。

由於師生關係的日漸淡薄，對於教育造成不良影響，因此，國外有些教育家對師生關係進行分析，找出建立良好師生關係的方法。師生關係如加以分析可以發現：在基本上，師生關係都有相同的結構。人與人之間的相遇，是一種偶然，因此，師生關係也是一種偶然，但這種偶然卻基於愛，所以它是一種愛的教育關係。

(二)教育倫理學探討教育關係的維持

要維持良好的師生關係並不是一件容易的事情，否則也不會有一些教師以笨拙的方法去處理師生關係的問題，而引起學生在背後罵老師的情形發生。

要維持良好的師生關係必須做到：

1. **開明**（Heiterkeit） 教師的作風開明，能夠接納學生的意見，不以其權威壓學生。
2. **幽默**（Humor） 教師言談舉止幽默，容易與學生接近，有助於師生打成一片，和諧相處。
3. **良善**（Güte） 教師人格完整與成熟，在教育行爲方面以善爲出發點，以引導學生向善（註九）。

從以上三個要素去了解，可以了解到：師生關係的維持先從教師做起，然後擴及學生，因爲建立良好的師生關係是師生雙方的責任。在雙方的共同責任原則之下，必須做到：

1. **對話** 教師與學生對話有助於師生的相互了解。
2. **互動** 師生的互動越頻繁，師生關係就越活潑，使團體產生和諧。
3. **溝通** 教師主動與學生溝通，採用交談的方式，產生溝通行爲。

第二節 教育倫理學應用

教育倫理學有理論，也有實際，而倫理本來就是用來實踐的，尤其是在道德方面，以能實踐才能達到效果。教育倫理學的實踐是從教師的教育行爲中顯現出來。教師的工作就是在教育學生，而教育學生一定會應用到教育倫理學的理論。

目前教師對於教育倫理學理論的應用，除了一般性原則的應用外，其他原則的應用並不是很普遍，因爲很多教師對什麼是教育倫理學？概念都不是很清楚，怎麼能應用其理論呢？

教育倫理學理論的應用，對教師教育行爲的改進是有幫助的。

教育倫理學理論的應用主要方面有：

一、教育愛的應用

師生關係是一種教育的倫理關係，雖然是偶然的關係，但是他們之間有感情存在，也有倫理存在。有了感情，也有倫理存在，教師才會將教育愛賦予學生。這種賦予無論是直接的或間接的，其對象都是學生，如果沒有賦予的對象，教師也不會將教育愛賦予陌生人。

從以上的觀點可以得知：愛是陪伴著倫理而行的，有了倫理關係，才會有愛的存在。例如每一個人與其家庭都存在著倫理關係，於是他就享有家庭之愛。同樣的情形，每一個學生都是學校的一分子，於是他享有教育愛。這種教育愛的性質爲：

(一)教育愛與教化的關係

教師對學生的教育愛，是一種付出而賦予學生的，學生對於教育愛的獲得是一種期望，這種期望與學生的心理發展或道德發展有關。

教育愛與「教化」（Versittlichung）有著不可分的關係。教育愛在本質上有助於學生之心靈的與道德的發展，並有助於學生因享有教育愛而容易達到「人的形成」的境地。

教育愛的賦予有助於建立良好的師生關係，各種教育步驟才能互相配合，學生的內在性才能顯現出來。教育愛是德國文化學派所倡導的，狄爾泰（Wilhelm Dilthey）的學生多人提出這樣的主張，而這一個學派是最講求師生關係的一個學派。

㈡教育愛的作用

教育愛的作用是用來感召學生的，使學生在受感召之後達到身心的和諧及具有良心的準則。其情形為：

1. 學生身心的和諧，才能具有「生命力」（Vitalität），有生命力才有力量從事學習。

2. 學生具有良心的準則，是對於事物、自己、情境等，皆能以良心來衡量，其行為的表現是有道德的。而且有了良心的準則，也能慢慢地養成責任感。也就是說，行為表現是有規範可做為指導，能與道德、秩序等相配合。

感召學生的教師，同樣地，也應具有良心的準則。教師的良心準則可被了解為：教育施為的「責任能力」（Verantwortungsfähigkeit）與「規範指導」（Normorientiertheit），兩者成為教育過程中的重要前提，那就是教化的重要原則，促使學生改變的基本條件。

綜合以上論點而言，教師具有教育愛，但也必須發揮教育愛的功能，這樣對於教育才有價值，及對學生才有幫助。因此，教育愛的功能爲（所產生的教育力量）：

1.教育愛有春風化雨的力量，使學生因沐於春風而發生行爲良好的改變，使學生因時雨的滋潤而努力向善，而且教育愛所扮演的角色是一種愛的付出，在許多的教育情境中，教師付出了教育愛並利用機會來教導學生，其中教育愛發揮了無形的力量。

2.教師將教育愛全心全力的付出，特別是對於某些行爲特殊的學生所付出的教育愛，更是心血累積而成。

3.教育愛最大的力量是具有「在教育關係中之搭橋的功能」（eine Brückenfunktion im pädagogischen Bezug），也就是它架起了師生關係中的一座橋樑，可以達到教育溝通的目的，尤其是師生之間心靈的溝通方面。

二、教師道德行爲在教育過程中的應用

教師的教育行爲是表現於教育過程中的，必須堅守著倫理原則，這樣其教育行爲才能合乎道德法則。教育倫理學理論强調教師的教育行爲應合乎倫理原則，這是教師在教育施爲所應了解的。

教師道德行爲在教育過程中的應用情形爲：

(一)所欲達成的目標

教師是一位有道德的人，他的個人道德能自我喚醒，在功能方面，不僅要幫助學生追求有用、幸福、舒適、文明等，而且也要幫助學生知道有那些道德責任，教導學生做自我的道德判斷。

教師因職務關係，隨之而來的是義務，而義務的承擔是以「責任意識」做決定，其目的是使教師自己成爲道德決定的人（Das Ziel ist der Lehrer der sittlichen Entscheidung）。

(二)所由之路

教師教育行爲的本質爲：其知識爲了善，即對善的肯定，其能力爲了善，即對善的實踐。能做到以上情形，教師才能成爲「正直的人與把握目的的人」（Vir iustus et tenax propositi）（註一〇）。

教師將其行爲的本質發揮於教育上，就應找出其所當由之路，以其知識與能力促使學生上「道德軌道」，並使學生循軌繼續前進。因此，教師必須定下日常生活中有關義務的範疇，排除道德衝突，按照教育倫理學理論應用而採取：

1. 對於學生道德水準的擬定按照知識水準而定。此即「知識」（Wissen）的規準。
2. 無條件地培養學生對道德穩定的價值感。此即「價值感」（Wertgefühl）的規準。
3. 在施教時，確認善與肯定善也能成爲學生之期望的目的，並具有引導的力量。此即「力量」（Kraft）的規準。

以上三者之間的關係並不是擴散的，而是要加強其相互的需要性。

三、教育活動時的應用

師生關係的建立、教育的溝通、感情的交融等，可因教師的參與活動，而更能達到目標。教師實際參與教育活動，更可以聽到學生的心聲。

教師參與學生活動與教育倫理有關的爲：

㈠指導性的

教師常會參加學生的教育活動，其情形有二：

1. **主動的參與**　有一些教育活動，教師基於職責會主動參與，到場察看活動的情形，如想做得更好或發現有缺失，當場給予學生指導。
2. **被動的參與**　這種情形是學生辦活動而教師被邀請參加，經過教師的同意後而到場。

以上的情形在教育倫理學理論的應用爲：

教師參加教育活動，如果是指導性者，那就產生了垂直的教育倫理關係。因爲教師在這種教育活動中，必須利用其教育智慧來指導學生從事活動，他的身分或角色可能是專家或學者，學生必須聽從他的指導，按照他的旨意去從事教育活動。這種垂直的教育倫理關係，也就是上下屬的倫理關係。

垂直的教育倫理關係，應用的機會非常多，教師的教育行爲大部分是這種關係而構成。這種關係並沒有什麼不宜，學生需要成長，而成長需要指導，而且，有教師的指導勝於無教師的指導。這種指導，就一般情形而言，具有長時性。

(二)非指導性的

教師參與非指導性的教育活動，其情形亦有二：

1. **主動的參與**　依據教師的意願而參與，向學生表示他想參加。
2. **被動的參與**　接受學生的邀請而參與其不需要指導的教育活動。

以上的情形在教育倫理學理論的應用爲：

教師參加教育活動，如果是非指導性者，那就有可能產生平行的教育倫理關係。因爲教師在這種教育活動中，要與學生進行「共同完成」（mitvorziehen）者，就暫時成爲平行的教育倫理關係。

平行的教育倫理關係，呈現的機會並不多，這是把教師暫時視爲一種活動中團體的一分子，地位與學生平等，例如一場運動或遊戲教育中，教師的參與，成爲該運動或遊戲中的一分子，大家平等而不分彼此，共同完成該運動或遊戲。

以上的垂直教育倫理關係與平行教育關係所構成的教育活動，也與師生關係有密切的關係，是師生關係結成以後的教育活動表現。

四、安排教育情境時的應用

教師常要爲學生有計畫地安排良好的教育情境，使學生能在教育情境中快樂地學習。這是基於教育的倫理關係及爲學生的前途著想，才做了以上的安排。

教育情境的有計畫安排，在教育倫理學的理論中，也是重要的理論，這種情形就如家庭爲其子女安排一個良好的學習的環境一樣。這種良好教育情境的安排，有利於教育順利的進行。

關於以上情形，狄爾泰（Wilhelm Dilthey）說：「在教育的情形下，我們了解教育是有計畫的活動，透過它，成人用以陶冶成長者的心靈，其更廣泛的意義爲：所謂有計畫的活動，就是有目的的做爲指導。在以上的意義方面，我們可以說，教育是事先所安排的關係，透過生活使所有的關係普遍化，在其中發現人性。」（註一一）

從以上狄爾泰的論點便可以了解教育情境安排的重要性，是教育上重要的措施，教師基於教育倫理學理論觀點作教育情境的安排，其方式與意義爲：

(一)教育幫助的一種方式

教師爲學生安排教育情境，必須花費時間與精力，其出發點是關愛，依據教育倫理及應用教育倫理的一種作爲，其目的是使學生在教育情境中順利學習。這種安排是出於教師的意願，而以幫助爲前提。

(二)所顯示的意義

教師爲學生安排教育情境有下列兩種意義：

1. **積極的意義**　教師爲學生安排教育情境，除了幫助的意義外，還具有教育責任的意義，使學生養成優秀的知識能力。

2. **消極的意義**　教師爲學生安排教育情境，可以避免學生受外界不良的影響，這是一種保護作用，使不與險惡的環境接觸。

總之，教師應具有責任意識，因爲教育是一種有責任意識的活動，而且教師在於培養學生的生活能力，並給予其生活的指導。生活所追求的最高教育目的，就是「生命的意志」（Lebenswille）。這是諾貝爾和平獎的得獎人，終身在非洲行醫的史懷哲（Albert Schweitzer）的主張，也就是「倫理就是對生命的崇敬」（Die Ethik der Ehrfurcht vor dem Leben），成爲道德的基本原則（註一二）。

史懷哲認爲文化與倫理有密切的關係，即文化的重建需依靠倫理，即有了倫理之後，文化也才能發展。如果將其論點用在教育方面，則是教育的重建需依靠倫理，即有了倫理之後，教育才能發展！

註一：見 Fritz Oser/W. Althof: Trust in advance: on the professional morality of teachers, in: Journal of Moral Education, 3 (1993), pp.253–276; Fritz Oser (mit Arbeitsgruppe): Der Prozeß der Verantwortung. Berufsethische Entscheidungen von Lehrerinnen. Schlußbericht. Pädagogisches Institut der Universität Freiburg 1991.

註二：見 Paul Fauser (mit Arbeitsgruppe): Praktisches Lernen. Ergebnisse und Empfehlungen. Ein Memorandum der R. Bosch Stiftung, Weinheim 1993.

註三：見 Fritz Oser: Wann lernen Lehrer ihr Berufsethos? in: Achim Leschinski (Hrsg.): Zeitschrift für Pädagogik, 34. Beiheft: Die Institutionalisierung von Lehren und Lernen, Beiträge zu Theorie der Schule, Beltz Verlag Weinheim und Basel 1996, S.242.

註四：引自 Alfons Benning: Ethik der Erziehung, Grundlegung und Konkretisierung einer pädagogischer Ethik, Verlag Menschenkenntnis Zürich 1992, S.81.

註五：引自 Dieter–Jürgen Löwisch: Verantwortung für Zukunft als Aufgabe einer pädagogischen Ethik, in: Pädagogische Rundschau, 40. Jg. 1986, S.421.

註六：見同註五之文，第四三三頁。

註七：見 Max Scheler: Der Formalismus in der Ethik und die materiale Wertethik (1913–1916), translated by Manfred

S. Frings and Roger L. Funk: Formalism in ethics and nonformal ethics of values, North–Western University Press, 1973, 1985, p.200, esp. p.163.

註　八：見 Hans–Jochen Gamm: Pädagogische Ethik, Versuche zur Analyse der erzieherischen Verhältnisse, Deutscher Studien Verlag Weinheim 1988.

註　九：見 Alfred Schäfer: Vertrauen: Eine Bestimmung am Beispiel des Lehrer–Schüler–Verhältniss, in: Pädagogische Rundschau, Sankt Augustin, 34. Jg. 1980, S.723.

註一〇：見 Eduard Spranger: Philosophische Grundlegung der Pädagogik, 1948, in: Philosophische Pädagogik, (Gesammelte Schriften II), Hrsg. von Otto Friedrich Bollnow und Gottfried Bräuer, Quelle und Meyer Verlag Heidelberg 1973, S.80.

註一一：引自 Wilhelm Dilthey: Pädagogik, Geschichte und Grundlinien des Systems, in: Gesammelte Schriften, Bd. 9, 1960, 2. Aufl. S.190.

註一二：見 Albert Schweitzer: Kultur und Ethik, Sonderausgabe mit Einschluss von Verfall und Wiederaufbau der Kultur, Verlag C. H. Beck München 1960, S.328.

參考書目

一、中文部分

中國教育學會主編　學校倫理研究，臺灣書店印行，民國七四年十二月出版。

中國教育學會主編　教育組織與專業精神，華欣文化事業中心印行，民國七一年十二月出版。

中華民國師範教育學會主編　教師權利與責任，師大書苑發行，民國八四年十二月初版。

王文俊　二十世紀之道德哲學，載於陳大齊主編　二十世紀之科學，第八輯：哲學，正中書局印行，民國五六年出版。

亞里斯多德（Aristotle）著，高思謙譯　宜高邁倫理學，臺灣商務印書館發行，民國六八年四月初版。

弗里德里希・包爾生（Friedrich Paulsen）著，何懷宏、廖申白譯　倫理學體系，淑馨出版社印行，民國七八年十二月初版。

西田幾太郎著，鄭發育、余德慧譯　善的純粹經驗，臺灣商務印書館發行，民國七三年九月初版。

范錡　倫理學，臺灣商務印書館印行，民國七七年七月臺九版。

哈伯馬斯（Jürgen Habermas）著，蔡漢俠譯　溝通倫理學，結構羣出版社出版，民國七八年六月初版。

黃建中　比較倫理學，國立編譯館出版，正中書局印行，民國六三年三月四版。

鄔昆如　倫理學，五南圖書出版公司印行，民國八二年四月初版。

詹棟樑　從教育倫理學的理論探討師生關係，載於中國教育學會主編：學校倫理研究，臺灣書店印行，民國七四年二月出版。

詹棟樑　從教育愛的觀點探討教師專業精神，載於：中國教育學會主編：教育組織與專業精神，華欣文化事業中心印行，民國七一年十二月出版。

詹棟樑　斯普朗格文化教育思想及其影響，文景出版社印行，民國七十年二月初版。

謝扶雅　倫理學新論，臺灣商務印書館印行，民國六二年十一月初版。

龔寶善　倫理爲本談教育，臺灣開明書店印行，民國六七年四月初版。

二、英文部分

Baier, Kurt: The moral point of view: A rational basis for ethics, Ithaca New York: Cornell University Press 1958.

Baron Marcia: The alleged moral repugnance of acting from duty, in: The Journal of Philosophy 81 (1984).

Bernstein, Richard J.: Beyond objectivism and relativism: Science, Hermeneutics and Praxis, Oxford: Basil Blackwell 1984 (repr. 1989).

Brandt, Richard B.: The theory of the good and the right, Oxford: Clarendon Press 1979.

Cottingham, John: Ethics and impartiality, in: Philosophical Studies 43 (1983).

Dividson, Donald: Inquiries into truth and interpretation, Oxford: Clarendon Press 1984.

Duff, Antony: Desire, duty and moral absolutes, in: Philosophy 55 (1980).

Gauthier, David: Moral dealing, contract, ethics and reason, Ithaca: Cornell University Press 1990.

Hamsphire, Stuart: Moral and conflict, Oxford: Basil Blackwell 1983.

Hare, R. M.: Moral thinking, its levels,method and point, Oxford: Clarendon Press 1981.

Harman, Gilbert: Practical reasoning, in: Review of Metaphysics XXIV, 1976.

Harman, Gilbert: The nature of morality, Oxford University Press 1977.

Harsanyi, John C.: Ethics in terms of hypothetical imperatives, in: Mind 67 (1958).

Hepburn, Ronald W.: Art, truth and the education of subjectivity, in: Journal of Philosophy of Education, vol. 24, no. 2, 1990.

Heyd, D.: Procreation and value, can ethics deal with futurity problem? in: Philosophica 18, 1988.

Kerner, George C.: The revolution in ethical theory, Oxford University Press 1966.

Krimerman, Leonard I.: Compulsory education: A moral critique, in: Kenneth A. Strike/Kieran Egan (eds.): Ethics and educational policy, Boston, London, Henley: Routledge & Kegan Paul 1978.

Melzer, Arthur M.: The natural goodness of man, on the system of Rousseau's thought, Chicago, London: The University of Chicago Press 1990.

Moore, G. E.: Ethics, London et al.: Oxford University Press 1966.

Parfit, Derek: Reason and persons, Oxford: Clarendon Press 1984, repr. 1989.

Peters, Richard S.: Ethics and education, London: George Allen & Unwin Ltd. 1966.

Pricard, H. A.: Moral obligation, essays and lectures, Oxford: Clarendon Press 1949, repr. 1971.

Rawls, John: The priority of right and ideals of good, in: Philosophy and Public Affairs 17, 1988.

Rescher, Nicolars: Moral absolutes, an essay on the nature and rational of morality, New York, Bern, Frankfurt am Main, Paris: Peter Lang 1989.

Ross, W. D.: The right and the good, Oxford: Clarendon Press 1930.

Ryle, Gilbert: Can virtue be taught? in: R. F. Dearden, P. H. Hirst, R. S. Peters (eds.): Education and reason, Part 3: Education and the development of reason, London, Boston: Routledge & Kegan Paul 1957.

Scheler, Max: Formalism in ethics and nonformal ethics of values, Northwestern University Press 1973.

Sellars, Wilfried: On reasoning about values, in: American Philosophical Quarterly, vol.17, no.17, no.2, 1980.

Siegel, Harvey: Educating reason, rationality, critical thinking and education, New York, London: Routledge 1988.

Siegel, Harvey: Indoctrination and education, in: Ben Spiecker/Roger Straugham (eds.): Freedom and Indoctrination, international perspectives, London: Cassell Education Ltd. 1991.

Smart, J. J. C.: Ethics, persuation and truth, London, Boston, Melbourne, Henley: Routledge & Kegan Paul 1984.

Stevenson, Charles L.: Ethics and language, New Haven, London: Yale University Press 1969.

Toulmin, Stephen Edelston: An examination of the place of reason in ethics, Cambridge at the University Press 1950.

Williams, Bernard: Ethics and the limits of philosophy, London: Fontana Press/Collins 1985.

Wong, D.: On moral realism without foundations, in: The Southern Journal of Philosophy XXIV (1986).

Wringe, C. A.: Understanding educational; aims, London: Unwin Hyman 1988.

Wringe, C. A.: Children's rights, London: Routledge & Kegen Paul 1981.

三、德文部分

Apel, Karl–Otto: Die Situation des Menschen als ethisches Problem, in: Zeitschrift für Pädagogik, 28. Jg. Heft 5, 1982.

Benning, Alfons: Ethik der Erziehung, Grundlegung und Konkretisierung einer pädagogischer Ethik, Verlag Menschenkenntnis Zürich 1992.

Benning, Alfons: Erziehung und Weltanschauung, in: Katholische Frauenbildung, Paderborn 71, 1970.

Benning, Alfons: Pädagogische Ethik und heute Pädagogik, in: Katholische Bildung, Paderborn 80, 1979.

Biemer, Günter: Thesen zur theorieorientierten Erneuerung einer ethischen Erziehungslehre., in: Moralerziehung in Regionsunterricht, Hrsg. von A. Auer u.a. Freiburg, Basel, Wien 1975.

Borrelli, Michaele (Hrsg.): Deutsche Gegenwartspädagogik, Schneider Verlag Hohengehren 1993.

Boventer, Hermann (Hrsg.): Christliche Pädagogik II: Erziehungswissenschaft und Ethik, Thomas–Morus–Akademie Bensberg 1979.

Daltler, Wilfried: Glück, Moralität und Pädagogik, in: Wissenschaftliche Pädagogik, 63. Jg. Heft 4, 1987.

Faber, Werner: Erwachsensein–Krise und Verantwortung, in: Wissenschaftliche Pädagogik, 71. Jg. Heft 1, 1995.

Fischer, Wolfgang: Ist Ethik lehrbar? in: Zeitschrift für Pädagogik, 42, Jg, Heft 1, 1996.

Fischer, Walfgang: Vom Sinn und Unsinn des Sollens in der Pädagogik, Eine Problemskizze, in: Wissenschaftliche Pädagogik,

69. Jg. Heft 4, 1993.

Fleischer, Helmut: Moralisierung der Geschichte—Historisierung des Moralischen, in: Universitas, 41. Jg. Heft 12, 1986.

Gamm, Hans—Jochen: Pädagogische Ethik, Versuche zur Analyse der erzieherischen Verhältnisse, Deutscher Studien Verlag Weinheim 1988.

Göppel, Rolf: Sigmund Freud und die Ethik, in: Wissenschaftliche Pädagogik, 66. Jg. Heft 4, 1990.

Girmes, Renate: Distanzierung und Engagement als Voraussetzung einer realitätsgerechten Theorie von (moralischer) Entwicklung und einer problemgerechten und pädagogisch verantwortbaren Orientierung von (moralischer) Erziehung, in: Wissenschaftliche Pädagogik, 66. Jg, Heft 3, 1990.

Holzapfel, Günter (Hrsg.): Ethik und Erwachsenenbildung, Universität Bremen 1990.

Inciarte, Fernando, Johann B. Torello, Manfred Spieker: Ethik, Adamas Verlag Köln 1979.

Keller, Monika: Verantwortung und Verantwortungsabwehr, in: Zeitschrift für Pädagogik, 42. Jg. Heft 1, 1996.

Kersteins, Ludwig: Das Gewissen wecken, Gewissen und Gewissensbildung im Ausgang des 20. Jahrhunderts, Verlag Julius Klinkhardt Bad Heilbrunn/Obb. 1987.

Kersteins, Ludwig: Ethische Probleme in der Pädagogik, Beiträge zur Diskussion, Deutsches Institut für Bildung und Wissen 1989.

Kersteins, Ludwig: Erziehungsziel humanes Leben, Die Erkenntnis des Humanen—eine Orientierung für Erzieher und Lehrer,

Verlag Julius Klinkhardt Bad Heilbrunn/Obb. 1991.

Koch, Lutz: Kritik des pädagogischen Sollens, in: Wissenschaftliche Pädagogik, 69. Jg, Heft 4, 1993.

Konrad, Helmut: Gedanken über Theorie und Praxis, Wissen und Handeln im Blick auf ein pädagogisches Ethos, in: Wissenschaftliche Pädagogik, 70. Jg. Heft 4, 1994.

Krämer, Hans: Sind zwei Ethiktypen notwendig? Zum Verhältnis von Sollensethik und Strebensethik, in: Universitas 40 Jg. Heft 9, 1985.

Klink, Job–Günter: Modelle der Eingangsphase in der Lehrerausbildung, Bericht über den 9. Pädagogischen Hochschultag vom 13–15 November 1974, in der Erziehungswissenschaftlichen Hochschule Rheind–Pfalz, Abt. Landau, Aloys Henn Verlag Kastellaun 1976.

Kluge, Norbert (Hrsg.): Das Lehrer–Schüler–Verhältniss, Forschungsansätze und Forschungsbefunde zu einem pädagogischen Interaktionssystem, Wissenschaftliche Buchgesellschaft Darmstadt 1978.

Ladenthin, Volker: Vom Sinn und Unsinn des "Sollen" in der Pädagogik, in: Wissenschaftliche Pädagogik, 69. Jg. Heft 4, 1993.

Leschinsky, Achim/Kai Schnabel: Ein Modellversuch am Kreuzweg. Möglichkeiten und Risiken eines moralisch–evaluativen Unterrichts, in: Zeitschrift für Pädagogik, 42. Jg. Heft 1, 1996.

Lippitz, Wilfried: Von Angesicht zur Angesicht, Überlegungen zum Verhältnis von Pädagogik und Ethik im Anschluß an Levinas, in: Frühjahrstagung der Kommission für Bildungs–und Erziehungsphilosophie in Soest 1988.

Löwisch, Dieter–Jürgen: Erziehung als Herausbildung des Normensubjekts, Zugleich ein Plädoyer für die Normativität von Erziehung und Pädagogik, in: Wissenschaftliche Pädagogik, 57. Jg. Heft 3, 1981.

Löwisch, Dieter–Jürgen: Das Dilemma eines Verantwortbaren Fortschrifts, in: Wissenschaftliche Pädagogik, 60. Jg. Heft 3, 1984.

Löwisch, Dieter–Jürgen: Verantwortung für Zukunft als Aufgabe einer pädagogischen Ethik, in: Pädagogische Rundschau. 40. Jg. 1986.

Löwisch, Dieter–Jürgen: Moralerziehung auf Abwegen oder: Die Schwierigkeit der Moralerziehung, ihren eigenen Weg zu finden, in: Wissenschaftliche Pädagogik, 63. Jg. Heft 4, 1987.

Lühle, Hermann: Moralismus, über eine Zivilisation ohne Subjekt, in: Universitas, 49. Jg. Nr. 57/4, 1994.

Meyer–Drawe, Käte, Helmut Peukert, Jörg Ruloff (Hrsg.): Pädagogik und Ethik, Beiträge zu einer zweiten Reflexion, Deutscher Studien Verlag Weinheim 1992.

Mollenhauer, Klaus, Christian Rittelmeyer: Einige Gründe für die Wiederaufnahme ethischer Argumentation in der Pädagogik, in: Zeitschift für Pädagogik, 15. Beiheft, 1978.

Musolff, Hans–Ulrich: Entwicklung versus Erziehung, Ein Diskussionsbeitrag von Entwicklungslogik Ethik und Pädagogik, in: Zeitschrift für Pädagogik, 36. Jg. Heft 3, 1990.

Nicklis, Werner S.: Der Lehrer zwischen Legalität und Moralität, Umriß einer pädagogische Ethik, in: Wissenschaftliche Pädagogik, 67. Jg. Heft 2, 1991.

Nicklis, Werner S.: Pädagogische Ethik zwischen Kant, Marx und der "Heiligen Familie", Anmerkungen zu Hans–Jochen Gamms Versuchen zur "Analyse der erzieherischen Verhältnisse", in: Wissenschaftliche Pädagogik, 67, Jg. Heft 2, 1991.

Nipkow, Karl Ernst: Moralerziehung, Pädagogische und theologische Antworten, Gütersloher Verlaghaus Gerd Mohn 1981.

Nipkow, Karl Ernst: Der Pädagogische Umgang mit dem weltanschaulisch–religiösen Pluralismus auf dem Prüfstein, in: Zeitschrift für Pädagogik, 42. Jg. Heft 1, 1996.

Nosbüsch, Johannes: Pädagogik ohne Normen? in: Wissenschaftliche Pädagogik, 54. Jg. Heft 1, 1978.

Oelkers, Jürgen: Pädagogische Ethik, Eine Einführung in Probleme, Paradoxien und Perspektiven, Verlag Juventa Weinheim und München 1992.

Oser, Fritz: Wann lernen Lehrer ihr Berufsethos? in: Zeitschrift für Pädagogik, 34. Beiheft: Die Institutionalisierung von Lehren und Lernen, Beiträge zu Theorie der Schule, Beltz Verlag Weinheim und Basel 1996.

Ofenbach, Birgit: Ethik für die Pädagogik, Ethik für den Lehrer, in: Pädagogische Rundschau, 42. Jg. Heft 1, 1988.

Parmentier, Michael: Selbstätigkeit, Pädagogischer Takt und relative Autonomie, Die Modernität der geisteswissenschaftlichen Pädagogik, in: Wissenschaftliche Pädagogik, 67. Jg, Heft 2, 1991.

Regenbrecht, Aloysius: Erziehung in christlicher Verantwortung, in: Wissenschaftliche Pädagogik, 69. Jg. Heft 1, 1993.

Schaller, Klaus: Moralische Erziehung in Spannungsfeld liberaler und konservativer Bildungspolitik, in: Wissenschaftliche Pädagogik, 63. Jg. Heft 4, 1987.

Schurr, Johannes: Gewissenserziehung – Erziehung zur Verantwortung? in: Marian Heitger, Ines M. Breinbauer (Hrsg.): Erziehung zur Demokratie, Gewissenserziehung, Innere Schulreform VI/VII, Verlag Herder Wien, Freiburg, Basel 1987.

Schurr, Johannes: Verantworte Verantwortung, Grundsätzliches zum Ethos der Erziehung, in: Wissenschaftliche Pädagogik, 56. Jg. Heft 4, 1993.

Schaufler, Gerhard: zur Rätselhaftigkeit von Maß und Mensch im Verhältnis von Pädagogik und Ethik, in: Wissenschaftliche Pädagogik, 69. Jg. Heft 4, 1993.

Schäfer, Alfred: Vertrauen: Eine Bestimmung am Beispiel des Lehrer–Schüler–Verhältnis, in: Pädagogische Rundschau, 56. Jg. 1980.

Schweitzer, Albert: Kultur und Ethik, Verlag C. H. Beck München 1960.

Schwemmer, Oswald: Praxis, Methode und Vernunft: Probleme der Moralbegründung, in: Zeitschrift für Pädagogik, 15. Beiheft 1978.

Spranger, Eduard: Erziehungsethik, 1951, in: Geist der Erziehung, hrsg. von Gottfried Bäuer und Andreas Flitner, Verlag Ouelle & Meyer Heidelberg 1969.

Spranger, Eduard: Erziehung zum Verantwortungsbewußptsein, 1959, in: Geist der Erziehung, hrsg. von Gottfried Bäuer und

Andreas Flitner, Verlag Quelle & Meyer Heidelberg 1969.

Schmidt, Günter B.: Grundlagen und Aufgaben ethischer Erziehung in der gegenwärtigen Schule, in: Lutz Mauermann, Erich Weber (Hrsg.): Der Erziehungsauftrag der Schule, Beiträge zur Theorie und Praxis moralischer Erziehung unter besonderer Berücksichtigung der Wertorientierung im Unterricht, Verlag Ludwig Auer Donauwörth 1978.

Tenorth, H. Elman: Verantwortung und Wächteramt, Wie die wissenschaftliche Pädagogik, ihre gesellschaftliche Wirksamkeit behandelt, in: Wissenschaftliche Pädagogik, 66. Jg. Heft 4, 1990.

Wandel, Fritz: Bemerkungen zum Ethos praktisch–pädagogischer Forschung, in: Wissenschaftliche Pädagogik, 54. Jg. Heft 1, 1978.

Wigger, Lothar: Die praktische Irrelevanz. pädagogischer Ethik, Einige Reflexionen über Grenzen, Defizite und Paradoxien pädagogischer Ethik und Moral, in: Zeitschrift für Pädagogik, 36. Jg. Heft 3, 1990.

國家圖書館出版品預行編目資料

教育倫理學導論 ／詹棟樑著.
--初版.--臺北市：五南，1997[民86]
面； 公分
參考書目：面
ISBN 978-957-11-1351-7（平裝）
1.職業倫理 - 教育
198.52 86002655

1IW7

教育倫理學導論

作　　者 — 詹棟樑
發 行 人 — 楊榮川
總 編 輯 — 王翠華
主　　編 — 陳念祖
責任編輯 — 李敏華
出 版 者 — 五南圖書出版股份有限公司
地　　址：106台北市大安區和平東路二段339號
電　　話：(02)2705-5066　傳　　真：(02)2706-
網　　址：http://www.wunan.com.tw
電子郵件：wunan@wunan.com.tw
劃撥帳號：01068953
戶　　名：五南圖書出版股份有限公司

法律顧問　林勝安律師事務所　林勝安律師

出版日期　1997年4月初版一刷
　　　　　2016年3月初版六刷

定　　價　新臺幣440元